Martin Arz

ISAR VOR STADT

Reiseführer für Münchner

HIRSCHKÄFER
verlag

Die Isarvorstadt – was für ein Viertel: Eine Diva! Aber eine mit ziemlich schmutzigen Füßen. Grüne Naherholungsoase für gestresste Städter bis ins 19. Jh. hinein, klappernde Mühlen, erfrischende Badeanstalten an kühlen Bächen, dazwischen Gärtnereien und Gartenwirtschaften, dann belebtes Hafenviertel, Kleingewerbegebiet und Industriestandort, gleichzeitig Armeleute- und Arbeitersiedlung. Dann auch noch Geburtsort der Münchner Löwen, Heimstatt von Deutschlands größtem Varietétheater und Rotlichtbezirk, dann Judenviertel, Zufluchtsort für Schwule, Haltestelle für sozial Gestrandete, Studenten- und Künstlerquartier – und nicht erst heute Immobilienspekulationsobjekt. Wohl kaum ein anderes Münchner Stadtviertel hat eine so vielfältige, vielschichtige Vergangenheit, so eine schillernde Gegenwart und so eine offene Zukunft wie der Bezirk, der sich aus Gärtnerplatz-, Glockenbach- und Schlachthofviertel zusammensetzt.

Die Isarvorstadt ist hip, deutschlandweit angesagt wie sonst nur Berlin Mitte oder das Hamburger Schanzenviertel. Doch dieser Boom setzte erst vor wenigen Jahren ein. Was vorher war, was das Viertel und seine Bewohner geprägt hat, ist unser Thema. Dieses Isarvorstadt-Buch ist ein neuer Stadtteilführer, der wie ein Reiseführer funktioniert und zu allen wichtigen Punkten leitet, selbst wenn diese gar nicht mehr zu sehen sind. Der Reiseführer wendet sich aber nicht nur an Münchner, auch Touristen, Neigschmeckte und Zuagroaste können mit dem Buch das Viertel erkunden.

Zugegeben: Auf den ersten Blick hat die Isarvorstadt im Gegensatz zu anderen Münchner Bezirken kaum etwas zu bieten, was eine Sehenswürdigkeit wäre – mal abgesehen vom Deutschen Museum. Die Isarvorstadt protzt nicht mit Denkmälern oder architektonischen Highlights, hat keine großen Söhne oder Töchter – nur berühmte Gäste wie Albert Einstein oder Freddie Mercury. Aber sie hat trotzdem eine äußerst bewegte Geschichte. Mehr noch: Sie hat einen unvergleichlichen Reiz, der sich manchem vielleicht erst erschließt, wenn er mehr über die Isarvorstadt weiß.

Hier setzt das Buch an. Historisches findet ebenso Berücksichtigung wie Aktuelles. Vergangenes und Verlorenes steht neben Verborgenem und Verführerischem. Offizielle Institutionen und lebende Legenden werden porträtiert. Blättern, schmökern, Bilder angucken – das Buch soll so viel Spaß machen wie die Isarvorstadt.

Martin Arz
München im Herbst 2012

Inhalt

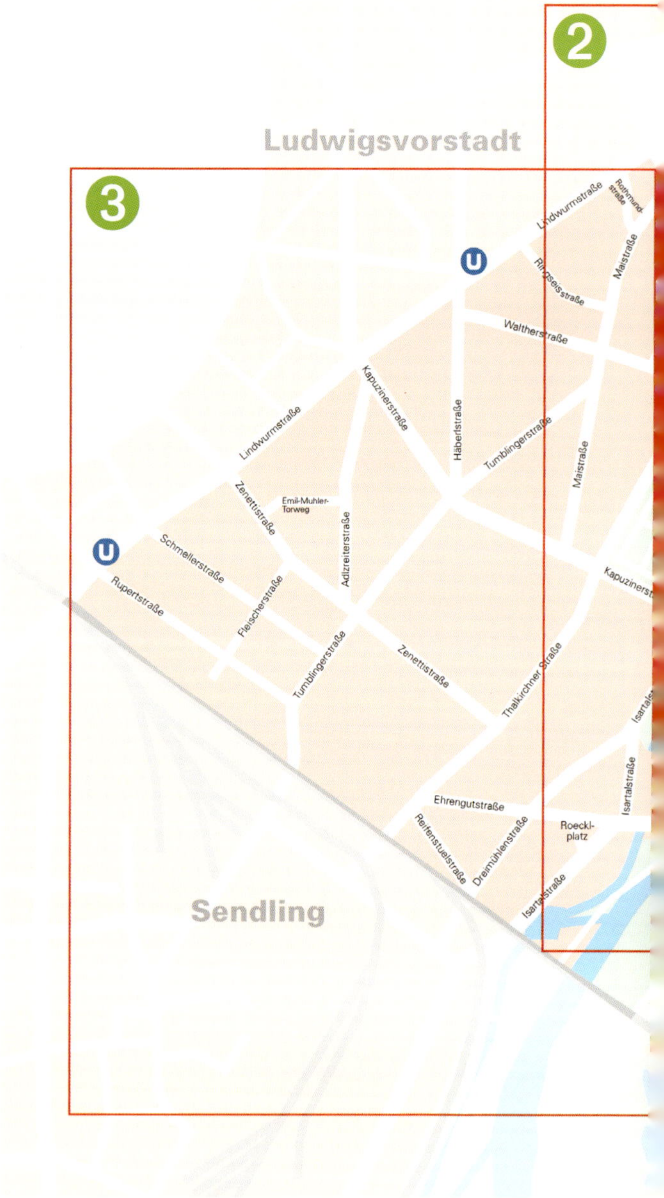

2
3
Ludwigsvorstadt
Sendling
U
U
Lindwurmstraße
Ringseisstraße
Maistraße
Waltherstraße
Kapuzinerstraße
Häberlstraße
Tumblingerstraße
Lindwurmstraße
Zenettistraße
Emil-Muhler-Torweg
Adlzreiterstraße
Schmellerstraße
Rupertstraße
Fleischerstraße
Tumblingerstraße
Zenettistraße
Thalkirchner Straße
Maistraße
Ehrengutstraße
Reifenstuelstraße
Dreimühlenstraße
Isartalstraße
Roeckl-platz

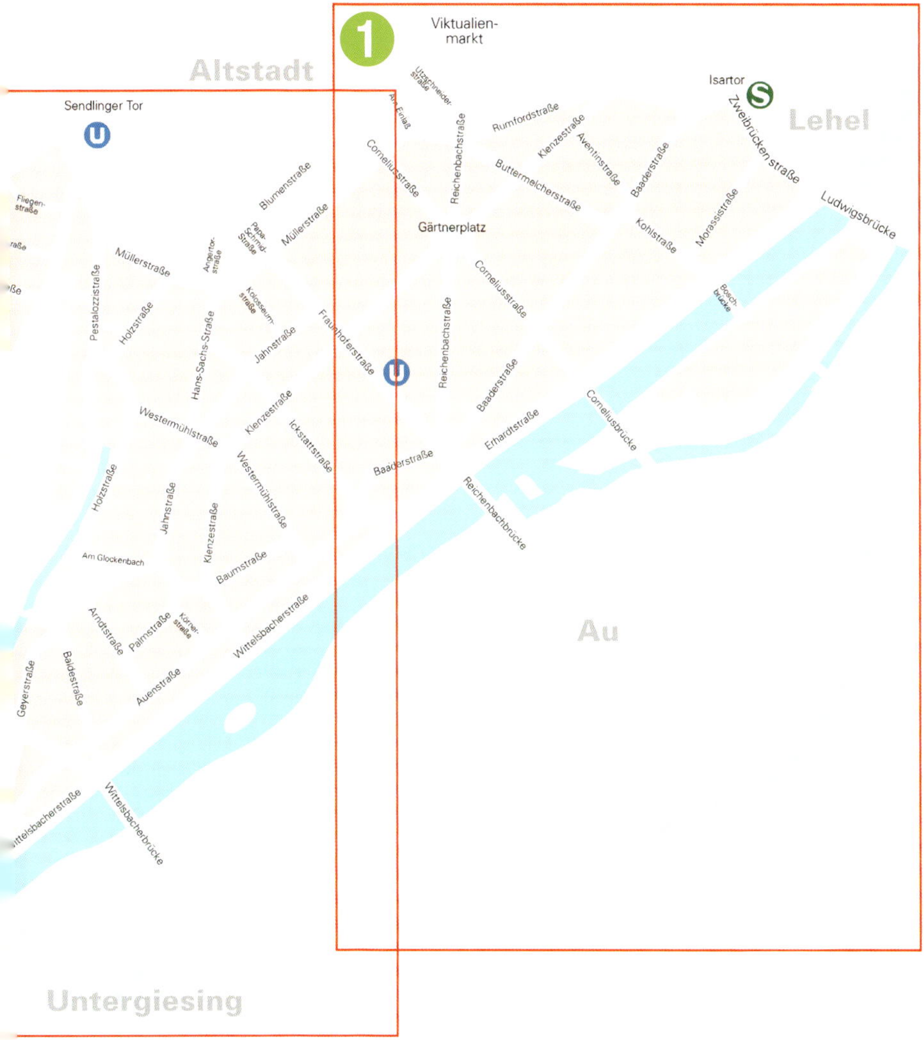
1
Viktualienmarkt
Altstadt
Isartor
Lehel
Sendlinger Tor
Zweibrückenstraße
Rumfordstraße
Klenzestraße
Aventinstraße
Baaderstraße
Buttermelcherstraße
Reichenbachstraße
Corneliusstraße
Utzschneiderstraße
Am Einlaß
Gärtnerplatz
Kohlstraße
Morassistraße
Ludwigsbrücke
Boschbrücke
Blumenstraße
Müllerstraße
Fliegenstraße
Papa-Schmid-Straße
Angertorstraße
Pestalozzistraße
Holzstraße
Hans-Sachs-Straße
Kolosseumstraße
Jahnstraße
Fraunhoferstraße
Westermühlstraße
Ickstattstraße
Erhardtstraße
Corneliusbrücke
Reichenbachbrücke
Am Glockenbach
Baumstraße
Wittelsbacherstraße
Arndtstraße
Palmstraße
Körnerstraße
Auenstraße
Baldestraße
Geyerstraße
Wittelsbacherbrücke
Au
Untergiesing

Isarvorstadt

Alles fließt ...

Die Isarvorstadt ist seit ein paar Jahren angesagter denn je. Heute geriert sich das Viertel als schrille Diva, dabei war es jahrhundertelang ein Schmuddelkind unter Münchens Vorstädten. Der Verwaltungsbezirk Isarvorstadt, der mit dem Gärtnerplatz-, dem Glockenbach-, dem Schlachthof- und dem Dreimühlenviertel momentan einen der interessantesten Münchner Stadtteile bildet, hat nach außen eine harte Schale mit verkehrsumtosten Ausfallstraßen und neben einer offiziellen auch eine gefühlte Grenze. Doch innen, im weichen Kern, bietet er geschichtsträchtiges Areal – wenn auch erst auf den zweiten Blick.

Sieht man mal ab vom größten Technikmuseum der Welt, dem Deutschen Museum, das jährlich über 1 Mio. Besucher anzieht, hat das Gebiet der heutigen Isarvorstadt kaum touristisch interessante Sehenswürdigkeiten zu bieten. Dennoch hat das Areal eine lange und bewegte Geschichte, die eng mit den einst zahlreichen Stadtbächen verbunden war. Der Bezirk entfaltete sich erst verhältnismäßig spät. Ein Grund dafür: Seit dem Vierherzogstreit (1397–1403) blieb das Angertor vier Jahrhunderte lang verschlossen. Der direkte Zugang von der Altstadt zur Isarvorstadt fehlte, man musste den Umweg über das Sendlinger Tor oder den Einlaß gehen. Erst mit der Entfestigung der Stadt München, mit dem Niederreißen der maroden Stadtmauern, kam die Zeit der Isarvorstadt. Zu Beginn des 19. Jh. wirkten die wenigen kleinen Häusergruppen rund um die Holzstraße, an der Geyerstraße, bei den Sauställen (Erhardtstraße) oder im Pechwinkel (Palmstraße) auf den Stadtkarten noch wie verlorene Flecken. Hier eine Mühle, da eine Fabrik, dort Sauställe.

Die Isarvorstadt im Jahr 1613

Im Jahr 1819 zählte die Isarvorstadt 183 Häuser und 19 staatliche oder städtische Gebäude mit 782 Feuerstellen (bei 10.400 für ganz München). Rund 2.300 Menschen lebten hier, davon waren 56 Protestanten, 5 Reformierte und 14 Juden. 124 Pferde, 9 Ochsen und 245 Kühe – mehr Großvieh konnten sich die Isarvorstädter nicht leisten. Wegen der vielen Bäche hatten sich vor allem Müller, Gärtner, Milchmänner, Wäscher, Bleicher, Zimmerleute, Floßmeister, Pferdehändler und Tagelöhner angesiedelt. Sie lebten oft in bescheidensten Behausungen, Armut und Not beherrschten den Alltag. Die Milchmänner siedelten bevorzugt bei den Schweineställen – seit 1475 durften in der Stadt keine Schweine mehr gehalten werden – und an der Oberen Lände, die Gärtner am Einlaß, bei der Pestalozzistraße und entlang der Baaderstraße bis zum Pechwinkel.

Die Soldaten kommen

Anfang des 18. Jh. entdeckte das Militär die Isarvorstadt für sich. So gab es an der Nordseite der Zweibrückenstraße den Militärgalgen. 1703 beschlagnahmte Kurfürst Max Emanuel das uralte Pesthaus zwischen Baum- und Auenstraße als Lazarett für seine kranken Soldaten. 1775 ließ Kurfürst Maximilian III. den Grundstein zu einem neuen Militärlazarett an der Müllerstraße legen. Nach 1876 diente dieses Gebäude dem Landwehrbezirkskommando, danach kam das Luitpoldgymnasium. Heute befindet sich an dieser Stelle das ehemalige Heizkraftwerk mit dem markanten Turm, der als teuerste Luxusimmobilie Deutschlands unter dem Namen »The Seven« vermarktet wurde. Ihre Toten beerdigten die Soldaten auf einer Sektion im Alten Südfriedhof.

Auf der Kohleninsel (heute Museumsinsel) entstand Anfang des 18. Jh. die Kurfürstliche Isarkaserne. Gegenüber am anderen Isarufer befand sich an der Zweibrückenstraße ein Garten der Englischen Fräulein. Dort errichtete Baumeister Franz von Thurn ab 1811 die Neue Isarkaserne. 1854 ließ König Maximilian II. an der Kohlstraße seinen Soldaten eine Reitschule erbauen. Heute stehen hier die Patentämter.

Das Militär wurde auch ein Wirtschaftsfaktor und wichtiger Arbeitgeber: Von 1847 bis 1866 rauchten an der Geyerstraße die Essen der Artilleriewerkstätten, zwischen Klenzeschule und dem Postamt an der Fraunhoferstraße arbeiteten die Ouvrierkompagnien, die Festungsmaterial herstellten. Drei Pulvermühlen versorgten

Idyllische Gärten, kleine Häuschen, dazwischen ein Bach ; im Hintergrund erkennt man die Alpen und links auf einem Hügel eine kleine Kirche, dabei handelt es sich um die alte Giesinger Dorfkirche. Was der anonyme Künstler um 1800 festgehalten hat, ist heute die Gegend um die Müllerstraße mit Blick Richtung Süden auf die Obere Bleiche und den Westermühlbach. Der Weg, auf dem die Dame im blauen Kleid mit ihren Kindern und dem Hund spazieren geht, ist die Müllerstraße.

die Soldaten mit Schießpulver. Auf den in einer dieser Mühlen beschäftigten einfältigen Knecht Christoph ging der in Alt-München beliebte Pulversteffel-Tanz zurück: Die Kapelle unterbrach bei diesem Tanz mitten im Stück die Musik und die Tanzenden riefen: »Pulversteffel kommt, Pulversteffel ist schon da!«, worauf weitergetanzt wurde. Ursprünglich hatten die Tänzer ihren Tanz unterbrochen, wenn der wahrscheinlich geistig zurückgebliebene Steffel den Saal betreten hatte, um ihn zu verhöhnen und zu triezen. Später tanzte man den Pulversteffel ihm zu Ehren, denn der Steffel entdeckte eine drohende Explosion in der Mühle und rettete durch seine Warnung zahlreiche Menschenleben.

Von Lustgärten und Pechwinkeln

Im 18. Jh. entdeckten einige wohlhabende Städter ihre Liebe zur Natur – und die Auenlandschaft der Isarvorstadt bot reichlich Natur. So ließen sie sich Schlösschen errichten. Am Pesenbach bewohnte der Hofchirurg Dominikus Geyer ein schmuckes Anwesen inmitten eines großzügigen Gartens (heute in etwa bei der Hong-Kong-Bar), hinter der Schmerzhaften Kapelle des Klosters St. Anton (Kapuzinerstraße) stand das Ruffinischlössl. Und bevor das Postamt in der Fraunhoferstraße entstand, gab es hier das Jagdschlössl. An der Blumenstraße befand sich das Leopoldschlössl. Für das Stadtvolk, das ein wenig frische Luft schnappen, und dabei mitunter einer trockenen Kehle vorbeugen wollte, gab es etliche Gärten in der Isarvorstadt: *Herzog Alberti Lustgarten* (zwischen Klenze- und Frauenstraße), *Claude-Clair-Garten* (Nähe Corneliusstraße), *Buttermelchergarten* (Buttermelcherstraße), *Wollgarten* (Ecke Baum-/Auenstraße) und den berühmten *Lackenwirt* (Holzstraße), wo sich nach 1871 z. B. der »Club der Norddeutschen« traf. Von frischer Luft war im Pechwinkel ursprünglich wohl nicht viel zu spüren. Das Gebiet an der Palmstraße verdankte seinen Namen den hier arbeitenden Pechsiedern. Der Fabrikweg, er entspricht etwa dem heutigen Verlauf der Jahnstraße, führte von der Fraunhoferstraße mitten hinein in den Pechwinkel. Hier lag auch ein städtisches Gebäude, das 1787 von Stefan Kirchmayr zur Schule vor dem Sendlinger Tor gemacht wurde. 60 Kinder fasste der Unterrichtsraum offiziell – rund 100 quetschten sich täglich hinein. Die Schule gab es bis 1843, danach versuchten die bayerischen Seidenraupenzüchter, die entlang der Isar Maulbeerbäume angepflanzt hatten, das Gebäude zu übernehmen. Doch das Militär kam ihnen zuvor. An der Stelle der 1889 eingeris-

Hofchirurg Dominikus Geyer ließ sich im 18. Jh. am Pesenbach einen prächtigen Landsitz bauen.

senen Schule entstand zwei Jahre später die Rekonvaleszentenanstalt (Baumstraße 17).

Jede Art von Leibesübungen

Eine Vorreiterrolle für München in Sachen Körperertüchtigung übernahm die Isarvorstadt: Am 17. Juli 1848 trafen sich an der Müllerstraße hinter dem Gasthof *Zu den drei Linden* die ersten Turnfreunde und gründeten einen Verein. Schon zwei Jahre später ließ die Obrigkeit den Betrieb einstellen, denn Turnen galt als revolutionär. Erst 1860 gründete sich der Sportverein neu und bezog seinen Sportplatz auf dem Gelände der damals noch nicht existenten Hans-Sachs-Straße.

Theaterbetriebe, wie das volkstümliche Schweigertheater in der Müllerstraße, später das berühmt-berüchtigte Kils Kolosseum, das Weinmüllersche Sommertheater in der Gaststätte Adelmann, Papa Schmids Marionettentheater und natürlich auch das Münchner Aktien-Volkstheater (heute Gärtnerplatztheater) zogen schon seit dem späten 18. Jh. die Amüsierwilligen in die Isarvorstadt. Für noch mehr Amüsement sorgten dann die zahlreichen Bordelle, die sich im Viertel etablierten – was nicht zum guten Ruf der Gegend beitrug.

Genauso wenig wie die Ansiedlung von Schlacht- und Viehhof, der bei bestimmten Wetterlagen mit seinem Geruch noch heute ganzen Straßenzügen das Atmen schwer macht. Immerhin brachte der Schlachthof eine Menge zusätzlicher Arbeitsplätze. Weil es viel Arbeit gab, vor allem auch in der Textil- und Lederindustrie, zogen Ende des 19. Jh. zahlreiche Juden aus Galizien in die Isarvorstadt. Das Viertel wurde – und blieb es bis heute – das Münchner Judenviertel. Unrühmlicherweise begann im gleichen Viertel der Aufstieg der NSDAP.

Schlimme Kriegsnarben blieben

Die Industrie brachte dem Viertel Ende des 19. Jh. auch eine der Münchner Urstraßenbahnen. Der von einem Pferd gezogene Waggon fuhr vom Odeonsplatz über die Hans-Sachs-Straße und die Jahnstraße zur Endhaltestelle Baumstraße, wo er wendete. Wegen ihrer reichhaltigen Industrie gehörte die Isarvorstadt dann zu den Zielen der alliierten Bomben, die München während des Zweiten Weltkriegs verwüsteten. Der Bezirk Isarvorstadt/Glockenbachviertel verlor 226 Gebäude mit 3.135 Wohnungen. Von den Kriegsnarben haben sich viele Ecken des Viertels nie wieder erholt. Traurige, gesichtslose Bausünden aus der Nachkriegszeit finden sich überall zwischen den oft ihres Stucks beraubten Gründerzeitfassaden.

Bis 1992 gab es auf dem Gebiet der heutigen Isarvorstadt die Bezirke 10 bis 12: Isarvorstadt/Schlachthofviertel, Isarvorstadt/Glockenbachviertel und Isarvorstadt/Deutsches Museum. Seitdem sind diese drei Viertel mit der nördlich benachbarten Ludwigsvorstadt zusammengefasst als Stadtbezirk 2 »Ludwigsvorstadt-Isarvorstadt«.

Dabei trennt eine scharfe Grenze Ludwigs- und Isarvorstadt: die stark befahrene Lindwurmstraße zwischen Sendlinger Tor im Nordosten und Ruppertstraße im Südwesten. Kurz hinter der Ruppertstraße verläuft der Bahndamm, der die südliche Grenze zwischen Isarvorstadt und Sendling bildet. Im Süden überquert die das Stadtviertel begrenzende Braunauer Eisenbahnbrücke die Isar und ihre Auen. Die bei Sonnenanbetern, Sportlern und Spaziergängern beliebten Isarauen auf der rechten Seite des Flusses bilden denn auch die südöstliche und östliche Grenze der Isarvorstadt. Isarabwärts führt der Grenzweg beim Deutschen Museum über die Ludwigsbrücke zurück auf die linke Isarseite. Eigentlich endet das Viertel dann offiziell im Norden auf einem Zickzack-Kurs von der Zweibrücken- über die Rumford- und Müllerstraße bis zum Sendlinger Tor. Doch gerade in diesem Bereich werden wir die verwaltungstechnischen Grenzen gelegentlich überschreiten und die gefühlte Grenze wählen, denn letztlich grenzt der Altstadtring (Blumen- und Frauenstraße) die Isarvorstadt viel deutlicher und massiver ein. Dafür lassen wir das Müllersche Volksbad und den Gasteig, die früher einmal zur Isarvorstadt gehörten, außer Acht.

Die einzelnen Isarvorstadt-Viertel werden im Wesentlichen durch zwei Hauptverkehrsadern unterteilt. Die Fraunhoferstraße trennt Gärtnerplatz- und Glockenbachviertel, die Kapuzinerstraße Glockenbach- und Schlachthofviertel. Der südliche Teil des Schlachthofviertels nennt sich heute Dreimühlenviertel nach der Dreimühlenstraße. Der Name kam erst vor wenigen Jahren auf und ist mittlerweile durch den gleichnamigen Parklizenzbereich semioffiziell.

Die Isarvorstadt heute

Angesichts dieser relativ kurzen Geschichte hat die Isarvorstadt eine rasante Entwicklung hinter sich. Die einst dünn besiedelte grüne Auenlandschaft vor den Toren der Stadt gehört heute praktisch zur Innenstadt. Seit der Nachkriegszeit bis in die 1990er hinein von offizieller Seite konsequent stiefmütterlichst behandelt, entwickelte sich die Gegend mit ihren spottbilligen Mieten zum Eldorado der alternativen Szene, Künstler und Schwulen. Die machten sie dann hip und angesagt. Die phantasievollen Pioniere zogen die phantasielosen Geldigen nach sich, die Kreativität mit Kommerz verwechseln. Das Lamento darüber ist groß, am lautesten lamentieren meist die, die dafür verantwortlich sind. Und alles Lamento nützt nichts, denn das ist das Schicksal der ehemaligen Kleineleuteviertel in aller Welt – Marais, Soho, Lower East Side, Prenzlauer Berg, Schanzenviertel … Längst wird jedes freiwerdende Ladenlokal mit einem trendigen Frisör oder einem Architekturbüro oder einer mehrsprachigen Kinderkrippe besetzt.

Die Schischi-Maximierung nimmt in der Isarvorstadt aber tatsächlich mitunter groteske Züge an. 2011 und 2012 haben mit Rodenstock und Toni Neuber auch noch die letzten größeren Firmen das alte Industriegebiet verlassen und selbst die Heilsarmee ist weggezogen. Ehemalige Firmengelände werden mit Wohnungsneubauten bestückt, wobei jedes für sich, wenn man der Werbung glauben darf, ein »Wohntraum am Glockenbach« ist. Sicher haben die Architekten für die neuen Standorte spannende, moderne, ansprechende Konzepte entwickelt. Doch dann scheinen aus irgendwelchen dummen Zufällen die aktuellen Entwürfe mit Plänen für Gefängnisbauten aus einem osteuropäischen Land der 50er Jahre vertauscht worden zu sein. Anders sind die düsteren, langweiligen und völlig charmefreien Neubaubunker nicht zu erklären. Doch selbst diese Objekte sind heiß begehrt.

Die soziale Struktur des Viertels hat sich radikal verändert. Dabei bleiben aber nicht nur die sozial Schwachen auf der Strecke, sondern vor allem die Normalverdiener, die sich die Isarvorstadt in Sachen Miete und Einkaufen längst nicht mehr leisten können.

Schon seit Jahren erklären selbsternannte Trendscouts (das Grundproblem der Gentrifizierung) das Glockenbachviertel für toter als tot und blasen zum Sturm auf Sendling und Giesing. Das ist gut so, sollen sie weiterziehen und uns diese schöne »Leiche« lassen! Denn wer nun glaubt, auch dieses Buch sei ein Abgesang auf das einst aufregendste Viertel Münchens, täuscht sich gewaltig! Der große Hype ist zum Glück vorbei und die Isarvorstadt hat noch immer ihren ganz besonderen Charme. Und wenn man sich ein wenig näher mit ihr beschäftigt, lernt man sie von einer ganz anderen Seite kennen und lieben.

Einst typisch für die Isarvorstadt – die Kleinbebauung. Von oben nach unten:
Im Jahr 1905 wirkten Teile der Erhardtstraße (Hausnummern 19–25) noch sehr ländlich. Auch das mittlere Bild zeigt die Erhardtstraße (damals noch Magazinstraße) südlich der Max-II-Reitschule im Jahr 1903.
Die Gärtnerei Koch, Pestalozzistraße 40, im Jahr 1908.

1 Gärtnerplatzviertel

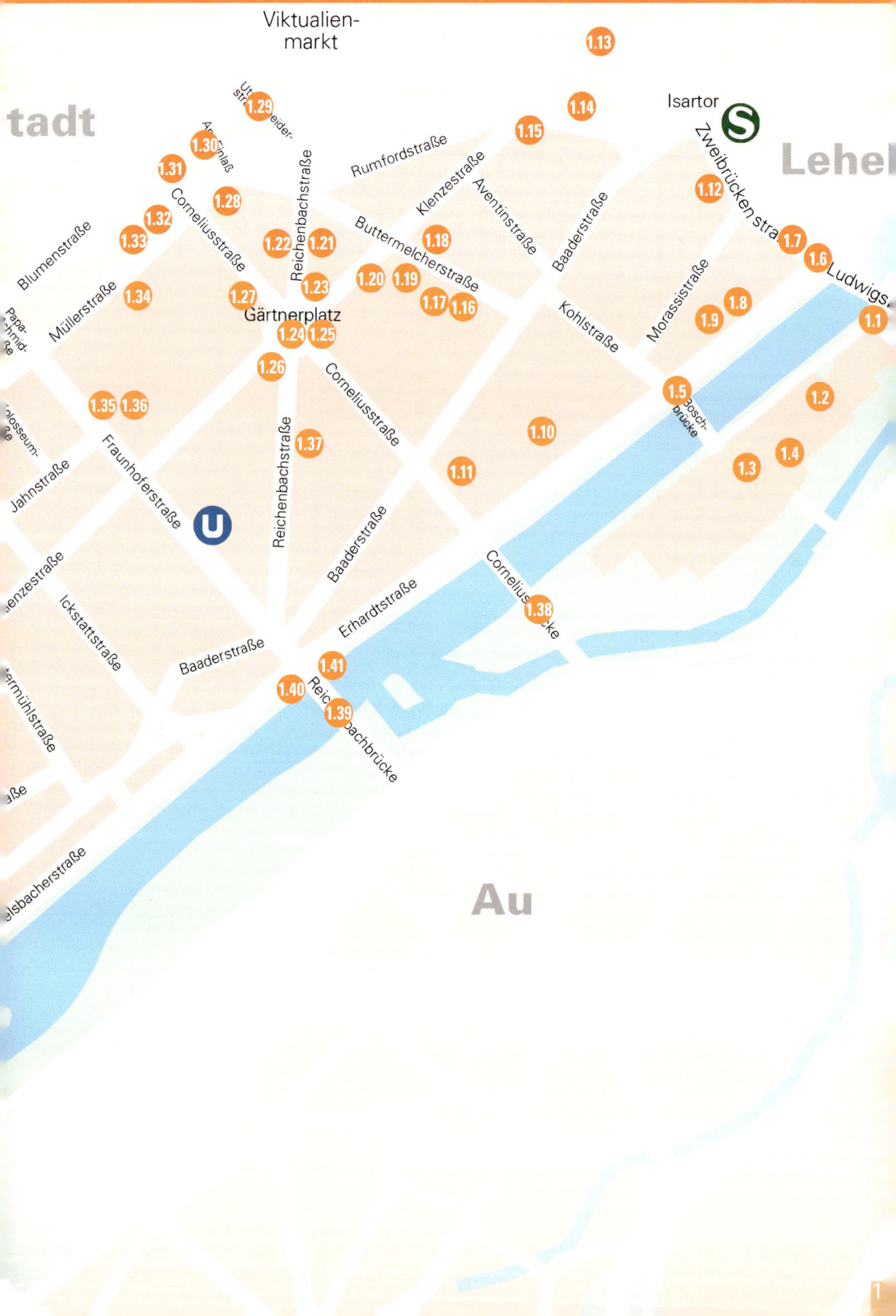

Einsturz der Isarbrücke im Jahr 1812

1.1 Ludwigbrücke

»Schauts auf, da Tod kummt!«, soll der Legende nach eine Totengräberfrau, die mit ihrem Schubkarren ein Kruzifix über die steinerne Isarbrücke rollte, den Gaffenden scherzhaft zugerufen haben. Alle lachten, dann kam er wirklich mit voller Wucht – der Tod. Das Hochwasser vom 13. September 1813 hatte zahlreiche Schaulustige auf die Brücke (heute Ludwigsbrücke) gelockt, alle wollten sehen, wie die *Kaiserwirtschaft* vom tosenden Wasser davongerissen wurde. Dann gab ein Pfeiler den Wassermassen nach, drei Bogen folgten und rissen rund 100 Menschen mit in den Tod. Es war einmal eine Brücke ...

Es war einmal eine Brücke – so beginnt letztlich die Geschichte der Stadt München. Die Brücke, die war, stand bis 1158 bei Oberföhring und gehörte dem Bischof von Freising. Dieser profitierte von den Zöllen, die er für die Benutzung seiner Brücke einstrich, was der bayrische Herzog Heinrich der Löwe mit glühendem Neid zur Kenntnis nahm. Kurzerhand ließ Heinrich die bischöfliche Brücke zerstören und baute nahe dem alten Kloster am Petersbergl seine Brücke über mehrere Isarinseln. Der Urbrücke des Löwen folgten zahlreiche Holzkonstruktionen. Im Mittelalter war die Isarbrücke eine von Holzgerüsten getragene Pfahl- oder Jochbrücke, eine mannshohe Brüstung verhinderte zu beiden Seiten, dass man in den Fluss stürzte. Nicht erst 1813 zerstörten katastrophale Hochwasser den Brückenbau. Regelmäßig musste man die Brücke neu aufbauen: allein zwischen 1343 und 1495 stürzte die Konstruktion 15 Mal zusammen. Die habsburgischen Truppen, die München 1742 zwei Jahre lang besetzt hielten, ließen die Brücke bei ihrem Abzug sogar hinter sich niederbrennen. Zuvor zwang man die Münchner, die Brücke mit zehn Zentnern Pech für den Brand vorzubereiten – der Pechwinkel (heute Palmstraße) lag praktischer- bzw. unglücklicherweise gleich in der Nähe. Auf alten Stadtplänen aus der Mitte des 18. Jh. kann man noch heute erkennen, dass die Brücke über mehrere Wasserarme der Isar führte. Damals zählte man die Gegend bis hinauf zum Gasteig mit zur Isarvorstadt.

Heute befindet sich ungefähr an der Stelle der alten Isarbrücke die Ludwigsbrücke, die nur noch über eine Insel führt und die nördliche Grenze der Isarvorstadt bildet. Sie wurde 1828 auf Befehl Ludwigs I. errichtet. Die Katastrophe von 1813 spülte auch alle Pläne, vom Isartor aus einen Prachtboulevard über die Brücke zu errichten, endgültig in den Orkus. Die heutige Brücke stammt aus dem Jahr 1891 und wurde 1934/35 erneuert und überarbeitet. Sie hat eine Spannweite von 43 m und eine Gesamtlänge von 77 m. Nach schweren Schäden im Zweiten Weltkrieg wurde die Ludwigsbrücke 1948 wieder hergestellt. Die drei (ehemals vier) steinernen Pylonen mit Figuren, Feuerschalen und Gedenkschrifttafeln schuf der Bildhauer Syrius Eberle 1890 bis 1892.

1.2 Alte Isarkaserne

siehe S. 15

1.3 Deutsches Museum

siehe S. 17

1.4 Das 1. Münchner Arbeitsamt

»Ich erinnere mich an eine Maifeier. In jenem Jahr war es der deutschen Sozialdemokratie zum ersten Mal ge-

1 Gärtnerplatzviertel

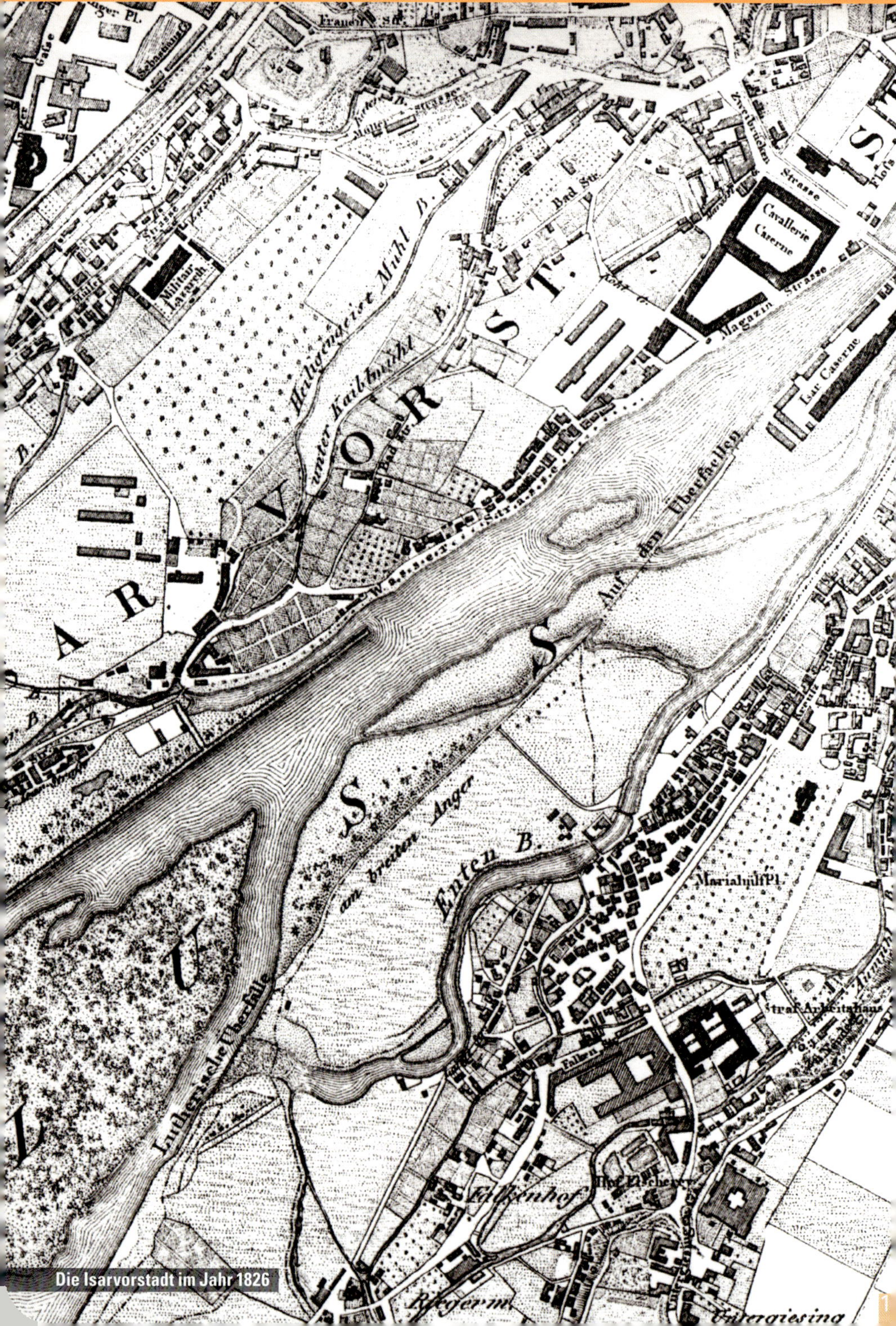

Die Isarvorstadt im Jahr 1826

stattet worden, einen Umzug zu veranstalten, aber nur unter der Bedingung, dass man Ansammlungen innerhalb der Stadt vermeide und die Feier außerhalb veranstalte«, schrieb Nadeshda Krupskaja, die Ehefrau des russischen Revolutionärs Wladimir Iljitsch Lenin, über ihre Münchner Zeit von 1901 bis 1903. »Und nun zogen die deutschen Sozialdemokraten in ziemlich großen Kolonnen, mit Kind und Kegel und mit den üblichen Rettichen in der Tasche, schweigend im Eilmarsch durch die Stadt, um später in einem Vorortrestaurant Bier zu trinken. Es gab keinerlei Fahnen oder Plakate. An eine Demonstration aus Anlass des Weltfeiertages der Arbeiterklasse erinnerte diese ›Maifeier‹ in keiner Weise.« Harte Worte einer Klassenkämpferin, die im mondänen Schwabing lebte. Sie erwähnt zwar nicht, in welches Lokal die Arbeiter zogen, aber die Vermutung liegt nahe, dass es sich dabei um eine Wirtschaft im Arbeiterviertel Isarvorstadt gehandelt hat.
Aus gutem Grund wählte daher auch die Stadt München die Isarvorstadt als Sitz des ersten städtischen Arbeitsamts, das am 1. November 1895 seinen Betrieb aufnahm. Der Südbau der leerstehenden Alten Isarkaserne auf der Kohleninsel (heute Museumsinsel) bot dafür den idealen Raum. Für Männer gab es zwei Vermittlungsschalter, für Frauen drei. Sieben Beamte arbeiteten zunächst dort. Schnell expandierte das Amt, 1905 kam eine Zweigstelle in der Hohenzollernstraße 13 hinzu, 1910 eine in der Blumenstraße 57. Um die Energien zu bündeln, beschloss der Magistrat 1911, dass ein Neubau vonnöten sei. Das Arbeitsamt zog um in die Thalkirchner Straße 54.

1.5 Boschbrücke

Die Boschbrücke führt von der Erhardtstraße auf die Museumsinsel. Sie wurde ebenso wie die Zenneckbrücke (58,4 m), die die Museumsinsel mit der Au verbindet, 1924/25 von August Blössner zur Eröffnung des Deutschen Museums erbaut.
Die monumentale Bismarck-Statue an der Brücke aus Rochlitzer Porphyr schuf der Bildhauer Fritz Behn.

1.6 Der Rote Turm

Die lebenswichtige Isarbrücke musste natürlich geschützt und bewacht werden. Schon 1421 ist in einer Kammerrechnung ein »*torhäusl auf der Yserpruck*« erwähnt und die älteste Darstellung Münchens von 1493 zeigt bereits ein Torhaus an der Stelle, an der von 1517 bis 1519 der »Neue Turm bei der Isarbrücke« errichtet wurde. 1643 hieß er Ländshüterturm, da in ihm der Hüter der Unteren Lände wohnte. 1705 erstürmten die Truppen des Oberländer Bauernaufstands unter Führung von Johann Georg Aberle den Turm (Abb.). Der kleine Sieg nutzte nicht viel, die Schlacht gipfelte kurz danach im Massaker der Sendlinger Mordweihnacht. Warum der Turm als Roter Turm bezeichnet wurde, ist unklar. Farbige Abbildungen aus dem 18. Jh. stellen ihn jedenfalls mal als unverputzten, daher roten Klinkerbau dar, mal als verputzt und rot bemalt. 1796 wurde der Turm bei Gefechten zwischen Österreichern und Franzosen so stark zerstört, dass man ihn abriss.

1.7 Beginn der Sendlinger Mordweihnacht

Blutige Scharmützel in der Isarvorstadt – so begann jener Weihnachtstag, der mit dem Massaker der Sendlinger Mordweihnacht enden sollte. Kurz die Vorgeschichte: Im Spanischen Erbfolgekrieg (1702–1712) hatte sich Bayerns Kurfürst Max Emanuel auf die falsche Seite geschlagen und musste ins Exil. München fiel mit Bayern dem verhassten österreichischen Kaiser in die Hände. Enorme Steuern und Abgaben sowie Zwangsrekrutierungen führen im Oberland zu ersten Aufständen. »Liaba bairisch steam, ois kaiserlich verdeam«, lautete die Devise der kampfbereiten

Bauern aus Tölz, Niederbayern und aus der Oberpfalz, die zunächst einige Erfolge gegen die Österreicher verzeichnen konnten. Am 21. Dezember 1705 begann schließlich der Marsch auf München. 2.769 spärlichst bewaffnete »Fußsoldaten« und rund 300 Reiter sammelten sich bei Schäftlarn und zogen am Heilig Abend Richtung Hauptstadt. In der eisigen Winternacht zum 25. Dezember um 1 Uhr sollten Münchner Verbündete heimlich das Angertor (an das die heutige Angertorstraße erinnert) und das Isartor bzw. den Roten Turm öffnen. Doch die Pläne waren längst verraten worden, die kaiserlichen Truppen standen in Alarmbereitschaft. In der Isarvorstadt begann der Showdown. Der Rote Turm stand einst an der Stelle, wo Ludwigsbrücke und Zweibrückenstraße aufeinander treffen (siehe 1.6). Es gelang zunächst, den Roten Turm zu erobern, doch dann scheiterten die Revolutionäre am stärker befestigten Isartor. Im Morgengrauen schlugen die kaiserlichen Truppen die Aufständischen in die Flucht. Die Revolutionäre hetzten quer durch die Isarvorstadt bis nach Sendling, wo sie sich erneut sammelten. Doch der Überzahl der kaiserlichen Truppen konnten sie nichts entgegensetzen. In einer wahren Blutorgie, bei der auch die Sendlinger Kirche zerstört wurde, massakrierten die Kaiserlichen ca. 1.100 Oberländer.

1.8 Neue Isarkaserne

Die Englischen Fräulein freuten sich, kam doch eine satte Summe in ihre Kassen! Eben hatte der Kriegsökonomierat ihnen einen umfriedeten Garten vor dem Isartor für stolze 12.795 Gulden abgekauft. Man schrieb das Jahr 1807 und König Max I. Joseph und seine Berater debattierten über einen dringend notwendigen Kasernenneubau, da die Kaserne auf der Kohleninsel gegenüber dem Grundstück längst am Rande ihrer Kapazitäten stand. Bis dann tatsächlich der Neubau fertig wurde, vergingen einige Jahre. Am 3. Mai 1813 konnte der Kriegsökonomierat dann seiner Majestät verkünden, dass nun schon eine Unterkunft für 428 Soldaten und Stallungen für 104 Pferde fertig seien. Der gesamte Kasernenkomplex, ausgelegt für 1.168 Soldaten und 359 Pferde, konnte im Herbst 1818 dem Garde-du-Corps-Regiment übergeben werden. In den Jahren 1825 bis 1854 folgten Erweiterungsbauten wie die

Die Neue Isarkaserne an der Zweibrückenstraße

Max-II-Reitschule. Schließlich erstreckte sich die Anlage von der Zweibrücken- bis zur Kohlstraße.
1858 ließ König Max II. die Kaserne vorübergehend komplett schließen und generalsanieren – die hygienischen Verhältnisse stanken im wahrsten Sinn des Wortes zum Himmel, Ratten fühlten sich wohler als Menschen, Epidemien rafften die Soldaten dahin. Die Renovierung half nicht viel, schon 1898 empfahl Kriegsminister von Asch, die Kaserne endgültig aufzugeben: Die Exkremente der Pferde hatten das Fundament schwer angegriffen, die dichte Bebauung der Umgegend behinderte Militärübungen. 1902 zog das 1. Schwere-Reiter-Regiment »Prinz Karl von Bayern« in die neue Kaserne auf dem Oberwiesenfeld.

1.9 Deutsches Patentamt

Im Herbst 1953 kamen die Abrissbirnen, die Neue Isarkaserne musste dem Deutschen Patentamt weichen. Das Patentamt, das sich vor dem Zweiten Weltkrieg in Berlin befunden hatte, war 1945 zerstört worden und nach vier Jahren patentamtloser Zeit 1949 nach München gezogen. Dort fanden die 423 Mitarbeiter in der Bibliothek des Deutschen Museums eine vorübergehende Bleibe. 1954 begannen die Bauarbeiten zu dem Atriumsbau und dem Hochhaus aus Backstein, das die Architekten Franz Hart und Helmuth Winkler entworfen hatten. Bei seiner Fertigstellung fünf Jahre später war das Gebäude das höchste Amtsgebäude Münchens. Ein Sgraffito über dem Durchgang des Klinkerbaus zur Straße erinnert an die ehemalige Reiterkaserne an dieser Stelle. In das Patentamt ging 1990 das Amt für Erfindungs- und Patentwesen der DDR auf. 1998 bekam die Behörde, die längst nicht mehr nur Patente erteilt, sondern auch Gebrauchsmuster, Marken und Geschmacksmuster bearbeitet, einen neuen Namen: Deutsches Patent- und Markenamt. An den Standorten in München, Jena und Berlin arbeiten heute weit über 2.000 Menschen.

Die Museumsinsel

Die Floßlände auf der Kohleninsel, gemalt 1889 von Otto Strützel. Links am anderen Isarufer die Neue Isarkaserne.

Die Alte Isarkaserne

Ein paar Kies- und Sandbänke inmitten eines reißenden Wildflusses – mehr gab es an dieser Stelle nicht, als 1158 die Bauarbeiten zu einer Brücke über die Isar begannen. Heinrich der Löwe ließ diese Brücke mit Zollstation erbauen, um an dem einträglichen Salzhandel zu verdienen. Es war die Geburtsstunde Münchens. Die Kiesbänke wuchsen und wuchsen im Laufe des Mittelalters, denn die Isar schwemmte kontinuierlich Geröll an. Schließlich gab es nur noch eine große Insel, die sich praktischerweise als Floßlände nutzen ließ. Die Flöße aus dem Oberland brachten Waren aus Italien und dem Alpenraum, aber sie waren auch selbst Ware: Sie wurden auseinander genommen und als Bauholz verkauft. Allein für den Dachstuhl der Frauenkirche benötigte man z. B. 147 Flöße mit 1.200 Stämmen. Holz, das sich nicht für den Bau eignete, brannte man noch an Ort und Stelle in Köhlermeilern zu Holzkohle. Daher bekam die Insel den Namen Kohleninsel.

Um- und Ausbauarbeiten im Fluss sorgten für ein strömungsfreies Hafenbecken und München stieg zur größten Floßhafenstadt Europas auf. In den Hochzeiten im 19. Jh. landeten bis zu 12.000 Flöße jährlich. In jenen Jahren war die Insel bereits »besiedelt« worden: Das Militär hatte die Kohleninsel in Beschlag genommen und Kasernen errichtet. Schon 1715 entstanden unter Kurfürst Max Emanuel die ersten Bauten. Die erste Garnison bestand aus 418 Ulanen mit ihren Rössern. 1762 wurde die Kaserne nach einem Brand neu aufgebaut. Neben verteidigungspolitischen Überlegungen zum Schutz des Brückenkopfes gab es noch einen wichtigen Grund für die Militärpräsenz auf der Insel: die Nachbargemeinde Au auf der anderen Isarseite. In der Au fanden all die Tagelöhner und gescheiterten Existenzen eine Unterkunft, die sich das teure Münchner Bürgerrecht nicht leisten konnten. Entsprechend war die Au verschrien. Die Münchner fürchteten, der arme Pöbel könnte zu Diebes- oder schlimmeren Touren in die Hauptstadt kommen – und am Ende gar soziale Unruhen über die Brücke tragen. Das Auer Gesindel, so munkelte man, würden die wohlgenährten Schoßhunde der Münchner fangen, schlachten und braten.

Um das Jahr 1800 lebten 724 Pferde und 954 Soldaten in den Kasernenanlagen der Insel. Doch die Isar mit ihren unberechenbaren Hochwassern bedrohte weiterhin die Kohleninsel mit ihren Gebäuden. Ein verheerendes Hochwasser zerstörte am 13. September 1813 die Brücke und Teile der Militäranlagen und riss über 100 Schaulustige in den Tod. Die Katastrophe spülte auch alle Pläne fort, vom Isartor über die Brücke einen Prachtboulevard zu bauen. König Ludwig I. ließ 1828 die heutige Ludwigsbrücke errichten, die erste Ausführung in Stein.

Das Militär blieb weiter präsent, baute um und aus, verlegte mal die Schweren Reiter in die Kaserne, mal zog es alle Soldaten ab und nutze die Gebäude nur noch als Stallungsanlagen. Lediglich ein paar Fuhrwerkssoldaten

Die Museumsinsel

Die Kohleninsel im Jahr 1890 Richtung Au gesehen, links die Alte Isarkaserne, rechts die Auer Kirche

wurden dann auf der Insel stationiert, um im Brandfall die Tiere zu retten. Zuletzt nutzten noch einmal Chevauleger-Regimenter die Alte Isarkaserne als Ausweichquartier, solange ihre Kasernen in der Maxvorstadt oder auf der anderen Flussseite renoviert wurden. Die Aufgabe des Standorts Kohleninsel war längst beschlossene Sache. Ab 1884 verhandelte das Militär mit der Stadt München über den Verkauf der Insel. Die Stadt erwarb das Gelände schließlich 1888 für 850.000 Mark. Nach dem Abzug der letzten Militärs folgte die Übergabe im März 1892.

Der Ausstellungspalast 1899

Theodor Lechner entwarf 1900 diese Idee eines Inselbahnhofs.

Was wird aus der Insel

Ende des 19. Jh. kam mit der Errichtung der Zentralfloßlände in Thalkirchen das Ende für den durch das hohe Verkehrsaufkommen völlig überlasteten innerstädtischen Floßhafen. Die Insel konnte fortan für andere Zwecke genutzt werden. So richtete die Stadt München hier z. B. das erste Arbeitsamt ein. Der Großteil des Geländes diente aber als Vergnügungs- und Ausstellungsfläche. Sogar die Auer Dult wurde auf die Insel ausgedehnt. 1898 fand die »II. Kraft- und Arbeitsmaschinenausstellung München« statt, für die man eine neoklassizistische Ausstellungshalle baute und zwei hölzerne Fußgängerbrücken errichtete, um dem Publikum den Zugang zur Insel zu erleichtern. Für die Kinder gab es die Gaudi einer Wasserrutsche in die Isar. Ein Jahr später veranstaltete man die »Erste Deutsche Sportausstellung«. Und dann kam im gleichen Jahr das schlimmste Hochwasser, das München bis dato erlebt hatte. Die Fluten rissen zwei von fünf Brücken mit sich und beschädigten die anderen schwer. Selbst Teile der Uferbefestigung wurden zerstört. Die Stadt investierte nun eine Menge Geld, um die Isar mit einem Betondamm in die Schranken zu weisen. Die Kohleninsel wurde nach dem Vorbild der Pariser Île de la Cité befestigt. Gleichzeitig wurde am Südende die Corneliusbrücke erbaut. Die Befestigungsmaßnahmen machten aus der Insel begehrtes Bauland. Was sollte man dort nun errichten? Einen Bahnhof, wie es der Ingenieur Theodor Lechner vorschlug? Oder doch lieber das Hygiene- bzw. Gewerbemuseum, das der Polytechnische Verein in Bayern schon 1890 so gerne auf der Insel ansiedeln wollte? Da kam der Vorschlag des Ingenieurs Oskar von Miller gerade recht: Warum nicht aus der Kohleninsel eine Mu-

seumsinsel machen? Warum nicht ein nationales technisches Museum einrichten? Miller, Sohn des Erzgießers Ferdinand von Miller, und angesehener Ingenieur mit ausgezeichneten Kontakten zu den wichtigen Kreisen, unterbreitete seine Idee per Rundschreiben zunächst ausgewählten, einflussreichen Meinungsbildnern – darunter Wilhelm Conrad Röntgen, Carl von Linde, Georg Krauss, Hugo von Maffei und Rudolf Diesel – und rannte offene Türen ein. Selbst Kaiser Wilhelm II. im fernen Berlin begrüßte diesen Vorschlag. Die Stadt München handelte schnell, um sich den prestigeträchtigen Museumsneubau zu sichern. Sie stellte die Kohleninsel im Herbst 1903 als Baugrund im zeitlich unbegrenzten Erbbaurecht zur Verfügung. Im Frühjahr 1906 wurde der Architekturwettbewerb für das »Deutsche Museum von Meisterwerken der Naturwissenschaft und Technik« ausgeschrieben, als dessen Sieger der Münchner Architekt Gabriel von Seidl hervorging. Von nun an war die Kohleninsel Geschichte, die Geschichte der Museumsinsel begann.

Das Deutsche Museum

Am 13. November 1906 legte Kaiser Wilhelm II. höchstpersönlich den Grundstein für das »Deutsche Museum von Meisterwerken der Naturwissenschaft und Technik«. In den Anfangsjahren, während die Insel eine Großbaustelle war, mussten die Sammlungen in provisorischen Räumlichkeiten wie dem alten Gebäude des Bayrischen Nationalmuseums (heute Museum für Völkerkunde) an der Maximilianstraße und der Schwere-Reiter-Kaserne, an der Zweibrückenstraße gegenüber der Kohleninsel, untergebracht werden. 1916 sollte das erste neue Museumsgebäude eröffnet werden, doch der Erste Weltkrieg kam dazwischen. Die Männer mussten an die Front, man fand nicht genügend Museumspersonal.

Schließlich war es dann symbolträchtig am 70. Geburtstag Oskar von Millers endlich so weit: Am 7. Mai 1925 wurde das Deutsche Museum feierlich eröffnet. Das Museumsgebäude war damals eine technische Sensation und quasi Teil der Ausstellung. Es war nämlich eines der ersten größeren Gebäude aus Stahlbeton. Das Museum wurde umgehend zum Publikumsmagneten, 787.523 Besucher kamen im ersten Jahr. Das Ausstellungskonzept war damals revolutionär, wurde weltweit von anderen Museen kopiert und wurde bis heute beibehalten: Das Museum will einen enzyklopädischen Überblick über alle Bereiche der Technik und der Naturwissenschaften (außer Biologie und Medizin) geben. Alle Themen werden allgemeinverständlich aufbereitet und erklärt. Jedes Fachgebiet hat eine eigene Abteilung, in der sich der Besucher umfassend informieren kann. Originalapparate oder maßstabsgetreue Nachbauten und Modelle zeigen technische Vorgänge und lassen sich zum Teil vom Besucher selbst bedienen. Oskar von Miller trieb den Ausbau »seines« Museums zügig voran. 1928 erfolgte die Grundsteinlegung für einen neuen Bibliotheksbau, der 1932 fertiggestellt wurde. Danach sollte das Kongressgebäude folgen. Doch dann kamen die Nazis.

Oskar von Miller vertrat immer die Auffassung, dass die Museumsleitung unpolitisch bleiben sollte. Das »Deutsch« im Namen war nie nationalistisch oder chauvinistisch gedacht, sondern sollte nur herausstellen, dass das Museum über den bayerischen Tellerrand hinaus schaute. Miller war zudem nach dem Ersten Weltkrieg ein Anhänger der linken Räterepublik gewesen. Das brachte ihn schon in den 1920er Jahren ins Kreuzfeuer der Nationalsozialisten. Der braune Pöbel geiferte besonders, als Miller die Aufstellung einer Bismarck-Statue in der Ehrenhalle des Museums verweigerte. Die umstrittene Statue blieb draußen, sie steht bis heute an der Boschbrücke. Nach der Machtübernahme durch Hitler trat Oskar von Miller im Mai 1933 als Museumsleiter zurück. Sein Nachfolger wurde der Münchner Verleger Hugo Bruckmann, ein eifriger Förderer Hitlers. Dennoch ließ sich das Museum nicht vor den ideologischen Karren der NSDAP spannen.

Fliegerbomben des Zweiten Weltkriegs trafen 1944 das Museum schwer, rund 80 % der Gebäude und 20 % des

Sammlungsbestands wurden zerstört. Das Museum musste geschlossen werden. Einige Räume dienten nach Kriegsende den aus den KZ befreiten Displaced Persons als Notunterkunft.
Am 7. Mai 1948 wurde das Museum dann offiziell wiedereröffnet. Noch im selben Jahr kam die Abteilung Physik dazu, im Mai 1949 der Bergbau. Die Abteilungen wurden modernisiert, künstlerisch neu gestaltet und museumsdidaktisch auf den neuesten Stand gebracht. Es dauerte bis zum Jahr 1969, bis das Museum wieder seine Vorkriegsgröße und seinen Normalbetrieb erreichte. Und es wuchs weiter. Erweiterungsbauten, wie der 1972 eröffnete Trakt zwischen Bibliothek und Sammlung, wurden notwendig. 1976 erschien erstmals die Museumszeitschrift *Kultur & Technik*.
Ein schwerer Brand zerstörte 1983 große Teile der Abteilungen Schifffahrt und Kraftmaschinen. Nach der Wiedereröffnung der renovierten Abteilungen sowie dem Neubau der Abteilungen Informatik, Mikroelektronik und Telekommunikation sowie Astronomie und Geodäsie hatte das Museum eine Ausstellungsfläche von rund 55.000 m^2.
Die Insellage hatte aber auch den Nachteil, dass der Raum begrenzt war. Daher mussten Dependancen für die stetig wachsende Sammlung gegründet werden. 1992 eröffnete die erste Zweigstelle auf der Flugwerft Schleißheim, dem ältesten erhaltenen Flugplatz Deutschlands. 1995 wurde das Deutsche Museum Bonn eröffnet und 2003 das Verkehrszentrum auf der Münchner Theresienhöhe. Aus dem ehemaligen Kongressgebäude wurde 1992 das Forum der Technik mit Planetarium, Kinos und einem IMAX-Kino. Seit 2002 ist hier das Amazeum untergebracht, ein Wissens- und Erlebniszentrum.
Übrigens befinden seit 1963 auch das Institut der Geschichte der Technik der TU sowie das Institut der Geschichte der Naturwissenschaften der LMU im Deutschen Museum.
Heute bietet die Bibliothek des Deutschen Museums mit über 80.000 Bänden eines der umfangreichsten Archive der Welt zum Thema Technik. Das Deutsche Museum in der Isarvorstadt ist mit mehr als 1,2 Mio. Besuchern pro Jahr nicht nur das meistbesuchte Münchner Museum, es ist auch nach wie vor ein weltweit führendes Technikmuseum. Und das, obwohl die Sammlungsgebäude momentan grundsaniert werden. Die Bauarbeiten sollen erst 2025 abgeschlossen sein.

Auf einen Blick:
DIE MUSEUMSINSEL

Die Museumsinsel ist 863 m lang und bis zu 197 m breit, hat eine Fläche von 8,6 ha und gehört südlich der Ludwigsbrücke zur Isarvorstadt, nördlich der Brücke zum Lehel.

- vor 1715 Die Kohleninsel dient als Floßlände und Lagerplatz für Holz und Kohle
- 1715 Erste Kasernenbauten
- 1828 Bau der Ludwigsbrücke, erste Steinbrücke
- 1885 Abzug des Militärs, die Insel dient fortan als Vergnügungs- und Ausstellungsfläche
- 1895 Teilnutzung des alten Kasernengeländes für das 1. Arbeitsamt Münchens
- 1898 2. Kraft- und Arbeitsmaschinenausstellung
- 1906 Grundsteinlegung Deutsches Museum
- 1911 Richtfest des Sammlungshauses
- 1925 Eröffnung Deutsches Museum im Neubau
- 1928 Grundsteinlegung für den Bibliotheks- und Saalbau
- 1932 Eröffnung der Bibliothek
- 1935 Eröffnung des Kongresssaals
- 1948 Wiedereröffnung nach der Zerstörung (80 % waren zerstört)
- 1983 Zerstörung der Abteilungen Schifffahrt und Kraftmaschinen durch ein Großfeuer
- 1984 Eröffnung neue Halle für Luft- und Raumfahrt

1.10 Europäisches Patentamt

In unmittelbarer Nachbarschaft des Deutschen Patentamts entstand ab 1975 das Europäische Patentamt. Als Baugrund diente ehemaliges Kasernengelände, das alte Corneliusgefängnis (siehe 1.11) sowie 24 marode Wohnhäuser. Auf einer Konferenz in München hatten mehr als 20 Staaten im Jahr 1973 die Einführung eines europäischen Patenterteilungsverfahrens beschlossen und München als einen der Standorte bestimmt. Der Stahlbetonskelettbau mit vorgehängter Glasfassade wurde von der Architektengruppe Gerkan-Marg und Partner entworfen. 1979/80 konnte die internationale Behörde den Betrieb aufnehmen. Weitere Standorte in Berlin, Den Haag, Wien und Brüssel kamen hinzu. München besitzt mit den beiden Patentämtern heute eine der größten Patentbehörden der Welt.

1.11 Corneliusgefängnis

Eigentlich sollte das neue Militärgefängnis draußen auf dem Oberwiesenfeld gebaut werden. Doch das Areal war noch längst nicht erschlossen und da man den Gefangenen nach modernstem Standard auch fließend Wasser und eine Kanalisation bieten wollte, wählte man eben das Gelände an der Corneliusstraße 33, wo nur zwei Stallbaracken abzureißen waren. 1881 bis 1883 dauerten die Bauarbeiten. Das Gerichtsgebäude und das Arresthaus bildeten einen T-förmigen Komplex, wobei das Gericht an der Corneliusstraße lag. Eine 3 m hohe Mauer umgab das Areal. Im Gefängnis gab es 39 Einzelzellen und ein Wärterzimmer im Erdgeschoss, in den beiden Obergeschossen jeweils 37 Einzelzellen von 3 x 2 m Größe, je eine Offizierszelle von 6 x 4 m Größe und ein Wärterzimmer. Das Gemeinschaftsbad und die besondere Zelle für »exzessive« Gefangene lagen im Keller. Um 1890 saßen 77 Häftlinge ein. In ihren Zellen befand sich eine Pritsche mit Strohsack, Rosshaarpolster und Wolldecke, ein Tisch, ein Hocker, ein Stiefelauszieher, ein Wasserkrug und ein Spucknapf. Ein Nachttopf war nur zum Urinieren bestimmt, er wurde mehrfach am Tag geleert. Für den Stuhlgang gab es einen »Leibstuhl«, der nur selten geleert wurde, weshalb nach Benutzung Torfmull eingestreut werden musste. 1899 verlegte man das Militärgefängnis in zwei Neubauten an der Max-II-Kaserne auf dem Marsfeld in der Maxvorstadt. 1904 zog auch das Kriegsgericht dorthin. Das Gebäude an der Corneliusstraße diente danach ver-

schiedenen Zwecken. Meist wohnten darin Unteroffiziersfamilien, vor allem die Aufseher des Armeemuseums. Einige Räume wurden an Privatleute vermietet, ein Teil der Gebäude diente vor dem Ersten Weltkrieg als Magazin für die Sammlungen des Museums für Völkerkunde. Nach dem Ersten Weltkrieg übernahm die bayerische Justizverwaltung den Komplex und richtete wieder ein Gefängnis ein, das Gefängnis des Landgerichts München I. In den 1960er Jahren wurden hier jugendliche Straftäter eingesperrt. Für den Bau des Europäischen Patentamts wurde das alte Gefängnisgebäude im Jahr 1975 abgerissen.

Übrigens gab es in unmittelbarer Nachbarschaft ein weiteres Gefängnis: Das **Landgerichtsgefängnis Baaderstraße 9**. Es wurde von 1868 bis 1870 erbaut und im Februar 1911 wieder abgerissen. Prominenteste Insassin war die Millionenbetrügerin Adele Spitzeder. Das Gelände wurde noch 1911 mit Dienstwohngebäuden bebaut.

1.12 Postgarten

Der *Postgarten* stammte von 1787, als der Bierwirt Franz Xaver Kregl das Wirtshaus erbaute. Neun Jahre später schlug eine Kanonenkugel in das Haus, fortan blieb die Kugel in der Mauer (im Lorbeerkranz über dem mittleren Fenster) und eine Inschrift bekundete: »Nach Beschießung des Roten Tores durch Marschall Condé am 8. September 1796 hier gefunden.« Seinen Namen verdankte das Gasthaus dem Postmeister und Pächter Josef Hester. 1903 wurde das Haus abgerissen und neu erbaut. Seit den 1970ern ist *McDonald's* der Wirt im Haus.

Der Postgarten an der Zweibrückenstraße (Foto von 1896)

1.13 Theater vor dem Isartor

Leicht hatte es sich die Muse in der Isarvorstadt gemacht: Außer dem Gärtnerplatztheater existierten früher fast nur kleine Bühnen, die derbe Schwänke, Bauernstücke oder gar Tingeltangel darboten. Freilich gab es einst auch das Königliche Theater vor dem Isartor, in dem sich 1812 unter der Leitung von Direktor Johann Weinmüller erstmals der Vorhang hob, um das Melodrama *Salomes Urteil* über die Bühne gehen zu lassen. Zehn Jahre später übernahm Carl Carl (eigentlich Carl von Bernbrunn) die Leitung. München-Chronist Ulrich von Destouches schrieb über das von Emanuel d'Herigoyen erbaute Haus: »Das Innere des Theaters gewährt einen heiteren Anblick. Es ist blau und weiß dekoriert und mit kleinen Figuren über den Logen besetzt, enthält rückwärts Parterre eine Parterre-Galerie, 3 Reihen Logen und über der letzten Logenreihe eine Galerie.«

Zwar mühte sich das Theater redlich, das Programm halbwegs anspruchsvoll zu gestalten, doch letztlich schwankte es zwischen *Hamlet* und Varietenummern von Tierdompteuren. Gerade deshalb stieg das Theater zum ernsten Konkurrenten für das Hoftheater auf, dessen Intendanz eifrig gegen das Vorstadttheater intrigierte. 1825 starb König Max II., der das Theater gefördert hatte. Die Subventionen wurden sofort gestrichen, Carl zog mit seiner Truppe weiter nach Wien. Im leeren Theaterbau kam erst ein Leihhaus unter, später der Atlantik-Filmpalast. Im Zweiten Weltkrieg zerstörten Bomben das Haus, das eingeebnet und zur Straße wurde (zwischen Westenrieder- und Frauenstraße am Isartor).

1.14 Bacheinsturz

Der Baum war geschmückt, die Plätzchen gebacken, die Geschenke verpackt – für das ältere Ehepaar, das in der Rumfordstraße 45 Parterre lebte, alles sah nach einem gemütlichen Weihnachtsabend aus. Niemand rechnete damit, dass der im wahrsten Sinne des Wortes ins Wasser fallen sollte. Denn in der Nacht des 23. Dezembers 1953 wachte das Ehepaar umgeben von den Trümmern seiner Wohnungseinrichtung im tosenden Wasser auf. Der Fußboden der Wohnung hatte nachgegeben. Das Paar konnte sich glücklicherweise kaum verletzt aus dem Stadthammerschmiedbach retten, der unter

dem Haus floss und die Überbauungskonstruktion zersetzt hatte. Dieser Unfall brachte den Isarvorstädtern deutlich ins Bewusstsein, auf welch lebendigem Grund und Boden sie wohnten, auch wenn davon kaum noch etwas sichtbar war. Denn bereits nach dem Zweiten Weltkrieg gab es kaum noch überirdische Bachläufe im Viertel, das einst vom Wasser geprägt war.

1.15 Hainmühle/Heiliggeistmühle

Rumfordstraße 32, siehe S. 135

1.16 Untere Kaiblmühle

Buttermelcherstraße 16, siehe S. 136

1.17 Rischart

Es gibt sie noch, die eine große Firma, die dem alten Industriestandort treu geblieben ist und nach wie vor hier produziert. Zettler ist weg, Hurth ist weg, Roeckl ist weg, Rodenstock ist weg – Rischart bleibt. Und backt weiterhin seine leckeren Kuchen und köstlichen Semmeln mitten im Gärtnerplatzviertel.

Es war im Mai 1872, als der gelernte Bäcker Max Rischart aus Pöcking am Ammersee mit Frau und Tochter nach München zog. Hier ein kleiner Einschub: Heute spricht fast jeder den Namen französisch »Rischáár« aus; es ist aber ein urbayrischer Name und wird so ausgesprochen, wie er geschrieben wird, mit allen Buchstaben inklusive »t«. Max Rischart konnte 1883 eine eigene Bäckerei in der Ickstattstraße 7 eröffnen. Schon sieben Jahre später zog das florierende Geschäft ein paar Häuser weiter in einen größeren Laden Ickstattstraße 12. 1896 musste eine Bäckerei in der Fraunhoferstraße 44 schließen, Max Rischart kaufte kurzentschlossen das ganze Haus, richtete dort im Keller seine Backstube und darüber ein Ladengeschäft ein. Die oberen Etagen bewohnten die Rischarts und ihre Belegschaft. Noch heute ist unter dieser Adresse eine Rischart-Filiale zu finden. 1906 übergab der Seniorchef sein Unternehmen an Sohn Max. Der technikbegeisterte Max jr. hatte in Wien und London das Konditorenhandwerk gelernt, dabei litt ausgerechnet er unter einer Mehlallergie! Das bremste seinen Enthusiasmus aber nicht. Er führte moderne Maschinen in der Backstube ein und installierte sogar – damals geradezu futuristisch – ein Telefon, damit die Kundschaft Waren vorbestellen konnte. Und er führte Wiener Feingebäck, Vollkornbrot sowie saisonale Produkte wie Dresdener Stollen und Eiskrem ein. 1932 wagte er dann den großen Sprung in die Stadtmitte. Am Marienplatz wurde ein Laden frei und Max Rischart eröffnete eine Filiale am Marienplatz 18.

Am 17. Dezember 1944 trafen Fliegerbomben das Stammhaus der Bäckerei in der Fraunhoferstraße, es brannte bis auf die Grundmauern nieder. Wichtigste Aufgabe nach Kriegsende war der Wiederaufbau des Wohn- und Geschäftshauses. Gleichzeitig musste der Bäckereibetrieb weiterlaufen. Tochter Marianne schmiss nun mit ihrem Mann Franz Müller den Laden. Franz Müller stammte aus einer Bäckerfamilie aus dem Westend. Er buk nun Brot im Keller einer alten Bäckerei in der Hans-Sachs-Straße 18, das seine Marianne am Marienplatz in einer Notbaracke verkaufte. Schließlich konnten die Müller-Rischarts nicht nur das niedergebrannte Stammhaus an der Fraunhoferstraße wieder aufbauen, sie konnten auch das kriegszerstörte Haus am Marienplatz kaufen und 1952 fertigstellen.

Sohn Gerhard Müller-Rischart kam 1967 ins Unternehmen und übernahm 1973 die Leitung. Er setzte auf Expansion und eröffnete mehrere Filialen. Die Backstube in der Fraunhoferstraße stand am Rande ihrer Kapazitäten. Andere wären spätestens jetzt in ein Industriegebiet im Umland gezogen, Gerhard Müller-Rischart blieb im Viertel. Er kaufte das Gelände der Tresorfabrik Franz Leicher in der Buttermelcherstraße 16. Der Münchner Architekt Uwe Kiessler ersetzte die alte Maschinenhalle durch ein mehrfach preisgekröntes, lichtdurchflutetes Backhaus. Seitdem rumpeln die Mehllaster durch die engen Straßen des Viertels und es duftet lecker nach … nichts, denn modernste Technik sorgt dafür, dass Nachbarn keinen Grund zu Geruchsbeschwerden haben. Gerhard Müller-Rischart machte sich ab 1983 mit verschiedenen »RischArt«-Projekten einen Namen als Kunstsponsor. Ebenfalls seit 1983 gibt es übrigens eine Rischart-Filiale im japanischen Osaka …

2009 übernahm Magnus Müller-Rischart, der das Bäcker- und Konditorenhandwerk in Wien, Frankfurt und Berlin gelernt hat, das Unternehmen.

Die Belegschaft vor dem Laden Fraunhoferstraße (damals Hausnr. 30) im Jahr 1911.

Blick in die Backstube 1911

Europas größter Floßhafen

Ein paar Baumstämme zusammengebunden – fertig ist das Floß. Ganz so einfach war es freilich nicht. Es gehörte schon etwas mehr zur Flößerei, die auf der Isar seit dem Ende des 13. Jh. aufblühte.

Die mutigen Flößer ritten wie Jockeys auf dem wilden Wasser, ihre kostbare Fracht musste schließlich komplett, wohlbehalten und trocken ankommen. Die verzweigten Stadtbäche der Isarvorstadt gehörten ganz selbstverständlich zu ihrem Revier. Oft zum Schaden der Beschlächte (Uferbefestigungen). Bereits um 1300 bedrohte die Stadt jeden mit empfindlichen Geldstrafen, der mit Flößen die Mühlbäche befahren wollte, um Schäden an den Wuhren zu verhindern. Man richtete die **Obere Lände** ein (Karl-Heinrich-Ulrichs-Platz), in die man durch den großen Stadtbach einfahren konnte. Die Obere Lände war eine Kopflände, man konnte nicht zurück in die Isar fahren. Dort landete hauptsächlich das Holz, das von den ansässigen Müllern, Zimmerern und Brauern weiterverarbeitet wurde. An der Steinsdorfstraße, gleich an der Ludwigsbrücke, gab es die **Untere Lände** und **eine weitere Lände** gegenüber auf den Sandbänken der Kohleninsel (heute Museumsinsel). Den stadtseitigen Isararm baute man schon im 18. Jh. konsequent aus, um ein strömungsfreies Hafenbecken zu erreichen.

Für München als Handelsort war die floßbare Isar von entscheidender Bedeutung. Waren aus dem Alpenraum und aus Norditalien beförderte man so über München immer weiter die Flüsse abwärts bis nach Regensburg, Passau, Wien oder Budapest. Um die Isarflößerei zu fördern, sicherte Kaiser Ludwig der Bayer 1315 allen Kaufleuten, die München ansteuerten, Geleit und Königsfrieden zu. Und die Kaufleute kamen. 1405 lieferten die ersten Flöße Kalkstein aus dem Karwendelgebirge für die Münchner Kalköfen. Ab 1470 transportierte man das Holz für den Bau der Frauenkirche über die Isar, 147 Flöße mit 2.100 Baumstämmen sollen es gewesen sein. Siebzehn Jahre später zählte man 3.312 Flöße, die innerhalb von zwölf Monaten Grünwald passiert hatten.

Je nach Anzahl der nebeneinanderliegenden Baumstämme nannte man die Flöße Achter, Zwölfer, Sechzehner, Achtzehner und Vierundzwanziger. Normalerweise war ein Floß 12 bis 24 m lang.

Mit dem Linienfloß nach Wien

1581 stand in der ersten Zunftordnung der Münchner Floßmeister: »Die Floßleutt, welche Leutt, Guetter aufnehmen umb ain Lohn, die sollen mit selbs aignen Personen solche fueren an die Ort, da sie hingehören.« Daraus lässt sich ablesen, dass auch die Personenbeförderung schon früh eine große Rolle spielte. Ab 1623 gab es sogar eine Art Linienverkehr mit den »Ordinari«-Flößen, die an der Ludwigsbrücke ablegten. Einmal wöchentlich konnte man sich z. B. auf dem Ordinari München–Wien einbuchen. Gegen einen Aufpreis von zwei Gulden

An der Oberen Lände, heute Geyerstraße, legten einst die Flöße an. Das Brunnhaus mit der Optik einer Kapelle verteilte Trinkwasser an die Haushalte der Gegend. Im Hintergrund sieht man die Mauer des Alten Südfriedhofs und die Spitze der Schmerzhaften Kapelle. Aquarell von M. Kuhm, ca. 1870.

Die Floßlände auf der Kohleninsel (heute Museumsinsel); am anderen Isarufer die Neue Isarkaserne

konnte man sich ein trockenes Plätzchen in der auf der Floßmitte errichteten Ordinari-Hütte mieten – ein Schnäppchen im Vergleich zur Postkutschenreise, denn die dauerte nicht nur länger, sondern kostete sieben Gulden, dazu kamen noch Kost und Logis bei den Postwirten entlang der Strecke. Die Fahrt nach Wien dauerte sechs bis sieben Tage und erst 1904 wurde die Floßlinie eingestellt. Das letzte Floß brachte eine kupferne Brauerei-Sudpfanne von mehr als 6 m Durchmesser zur Weltausstellung nach Wien.

Neben Baumaterial zählten auch Lebensmittel zu den Haupthandelsgütern, Lebendvieh wurde ebenso transportiert wie Bier aus Bad Tölz, das sich größter Beliebtheit erfreute, war es doch trotz der Transportkosten deutlich billiger als die Münchner Konkurrenz. In Kriegszeiten, vor allem während der Türkenkriege, brachten Flößer Waffen, Soldaten und Lebensmittel bis vor Wien. Frauen durften übrigens keine Flöße lenken, auch wenn dies öfter vorkam. 1841 sah sich die bayrische Regierung dazu veranlasst, »auf die Unzulässigkeit der Verwendung lediger Weibspersonen zur Lenkung der Flöße hiermit aufmerksam zu machen.« Schließlich galten die »weiblichen Individuen« als weder des Floßfahrens kundig noch als »hinlänglich rüstig«. Zudem sah der Staat die Sittlichkeit durch die Lebensweise der Flößer – besonders in den Nachtherbergen – »sehr gefährdet«.

12.000 Flöße pro Jahr

Die Flößerei erreichte um 1870 ihren absoluten Höhepunkt in München. Die Kohleninsel galt als größter Floßhafen Europas, bis zu 12.000 Flöße legten jährlich an. In den engen Stadtbächen vor der Oberen Lände reihte sich Baumstamm an Baumstamm. Da kollidierte so mancher zudem mit den Stämmen, die im Rahmen der Trift auf der Isar trieben. Längst war die Holztrift ein Quell permanenter Ärgernis. Seit Jahrhunderten ließen die Holzhändler die Baumstämme einfach die Isar abwärts treiben, wo sie in München aus dem Fluss gefischt wurden. Dazu hatte man beim Mariannenplatz im Lehel einen eigenen

Die Floßlände an der Erhardtstraße gegenüber der heutigen Museumsinsel im Jahr 1898.

Triftkanal gebaut. Der Schaden, den die losen Baumstämme an Beschlächt und Ufern anrichteten, führte dazu, dass man 1870 die Trift komplett einstellte. Den Todesstoß versetzte der Trift die Eisenbahn, mit der man das Holz schneller und zuverlässiger in die Stadt transportieren konnte.

Die Eisenbahn brachte auch den Flößern das Ende. Die neue **Zentrallände**, die die Stadt Ende des 19. Jh. bei Maria Einsiedel zur Entlastung der Oberen und der Unteren Lände bauen ließ, war letztlich schon bei ihrem Bau überflüssig. Per Bahn ging alles flotter und billiger. Geblieben ist bis heute das Ausflugsvergnügen, das die Isarflöße bieten. Abgelegt wird in Wolfratshausen, gelandet bei Maria Einsiedel. Heute ist die Isar der einzige mitteleuropäische Fluss, auf dem noch Personen per Floß befördert werden.

1.18 Buttermilchgarten

Der *Buttermilchgarten* an der heutigen Buttermelcherstraße war ein beliebtes Ausflugsziel für die Städter. Links führt eine Brücke über den Heiliggeistmühlbach. Auf dem Aquarell, das August Seidl 1853 malte, erkennt man zudem im Hintergrund die Herz-Jesu-Kirche des Klosters der Niederbronner Schwestern, die Michael Reifenstuel erbaute.

1.19 Herz-Jesu-Klosterkirche

Das »Klösterl« der Niederbronner Schwestern in der Buttermelcherstraße 10 enthielt eine Kirche, die ursprünglich 1869 von Michael Reifenstuel erbaut wurde (siehe Abb. 1.18). Sie ging im Zweiten Weltkrieg in Flammen auf. Der Neubau entstand, wie auch das Klosterareal inklusive Mädchenwohnheim, von 1953 bis 1955 nach Plänen von Alexander von Branca im Auftrag der Kongregation der Niederbronner Schwestern. Die Kirche war die erste Kirche Münchens, die vollständig als Stahlbetonbau ausgeführt wurde. Sie ist heute nur zugänglich, wenn man sich an der Klosterpforte anmeldet. Sichtbeton bestimmt die Innenausstattung der Kirche, das Tabernakel stammt von Heinrich Kirchner, der Altarblock von Fritz Koenig. Ab 1995 wurde der gesamte Klosterkomplex renoviert und saniert.

1.20 Grundschule am Gärtnerplatz

Nach Kriegszerstörung und schwindendem Nachwuchs entschlossen sich die Niederbronner Schwestern einen Teil ihres Grundstücks an die Stadt München zu verkaufen. Auf dem Gelände hatten einst Wohnzellen der Nonnen gestanden. Die Stadt wollte erst eine Volksschule bauen, entschied sich dann aber für eine Grundschule, die 1963 erbaut wurde. Die damalige Stadtschulrätin Mathilde Eller unterstützte die Pläne für ein Förderzentrum für geistig Behinderte und erreichte, dass die Schule in der Klenzestraße 27 sich als erste Schule Bayerns für Kinder mit geistiger Behinderung öffnete. Dieses Förderzentrum heißt heute nach seiner Fürsprecherin Mathilde-Eller-Schule. In der Grundschule am Gärtnerplatz befinden sich außerdem ein städtischer Hort und eine städtische Kindertagesstätte.

1.21 Deutsche Eiche

Ein Toter war der Tief- und gleichzeitig Wendepunkt: 1994 hatte sich ein Gast im Hotel der *Deutschen Eiche* den Goldenen Schuss gesetzt und wurde erst nach Tagen gefunden. Damit stand für Sepp Sattler und Dietmar Holzapfel, die neuen Besitzer des traditionsreichen Hauses, fest: Es muss sich gewaltig was ändern. Sie hatten die *Deutsche Eiche* 1993 übernommen, um sie zu retten. Denn das Haus sollte nach dem Willen der Eigentümerin, der Monachia, Immobilienfirma der Löwenbräu, entkernt und gewinnbringender gestaltet werden. Weltweit rauschte der Blätterwald voller Empörung – schließlich war die *Deutsche Eiche* nicht irgendeine Kneipe, sondern eine internationale Institution!
Wie die meisten Häuser im Gärtnerplatzviertel wurde auch das Wirtshaus 1864 errichtet, ab 1871 ist der Name *Deutsche Eiche* nachweisbar. Nach dem Sieg im deutsch-französischen Krieg und der deutschen Reichseinigung wollte man mit solchen Namen patriotische Gesinnung demonstrieren. 1896 übernahm Emil Reichenbach das Anwesen, das fortan für fast genau 100 Jahre von der Familie betrieben wurde. 1944 brannte eine Phosphorbombe fast das ganze Haus ab. Da verkehrte der, der die Bomben gebracht hatte, längst nicht mehr hier: Adolf Hitler hatte früher gerne in der Ecke bei den Käfigen mit Singvögeln am »Vogerltisch« gegessen.
Erst in den 1950ern begann die Legende, als Tänzer des nahen Gärtnerplatztheaters die *Eiche* zum Stammlokal erkoren und Faschingsfeste veranstalteten, die das katholische München noch nicht gesehen hatte. Von der Schwulenszene wollte die alte Wirtin Ella Reichenbach offiziell nichts wissen. Wenn sie dann doch mal mitbekam, dass ein Gast ihren Kellnern schöne Augen machte, soll sie gerufen haben: »Lassts meine Buam in Ruah, ös Viecha!«
Im Schlepptau von Schwulen und Künstlern traf sich bei Wirtsenkelin Ella Reichenbach, deren Tochter Sonja und Schwägerin Toni bald das »Who's who« – von Curd Jürgens über Maria Schell und Donna Summer bis Franz Beckenbauer, und natürlich Rainer Werner Fassbinder, Freddie Mercury sowie die »Geschwister Fürchterlich«: Barbara Valentin und Elisabeth Volkmann. Fassbinder drehte hier sogar Filmszenen, in denen Sonja Reichenbach mitspielte. Doch die *Eiche* behielt immer Bodenhaftung, blieb Seelsorgestation und wurde ganz münchen-untypisch kein Promitreff mit Klatschspalten-Dauerplatz.

Familie Reichenbach vor der Eiche, ca. 1930

Faschingsmotto »Moulin Rouge«, 1961

Nur im Badehaus gilt: men ony!

In den 1980ern begannen die Probleme. Ella Reichenbach starb, der Pachtvertrag sollte gekündigt werden. Sattler und Holzapfel übernahmen schließlich die »problematische Immobilie« von Löwenbräu, die aber vorerst unter der Leitung von Sonja Reichenbach blieb. Nach den Ereignissen um den toten Junkie renovierten die Besitzer zunächst das Hotel komplett, anschließend die Gaststube, nachdem sich die letzte Reichenbach 1995 endgültig zurückzog. In mehreren Rückgebäuden entstand ab 1995 eine der größten Herrensaunen der Welt, die heute zum internationalen Ruf der *Eiche* beiträgt und rund 10.000 Besucher im Monat anzieht. Und jeden Fasching läutet die *Eiche* mit ihrer Party den Reigen von Straßenfesten ein, denn dann muss die Reichenbachstraße wegen der Menschenmassen gesperrt werden

Die Isar

Münchens Lebensader, die Isar, dominierte mit ihrer Unberechenbarkeit lange den Lebensrhythmus der Menschen. Bis man sie schließlich gezähmt und in ein unattraktives Kanalbett gezwängt hatte. Ende des 20. Jh. setzte das Umdenken ein und nun hat die Isarvorstadt ihre »wilde« Isar zurückbekommen.

Lange galt sie als die »Reißende«, doch von der Deutung, dass die Isar ihren Namen der Zusammensetzung der keltischen Worte von *ys* (schnell, reißend) und *ura* (Wasser, Fluss) verdankt, hat sich die Etymologie längst verabschiedet. Vielmehr soll es sich bei der Isar schlicht und einfach um ein fließendes Wasser handeln – vom indogermanischen *es* oder *is*, einem Wort, von dem sich viele europäische Gewässernamen ableiten (Isère, Isel, Ijsel, Eisack). So ist die Reißende »nur« eine Fließende, was ihre Bedeutung keineswegs schmälert.

Die Isar entspringt im Karwendel bei Scharnitz in 1.160 m Höhe und mündet nach 295 km in die Donau. Dabei legt sie einen Höhenunterschied von 848 m zurück. Ursprünglich war sie ein typischer voralpiner Wildfluss – unberechenbar in seinem Fließverhalten, abhängig von Niederschlägen und Schneeschmelze. Sie besaß stark schwankende Abflüsse, lagerte ständig ihr Flussbett um und führte große Mengen Kies und Geröll mit sich. Ihre Hochwasser waren gefürchtet – auch und gerade im Stadtgebiet München. Lange verhinderte die unberechenbare Isar, dass sich die Stadt nach Süden und Südosten hin ausdehnte. Noch im 19. Jh. floss die Isar wie ein Wildfluss durch München mit weitverzweigten Flussarmen und zahlreichen Kiesinseln. Sie speiste die zahlreichen Stadtbäche, die größtenteils ursprünglich ebenfalls Isararme waren. An diesen Bächen hatten die Menschen schon sehr früh begonnen, durch Wehre, Deiche und Schleusen regulierend einzugreifen. Die Bäche und Kanäle beherrschten sie größtenteils – nicht aber den Mutterfluss. Die Isar ließ nach Lust und Laune ihre Brücken einstürzen. Bei einem verheerenden Hochwasser 1899 zerstörte sie gleich drei Brücken auf einen Schlag. Dabei hatte man bereits Mitte des 19. Jh. dem Fluss den Kampf angesagt und mit dem systematischen Ausbau des Flussbetts begonnen. Man verpasste der Isar ein festes Korsett von 50 m Breite, bestehend aus einem kanalartigen Mittelwasserbett, das alle 200 m mit harten Sohlschwellen und Abstürzen versehen wurde. 145 m breite Hochwasserwiesen und Hochwasserdeiche sollten Hochwasser aus den niedrig gelegenen Stadtteilen wie der Isarvorstadt halten. Mit der Nutzung des Isarwassers zur Energiegewinnung in den drei Kraftwerken Anfang des 20. Jh. und den damit verbundenen Baumaßnahmen ging der Wildflusscharakter endgültig und unwiederbringlich verloren.

Durch die Maßnahmen und vor allem durch den Bau des Sylvensteinspeichers 1959 zur Aufbesserung der Mindestwasserführung und des Hochwasserschutzes hat die Isar ihre Fließgeschwindigkeit, ihr Strömungsmuster

Bis in die heutige Zeit beschert die Isar München immer wieder katastrophale Hochwässer, zuletzt 2005. Oben der Blick von der Reichenbachbrücke auf Corneliusbrücke, Europäisches Patentamt und Museumsinsel beim Hochwasser 1999.

Von schnurstracks zu zickzack: Blick von der Wittelsbacherbrücke im Jahr 2007 und 2012.

Die Isar

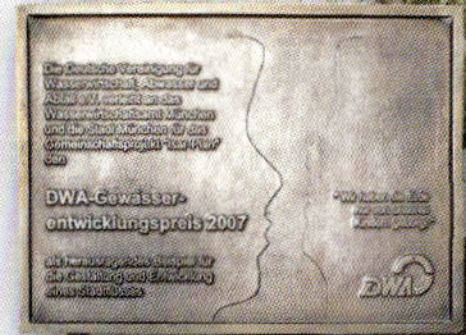

Mit der Renaturierung ist wieder Surf- und relaxter Badespaß in der Isarvorstadt möglich. Deshalb wurde die Renaturierung 2007 mit dem DWA-Gewässerentwicklungspreis ausgezeichnet. Eine Bronzeplakette, montiert auf einen Findling in der Isarau neben der Wittelsbacherbrücke, weist darauf hin.

und ihren Temperaturhaushalt verändert – nicht zum Vorteil von Flora und Fauna. Einen letzten Hauch der ursprünglichen Isar kann man noch am Flaucher und am Deutschen Museum in der Kleinen Isar erkennen.

Das Umdenken beginnt

Genutzt hat all das Bauen nicht viel, wie die rekordverdächtigen Hochwasser von 1999 und 2005 zeigten. Außerdem hat sich München den Zugang zum Fluss regelrecht abgeschnitten, statt ihn ins Stadtbild zu integrieren. Doch es ist Besserung in Sicht. 1995 taten sich der Freistaat und die Stadt zur Arbeitsgruppe Isar-Plan zusammen, um die Isar auf den 8 km zwischen Großhesselohe und Deutschem Museum neu und naturnah zu gestalten. Im Jahr 2000 ging es los, die Bauarbeiten dauerten elf Jahre lang. Bis 2004 erfolgte die Renaturierung bis zur Braunauer Eisenbahnbrücke an der Grenze der Isarvorstadt. Das Flussbett wurde ausgeweitet, Kiesufer und flache, wasserumspielte Rampen aus Blocksteinen geben der Isar nun ein naturnahes und interessantes Bild. Für den innerstädtischen Bereich in der Isarvorstadt wurde ein Wettbewerb ausgeschrieben. Früher nutzten nicht nur die Isarvorstädter die Hochwasserwiesen zum Spazierengehen, Radfahren, Sonnenbaden und Ballspielen – und im Winter zum Skilanglaufen. Diese Nutzungsmöglichkeiten sollten erhalten bleiben und gleichzeitig mehr Natur sowie wirkungsvoller Hochwasserschutz realisiert werden. Die Bagger rollten über Jahre. Zwischen Braunauer Eisenbahnbrücke und Wittelsbacherbrücke entstanden flache Ufer und Kiesbänke. Daran anschließend gibt es nun bis zur Corneliusbrücke hin eine neue Insel (die Weideninsel), Steintreppen und abgeflachte Uferbereiche. Die Seite zur Wittelsbacherstraße aber wird weiterhin als hohe Kante erhalten bleiben, die ist Damm, der die stark befahrene Uferstraße schützen muss. Der dichte Baumbestand auf den Deichen wurde weitgehend erhalten. Insgesamt verschlang das Megaprojekt rund 35 Mio. Euro, wobei allein 7 Mio. Euro zur Beseitigung von Altlasten und Kampfmitteln aus dem Zweiten Weltkrieg aufgewendet wurden.

Die Aussaat von Wildpflanzen, die aus dem Naturschutzgebiet Garchinger Heide stammen, bringt Artenreichtum in die Isarvorstadt. Auch die 1976 im Isardelta wieder angesiedelten Biber haben es bereits bis nach München geschafft. Einer soll direkt am Deutschen Museum leben.

Fassbinder-Graffito in der Klenzestraße

1.22 »Fassbinderhaus«

Film- und Theaterregisseur Rainer Werner Fassbinder kam eines schönen Tages im Jahr 1974 in die *Deutsche Eiche* und verliebte sich auf den ersten Blick in den schmucken Aushilfskellner Armin Meier. Um seinem Armin nahe sein zu können, zog Fassbinder ins Haus genau gegenüber der *Eiche*, Reichenbachstraße 12. Fortan galt die Eiche als Fassbinders »Wohnzimmer«. Fassbinder drehte immer wieder auch in der *Eiche* (u. a. *Lola*) und machte den gelernten Metzger Armin Meier zum Star einiger seiner Filme. Teile von *Deutschland im Herbst* wurden in dieser Wohnung gedreht. Fassbinder zerbrach schier am Selbstmord des Geliebten 1978, verließ die Isarvorstadt und zog in die Clemensstraße nach Schwabing. In seiner alten Wohnung befindet sich heute das Büro der *Deutschen Eiche*.

1.23 Kawwana – Kirche des Neuen Aeon

Viele werden sich noch an den Tempel mit der goldenen Kuppel in einem Hinterhof der Klenzestraße erinnern. Kaum jemand aber wusste, was sich dahinter verbarg: Kawwana – Kirche des Neuen Aeons, eine esoterisch-gnostische religiöse Bewegung, die sich auf die Kabbalah nach Isaak Luria stützt. Der Glaube an Reinkarnation, der Umgang mit Symbolen, Astrologie, Alchemie, Tarot, Magie gehörten zu den Grundlagen der Kirche. Ihre Geschichte begann 1996, als Vicarius Thorwald Dethlefsen die Kirche beim Amtsgericht München anmeldete. Zwischen 1999 und 2003 führte Dethlefsen mit rund 40 engeren Mitarbeitern das »Symmachia« genannte Taufritual an rund 1.000 Personen durch, die der Kirche auch nach der Auflösung 2003 verbunden blieben. Der Tempel des höchsten Gottes mit seiner markanten goldenen Kuppel wurde 1998 erbaut. 2003 löste Dethlefsen Kawwana auf, denn die Kirche habe ihren Auftrag im Wesentlichen erfüllt und sei aus der Welt »Assiah« in die höhere Welt »Briah« versetzt worden. Der Tempel wurde im Frühjahr 2009 abgerissen.

1.24 Das Gärtnerplatzviertel

siehe S. 30

1.25 Die Büsten am Gärtnerplatz

Auf dem Gärtnerplatz befinden sich die Büsten der beiden großen Baumeister Friedrich von Gärtner (oben) und Leo von Klenze. Klenze und Gärtner hatten einst für König Ludwig I. die Maxvorstadt mit ihren Prachtbauten entlang der Ludwig- und der Brienner Straße gestaltet. Sie hatten aus dem mittelalterlichen München das Isar-Athen gemacht – und einander abgrundtief gehasst. Dass ihre Büsten nun am Gärtnerplatz stehen, hat mit dem Ort nichts zu tun. Sie hinterließen keinerlei Bauten im Viertel. Ursprünglich waren es Ganzkörperfiguren, die man jedoch im Zweiten Weltkrieg einschmolz. Das 1867 von Friedrich Brugger geschaffene Bildnis Klenzes galt danach als komplett verschollen. Die SZ und die AZ setzten gar ein Kopfgeld von 10.000 DM aus, und siehe da, Klenzes Kopf fand sich als Gipsmodel in einem städtischen Lager bei den Brunnenabdeckungen. Die Betreiber der Deutschen Eiche stifteten daraufhin 1998 das Geld für einen Neuguss von Klenzes Kopf. Nun stehen sich die einstigen Kontrahenten wieder Rücken an Rücken gegenüber.

1.24 Das Gärtnerplatzviertel

»Die Mieten steigen überproportional im Verhältnis zu anderen Preisen; Hausbesitzer wurden unverschämt und tyrannisch; Spekulanten haben schlechte Gebäude hochgezogen und unmoralisch hohe Gewinne gemacht; und Familien waren allen ausgeliefert: den Mieten, den Hausbesitzern und den Spekulanten.« Auch wenn es sich so anhört, als würde hier der Münchner Wohnungsmarkt der Gegenwart beschrieben – diese Anklage stammt aus dem Buch Social Life in Munich *des Briten Eduard Wilberforce von 1868.*

Wohnungsraum war schon damals ein begehrtes Gut in München. Die einst dünn besiedelte Isarvorstadt hatte sich bis zur Mitte des 19. Jh. zu einem regelrechten Industriegebiet gemausert und besaß enorme Anziehungskraft. Immer mehr Menschen fanden hier Arbeit – was sie nicht fanden, waren bezahlbare Wohnungen. Auf der anderen Isarseite lagen ihre erbärmlichen Wohnstätten. Die Dörfer Haidhausen, Giesing und besonders die Au, seit 1808 eine Stadt, genossen einen noch schlechteren Ruf als die Isarvorstadt. Dort lebten die billigen Lohnsklaven in windschiefen Herbergshäusern – nahe der Stadt, ohne die Rechte der Münchner Bürger zu genießen.
1854 änderte sich die Situation schlagartig: München schluckte Haidhausen, Giesing und Au. Der spärlich entwickelte Heiliggeist-Anger bildete plötzlich das Zentrum zwischen der Altstadt und den neuen Stadtvierteln. Die Grundstückspreise explodierten. Glücklich der, der bereits über große Flächen auf dem Anger verfügte – wie beispielsweise die Familie des Barons Karl von Eichthal, die schon Anfang des 19. Jh. einen Großteil des heutigen Gärtnerplatzviertels aufgekauft hatte. Die Eichthals entstammten einer alten jüdischen Bankiersfamilie aus Heidelberg, die ursprünglich Seligmann hieß. 1811 war Aron Elias Seligmann zum Katholizismus konvertiert, drei Jahre später hob König Max I. Joseph seinen Hofbankier in den Adelsstand. Arons Sohn Simon von Eichthal gehörte 1835 zu den Gründern der Bayrischen Hypotheken- und Wechselbank. Er hatte bereits 1830 einen Bebauungsplan für den Eichthal-Anger der königlichen Baukommission vorgelegt. In jenem Jahr war auch die Fraunhoferstraße fertig gestellt worden. Als kerzengerade Ausfallstraße führte sie von der Stadt zur Isar. 1842 stand dann die hölzerne Reichenbachbrücke, nun konnten die Arbeiter direkt zu ihren Betrieben in der Isarvorstadt. Eichthals Bebauungsplan landete aber in der Schublade. Die Münchner bevorzugten die schicken Neubaugebiete Max- und Ludwigsvorstadt. Der Baron kümmerte sich lieber um den Ausbau von Eisenbahnstrecken, damit München zum süddeutschen Verkehrsknotenpunkt aufstieg.

Der Geschäftsmann Karl von Eichthal engagierte sich als privater Stadtentwickler und baute auf einer seiner grünen Wiesen das Gärtnerplatzviertel (Lithografie nach einer Zeichnung von Ludwig von Montmorillon).

Schicke Wohnungen für Besserverdiener

Simons Sohn Karl legte der Stadt am 5. Juli 1860 schließlich einen erweiterten Bebauungsplan vor. Nun sollte auch das Gebiet bis zur Reichenbachbrücke erschlossen werden, denn die Grundstückseigentümer an der geplanten Reichenbachstraße (damals noch Utzschneiderstraße) wollten am Bauboom mitverdienen. Auch die anderen Anrainer am Anger sprangen auf den Zug auf, immer neue Projekte wurden dem Magistrat vorgelegt. Eichthals Plan erfuhr eine Ergänzung nach der anderen. Zuletzt entsprach die Stadt dem Wunsch des Zimmermeisters Weltin, eine Dampfmühle an der Badgasse zu errichten und die Nebenstraßen zu bebauen. Nun wurde die Badgasse zur Baaderstraße ausgebaut und verlängert.
Inzwischen konnten Querelen um die Finanzierung der Kanalisation und Trockenlegung des Angers beigelegt werden. Die Stadt, die Simon von Eichthal noch die Kanalisierung der Bäche bezahlt hätte, forderte nun von Karl eine finanzielle Beteiligung. Der Baron willigte nach zähen Verhandlungen ein, die Stadt übernahm dafür die Regulierung und Befestigung der Isar. Der Isardamm wurde durch Aufschüttungen stark angehoben – heute laufen Wittelsbacher- und Erhardtstraße auf diesem Damm. Im Gegensatz zum wild wuchernden Rest der Isarvorstadt entstand die Bebauung des

Der Ausschnitt aus dem Bauplan von 1860 zeigt die ursprüngliche Straßenplanung. Erstmals heißt hier nun die verlängerte Utzschneiderstraße dank einer handschriftlichen Korrektur Reichenbachstraße. Die Baaderstraße ist beinahe nicht existent.

Eichthal-Angers komplett am Reißbrett, eine sternförmige Anlage, überschaubar und formal eigenständig. Die Höhe der Häuser entsprach der Breite der Straßen. Die vorgeschriebene vier- bis fünfgeschossige Blockbebauung im spätklassizistischen Stil versprach eine hohe Rendite. Es sollte kein Armeleuteviertel entstehen, sondern eine Wohngegend für die Besserverdiener, und die wollten sich nicht mit den bereits existierenden, eher anrüchigen Volksbelustigungen begnügen. 1863 gründete sich daher die »Actiengesellschaft zur Finanzierung eines Volkstheaters«, für das schon ein Jahr später der Grundstein gelegt wurde: das Aktien-Volkstheater, später Gärtnerplatztheater, bildet seitdem das Kernstück des Viertels.

Karl von Eichthal ließ gleichzeitig ein weiteres Filetstück als Stadtquartier ausbauen: das Franzosenviertel in Haidhausen entstand auf seinen Ländereien. Die Fertigstellung seines Gärtnerplatzviertels in den 1890er Jahren erlebte der Baron nicht mehr, er starb 1880. Zwar liegt er auf dem Alten Südlichen Friedhof begraben, eine Straße benannte das Gärtnerplatzviertel dennoch nicht nach seinem Erbauer.

Zankapfel Gärtnerplatz

2006 schlugen die Emotionen hohe Wellen, als es hieß, der Gärtnerplatz solle neu gestaltet werden. Der einstige Schmuckplatz war längst völlig verkommen. Viele Bäume mussten wegen Pilzbefall gefällt werden, das runde Areal um den Brunnen war eine öde, von Trampelpfaden durchzogene Rasenfläche. Kaum waren die Worte »Neugestaltung« ausgesprochen, gründeten sich Bürgerinitiativen, um genau das zu verhindern. Man fürchtete Idyllenzementierung und Oma-Look mit Blümchen und Bänken. Mahnwachen wurden abgehalten. Seriöse Zeitungen bemühten gar Reiner Werner Fassbinder, der angeblich auf zertrampelte Rasenflächen gestanden hätte, eine Neugestaltung »seines« Platzes nie und nimmer hingenommen hätte und daher im Grab rotieren würde. Die Stadt ließ sich nicht beirren und konnte der Allgemeinheit im September 2006 eine traumhaft gestaltete, blühende Stadtoase übergeben. Längst tobt nachts wieder das Leben auf den Stufen des Theaters und der Grünfläche des Gärtnerplatzes – sehr zum Ärgernis der Anwohner.

1 Gärtnerplatzviertel

Das Gärtnerplatztheater 1911 und heute

1.26 Gärtnerplatztheater

Ein Theater als Aktiengesellschaft? Warum nicht! Was in Bonn und Bad Cannstatt geklappt hatte, musste doch auch in München möglich sein. Eine Gruppe von Geschäftsleuten witterte gute Rendite, gründete 1863 eine AG und spannte die Presse dafür ein, ordentlich die Werbetrommel für ihr Unternehmen zu rühren. Der Bauplatz stand auch schon fest: Im neu entstehenden Viertel auf dem Eichthal-Anger sollte es einen attraktiven Anziehungspunkt geben, der die ganze Gegend aufwerten würde. 700 Bürger zeichneten Aktien, 200.000 Gulden Startkapital kamen zusammen. König Maximilian II. verweigerte allerdings seine Zustimmung zu dem Projekt. Sein Nachfolger Ludwig II. allerdings gewährte sie kurz nach seiner Thronbesteigung. Der Architekt Franz Reifenstuel entwarf den Bau mit dem nahezu spitz zulaufenden Grundriss zwischen Klenze- und Reichenbachstraße. Am 27. Mai 1865 konnte Richtfest gefeiert werden und im November desselben Jahres eröffnete das Aktien-Volkstheater mit dem Singspiel *Was wir wollen* von Hermann Schmid, Musik von Georg Krempelsetzer, sowie dem Einakter von Jacques Offenbach *Salon Pitzelberger oder Musikalische Soiree in der Vorstadt*. Die Allgemeine Theater-Chronik jubelte am 18. November 1865: »Das neue Volkstheater ist unter den günstigsten Auspicien eröffnet worden.«

Hermann Schmid übernahm zunächst die provisorische Leitung des Hauses, denn der neue Direktor Friedrich Engelken kündigte nach nur wenigen Monaten wieder, weil er den Einmischungen des Verwaltungsrats nicht standhalten konnte. Fortan wechselten die Direktoren innerhalb weniger Monate, auch Johann Schweiger, ehemaliger Direktor des Vorstadttheaters in der Au, versuchte sein Glück. Immerhin hatte er die Schließung seines Theaters dem Aktien-Volkstheater zu verdanken. Doch auch er scheiterte. Immer wieder übernahm Schmid als Interimsleiter die Verantwortung.

Das ewige Hin und Her schadete der Bühne enorm, häufig genug musste man kurzfristig schließen. 1868 kam es sogar zur Kassenpfändung. Zwei Jahre später stand das Aktien-Volkstheater dann vor dem endgültigen Aus: Am 10. März wurde das Haus für nur 70.000 Gulden versteigert. Wer der neue Eigentümer war, blieb ungeklärt. Die eine Quelle nennt den Privatier Hemmeter, die andere Friedrich Engelken und seinen Bruder. Letztlich veranstaltete der beliebte Volksschauspieler Joseph Preis eine Unterschriftenaktion für ein Gesuch an König Ludwig II. Schließlich übernahm der kulturliebende Monarch das Haus auf Widerruf, das ab dem 15. Oktober 1871 »Königliches Volks-Theater« hieß und zum 3. Hoftheater erhoben wurde. Der Erfolg stellte sich allerdings nicht ein, das Publikum blieb aus, an manchen Wochentagen gab es daher gar keine Vorstellung. 1879 führte die katastrophale finanzielle Lage dazu, dass der König sich zurückzog. Georg Lang, bislang Direktor des Stadttheaters Danzig, übernahm die Leitung des Hauses, das fortan als Theater am Gärtnerplatz firmierte.

Nach einem verheerenden Brand im Wiener Ringtheater erfolgten 1883 umfangreiche Umbaumaßnahmen im Gärtnerplatztheater. Ein eiserner Vorhang, neue Ausgänge und eine Regenanlage sollten für mehr Sicherheit sorgen. Fünf Jahre später bekam das Theater elektrische Beleuchtung, kurz danach baute Emanuel von Seidl die Königsloge ein. Das Haus hatte da seine wirtschaftlichen Schwierigkeiten überwunden und stieg langsam zur führenden Operettenbühne Deutschlands auf. Stars wie Adele Sandrock und die vergötterte Eleonore Duse gaben Gastspiele. Lehar selbst dirigierte hier 1907 die 200. Aufführung seiner *Lustigen Witwe.*

Im Ersten Weltkrieg musste der Betrieb zeitweise wegen Kohlenmangel eingestellt werden. 1926 kam die Umgestaltung von Foyer, Garderoben und Wandelgängen, fünf Jahre danach ersetzte man die hölzerne Bühnenkonstruktion durch eine eiserne. Einer der ersten, der auf der neuen Bühne auftrat, war dann Karl Valentin mit seinem *Im Senderaum.*

Der Freistaat Bayern übernahm 1937 das Theater und ließ gleich eine Drehbühne sowie einen höhenverstellbaren Orchestergraben einbauen. Das Deckengemälde *Geburt der Schönheit* zierte fortan den Zuschauerraum. Zur Wiedereröffnung als Bayrische Staatsoperette spielte man *Die Fledermaus.* Ein Jahr später gab Operettenlegende Johannes Heesters hier sein Debüt als Graf Danilo in *Die lustige Witwe.*

Der letzte Fliegerbombenangriff des Zweiten Weltkriegs auf München traf das Theater so schlimm, dass es unbespielbar wurde. Der Portalvorbau existierte praktisch nicht mehr, das Bühnenhaus brannte nieder. Man wich in das Theater an der Schornstraße aus.

Konzert beim Gärtnerplatzfest 2012

Nach Beseitigung der gröbsten Schäden wurde es 1948 mit *Eine Nacht in Venedig* von Johann Strauß als eines der ersten Nachkriegstheater Deutschlands wiedereröffnet. »Geld verdienen in extrem harten Zeiten«, hieß nun die Devise. Zugkräftige, prächtig ausgestattete Operetten wie *Gräfin Mariza, Die Csárdasfürstin* und *Land des Lächelns* ließen die Menschen ihre Not und das Elend vergessen und sorgten für regen Zulauf. Zwanzig Jahre danach ließ die Staatsregierung den Zuschauerraum nach den Originalplänen von 1865 wiederherstellen und eine Klimaanlage einbauen. 1976 inszenierte Hellmuth Matiasek, der von 1983 bis 1996 Intendant des Hauses werden sollte, erstmals am Gärtnerplatztheater. Im selben Jahr entstand der Neubau an der Klenzestraße, in dem die Verwaltung, Kantine, Werkstätten, eine Probebühne, der Chorprobensaal und der Ballettsaal Platz fanden. Mit enormem finanziellem Aufwand konnten 1982 die seit 1964 andauernden Umbau- und Renovierungsmaßnahmen beendet werden. Rund 36 Mio. DM hatte man investiert, dafür erstrahlt die Fassade seitdem wieder so, wie Reifenstuel sie entworfen hatte. Auch im Inneren wurde weiterhin kräftig investiert: für neue Ton- und Lichtsysteme und eine komplett neue Bühnentechnik.

Unter der neuen Leitung von Ulrich Peters, seit 2007 Intendant, bleibt das Staatstheater am Gärtnerplatz seiner musiklastigen Ausrichtung treu. Das Opernrepertoire reicht von Barock bis Moderne. Operette und Musical sind weiterhin fester Bestandteil des Spielplans, ebenso die Aufführungen des TanzTheaters München. Regelmäßige Inszenierungen eigens für Kinder machen die Welt des Musiktheaters für die Jüngsten erleb- und begreifbar. Im Mai 2012 musste das Gärtnerplatztheater für eine Generalsanierung schließen, die rund 70 Mio. Euro kosten soll. Die Werkstätten wurden in die Räume der ehemaligen Filmhochschule in Giesing verlegt. Während der Sanierungsphase bespielt das Ensemble das Prinzregententheater, Pathos-Theater, Cuvilliéstheater und andere Spielstätten. Pünktlich zum 150-jährigen Jubiläum 2015 soll das Haus wieder vollständig bespielbar eröffnet werden.

1.27 NSDAP-Zentrale

Adolf Hitler selbst ließ sich im November 1921 mit seinen Gefolgsleuten ausgerechnet mitten im Herzen des Judenviertels nieder: Die »Deutsche Arbeiterpartei« (später NSDAP) hatte so viel Zulauf erhalten, dass die bisherigen Räume im *Sterneckerbräu*, Tal 38, zu klein geworden waren. Also mietete man sich in den Nebenräumen des Gasthauses *Cornelius* in der Corneliusstraße 12 ein und baute hier die Parteizentrale auf. Hitler schrieb in seinem *Mein Kampf*: »Es erfolgte der Umzug in das neue Lokal an der Corneliusstraße. Wieder war es eine Wirtschaft, in die wir zogen, allein wir besaßen nun nicht mehr bloß einen Raum, sondern bereits drei Räume und einen großen Schalterraum dazu. Damals kam uns das schon als viel vor.«
Den Gärtnerplatz nutzte die neu gegründete SA einfach als Exerzierplatz. Da die Opfer praktischerweise um die Ecke wohnten, oder einem auf der Straße begegneten, startete in der Isarvorstadt auch der Straßenterror der Nazis. Kurz vor Weihnachten 1922 überfielen Hitlers Männer z. B. die jüdische Volksküche in der Klenzestraße 4 mit Gummiknüppeln und schrien: »Wann kommen die Juden zum Fressen?« Dass der rechte Straßenterror seine Basis im Gasthof Cornelius hatte, war hinlänglich bekannt. Die Polizei spielte jedoch den Überfall (und alle weiteren Vorfälle) herunter und betonte, dass doch nichts dabei sei, wenn Nationalsozialisten eine Volksküche besuchten. Die meisten jüdischen Isarvorstädter kümmerten sich zunächst nicht groß um die NSDAP, Aufmärsche von Rechts und Links gehörten zum Alltag. Im November 1923 schien der Spuk eh vorbei, weil Hitler nach dem Scheitern seines Putsches in Haft kam und die Parteizentrale in der Corneliusstraße aufgelöst wurde. Die NSDAP wurde vorübergehend verboten.

1.28 Die Mutter aller Parties

Freddie Mercury (1946–1991), Leadsänger der Gruppe *Queen* und erfolgreicher Solokünstler, gilt nicht nur als einer der größten Rockstars aller Zeiten, er war auch einer der schillerndsten Gast-Münchner aller Zeiten. Ab 1983 lebte er längere Zeitabschnitte in München, erst in der Stollbergstraße, dann in der Hans-Sachs-Straße 22, und tauchte tief in die Münchner Schwulenszene ein. Damals zählte München neben San Francisco, New York und Amsterdam zu den vier Top-Gay-Cities der Welt.
Unvergesslich bleibt Mercurys 39. Geburtstag 1985; den feierte er im Gayclub *Mrs. Henderson*, Müllerstraße (heute hetero: *Paradiso*). Mit dabei: die skandalerprobten Jungs der Gruppe *Frankie Goes To Hollywood* sowie zahlreiche Freunde. Alle Männer mussten geschminkt und am besten im Fummel erscheinen. Dom Perignon Rosé floss in Strömen, Kaviar aus der 1,8-Kilo-Dose

Die Rückseite der Single *Living on my own* ziert ein (harmloses) Partyfoto.

fand esslöffelweise Absatz – und die Kamera lief! Denn Freddie nutzte die wilde Party, um das Video zu seinem Hit *Living On My Own* zu drehen. Freddie im Kreis aufgetakelter Münchner Transen und halbnackter Lederkerle?! Das war dann dem britischen TV zu viel: Die BBC bezeichnete die Münchner Sause zwar ehrfürchtig als »Mutter aller Parties«, weigerte sich aber jahrelang, das Video auszustrahlen!

1.29 Optisches Institut

Joseph Utzschneider, Techniker und Unternehmer, war eine schillernde Persönlichkeit und verfügte zudem als ehemaliger Geheimer Referendar über ausgezeichnete Beziehungen zum Hof. In jener Zeit platze die Stadt aus allen Nähten und die Schleifung der städtischen Wehranlagen lief bereits seit ein paar Monaten. Goldene Zeiten für Grundstückspekulanten, die sich auf Grundstücke in den neu zu planenden Vorstädten stürzten. Unter ihnen Joseph Utzschneider. 1801 kaufte er (unter anderem) für 10.000 Gulden von den Karmelitern einen riesigen Garten direkt beim Einlaßtor. Vor dem Karmelitergarten hatte hier einst der städtische Kupferhammer gestanden.
Utzschneider baute auf dem Grundstücke eine Ledermanufaktur auf und bezog auch gleich das nach seinem Erbauer benannte Ertl-Schlösschen, das inmitten eines kleinen Weihers stand. 1804 stieg Utzschneider als Finanzier der »Mathematischen Werkstätte« von Georg Reichenbach ein, einem jungem Start-up-Unternehmen der neuen High-Tech-Branche von geodätischen Instrumenten von bislang nicht gekannter Präzision. Später stieß noch der geniale Erfinder Joseph Fraunhofer hinzu und die Firma hieß ab 1809 »Optisches Institut von Utzschneider, Reichenbach und Fraunhofer«. Produziert wurde allerdings in Benediktbeuern, wo Fraunhofer mit

Das Ertl-Schlösschen: links hinter den Büschen liegt heute die Blumenstraße, hinter dem Gebäude, Richtung Peterskirche, sind heute Frauenstraße und Viktualienmarkt.

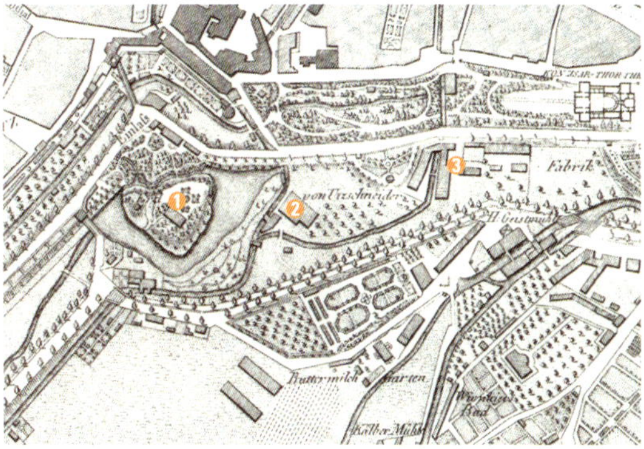

Dieselbe Gegend 1812 und 2012: Auf dem Utzschneider-Gelände stand inmitten eines Teiches ❶ das Ertl-Schlösschen, Utzschneiders Wohnhaus, außerdem die Tuchfabrik ❷ und die Lederfabrik ❸.

seinen Erfindungen die optische Glasherstellung revolutionierte.

1814 kam es zu einem dauerhaften Zerwürfnis der Teilhaber, Reichenbach und Utzschneider machten sich fortan aufs heftigste Konkurrenz. Utzschneider produzierte inzwischen auf einem seiner Grundstücke in der Maxvorstadt. Und er geriet zudem immer mehr in finanzielle Bedrängnis, denn eine Tuchfabrik, die er neben der Ledermanufaktur auf seinem Grundstück am Einlaß aufgezogen hatte, lief katastrophal schlecht. Dann starb auch noch Fraunhofer überraschend 1826, seine Nachfolger wurden Georg Merz und Joseph Mahler. Auf dem Utzschneider-Gelände am Einlaß wurde eine Glasschleiferei eingerichtet, die ab 1830 mit Wasserenergie aus einem eigens angelegten Kanal betrieben wurde. Merz und Mahler verlegten wohl zwischen 1830 und 1835 das Optische Institut von der Maxvorstadt in die Müllerstraße 11, heute Müllerstraße 40 (siehe S. 73). 1839 verkaufte Utzschneider sein Unternehmen, ein Jahr später kam er bei einem Kutschenunfall ums Leben. Sein Grundstück wurde kurz nach seinem Tod mit Wohnblöcken bebaut, nachdem das Schlösschen 1840 abgerissen und der Teich zugeschüttet worden waren. Die alte Utzschneidersche Glasschleiferei am heutigen Reichenbachplatz blieb noch bis 1875 in Betrieb.

1.30 Teamtheater

Mit einem Vatermord startete das Teamtheater unter der Leitung von Stephan Märki seine Existenz. *Vatermord* hieß das Stück von Arnold Bronnen, mit dem die Theatergruppe 1985 in den Räumen Am Einlaß 4 eröffnete. Erfolgsstücke wie *Butterbrot* von Gabriel Barylli prägten die Anfangsjahre und man beschloss sich auszudehnen, als 1992 die benachbarte Tankstelle aufgab. Das Teamtheater Tankstelle war geboren. Doch schon zwei Jahre später endete das Projekt – die wichtigen Fördergelder der Stadt München blieben plötzlich aus. Stephan Märki und sein Team lösten sich auf. Einzig das Gründungsmitglied Petra Maria Grühn wollte nicht aufgeben. Sie kam aus ihrer neuen Heimat Paris, wo sie die Theatergruppe Compagnie Antéros gegründet hatte, nach München zurück. Sie übernahm die Leitung und am 4. Oktober 1994 begann unter ihrer Regie mit *Der tropische Baum* von Yukio Mishima die neue Ära des Teamtheaters. Die Anfangszeit

musste sich das Theater, das 99 Zuschauern Platz bietet, ohne öffentliche Gelder durchkämpfen. Erst 1996 flossen die überlebenswichtigen Zuschüsse wieder. Ein Jahr später kam das alte Teamtheater in den Räumen neben der Tankstelle ebenfalls unter die Fittiche von Petra Maria Grühn und firmierte nun als Teamtheater Comedy. Diese Bühne muss bis heute ohne Fördergelder auskommen.

1.31 Glockenbachwerkstatt

Wenn es am Samstag heißt *Volxtanz*, ist es rappelvoll. Bunte Haare bestimmen das Bild, die Punk-Szene zeigt Flagge – und das schon seit den 1980er Jahren. Mittwochs ist es nicht weniger voll, dann gibt es Fischgerichte und gratis Bluesmusik bei *Fish'n'Blues*. Und beim *FreitagsDingDong* kochen Mike Burn und Funky Flyman erschwingliche Köstlichkeiten, dazu gibt es entweder einen Live-Act oder ein DJ legt auf. In der Glockenbachwerkstatt ist immer etwas los. Es ist das älteste Bürgerhaus Münchens, dessen Zweck die »Förderung der Kinder- und Jugendhilfe, der Erziehung und der Wohlfahrtspflege, sowie die Förderung der kulturellen Bildung und Integration der verschiedenen sozialen Gruppen« ist, wie es etwas sperrig in der Satzung des Vereins heißt.

Eigentlich begann die Geschichte bereits 1975, als eine Gruppe von Engagierten den Isarvorstadt e. V. gründete, um die Lebensbedingungen von Jugendlichen im Stadtteil zu verbessern. Damals war die Verbronxung des Viertels kaum zu übersehen. Jugendgewalt und -arbeitslosigkeit spitzten sich zu. Los ging es in der Ickstattstraße, schnell musste man in neue Räume in der Auenstraße umziehen. Doch die Anwohner beschwerten sich über die »Rocker«. Schon 1977 stellte die Stadt einige Räume für die Jugendarbeit im Haus in der Blumenstraße 7 zur Verfügung. Am 21. Juli 1979 konnte hier das Bürgerhaus Glockenbachwerkstatt eröffnet werden. Streng genommen liegt die Glockenbachwerkstatt gar nicht in der Isarvorstadt, sondern in der Altstadt. Das ehemalige private Wohnhaus wurde früher als Boxschule und dann von einer der ersten Computerfirmen Münchens genutzt. 1980 übernahm der Paritätische Wohlfahrtsverband die Trägerschaft für das Projekt. Zwei Jahre später eröffnete der kneipenähnliche Stadtteiltreff und 1987 erhielt der Kindergarten seine Anerkennung durch das Stadtschulamt. In den folgenden Jahren hat sich das Bürgerhaus stetig weiterentwickelt und sein Angebot erweitert. Es hat sich als erste Anlaufstelle für Kinder, Jugendliche und Erwachsene im Viertel entwickelt, denn es bietet u. a. Eltern-Kind-Initiativen, einen Kindergarten, einen Hort, ein Jugendcafé, Nachmittagsbetreuung für Schulkinder, den Stadtteiltreff, Flohmärkte, Kurse, Werkstätten sowie Ausstellungen, Kultur- und Konzertveranstaltungen.

In der Stadtteilkneipe treffen sich alle, von den Teilnehmerinnen am Schreinerkurs über die Mitglieder verschiedener Bands bis zur

Doppelkopfrunde und der Hartz-IV-Initiative. Fast alles, was zur Realisierung von Projekten nötig ist, bietet das Haus: vom Gruppenraum über technisches Equipment bis hin zur Fachberatung durch die Mitarbeiter. Die Raummieten sind günstig. Auch *Volxtanz*, *Fish'n'Blues* und *FreitagsDingDong* sind einst aus Initiativen von Besuchern entstanden und wurden als feste Bestandteile ins Programm übernommen.
Musik verbindet – Generationen und Menschen, und Musik wird in der Glockenbachwerkstatt groß geschrieben. Seit beinahe 30 Jahren sind die Übungsräume im Keller des Bürgerhauses stark frequentiert von Musikern aller Altersklassen. 1998 kamen die Bandübungsräume in der Schallhalle, Thalkirchner Straße, hinzu. In späten 1980ern formierte sich die Punkszene mit dem *Lärmkessel* und dem Dauerbrenner *Volxtanz*. In den späten 90ern eroberten die Indie-Rocker die Glockenbachwerkstatt, aus deren Aktivitäten das Plattenlabel Red-Can Records hervorging. Außerdem gilt das Haus als Hotspot des Münchner Hiphop, dank der engagierten Macher von Pidgeon-Records. Auch die Konzerte des Labels TripTown sorgen für musikalische Abwechslung in der Glockenbachwerkstatt.
Gleichzeitig ist der Verein auch Träger von angegliederten Institutionen wie dem Atelierhaus in der Baumstraße, dem Kooperationsprojekt mit dem Pfadfinderstamm PEGASUS in der Pestalozzistraße, dem Medienprojekt für Senioren, den Kulturräumen in der Schallhalle, Thalkirchner Straße, und der Mittagsbetreuung an der Grundschule am Gärtnerplatz. Eine Kinderkrippe in der Baumstraße kam Ende 2008 dazu. Stadtweit ist der Glockenbachwerkstatt e. V. zudem Träger der Kindergärten in der Messestadt Riem, in Bogenhausen und in Obersendling.

Mit dem provokanten Motiv eines nackten Jungen, der zwischen Schweinehälften hängt, bewarb das Bürgerhaus 1980 eine Veranstaltungsreihe zum Thema Gewalt.

1.32 Action-Theater

Wo heute ein Spielsalon in der Müllerstraße 12 auf Kundschaft wartet, gab es einst das Action-Kino, wie der Name verriet: spezialisiert auf Actionfilme. Das Kino ging in der zweiten Hälfte der 1960er Jahre pleite und eine junge, wilde Theatergruppe okkupierte kurzerhand die Räume: Ursula Straetz, Horst Söhnlein und Peer Raben gründeten 1966 das Action-Theater. Ein Jahr später stieß Rainer Werner Fassbinder mit Hanna Schygulla im Schlepptau zur Truppe und entwickelte hier sein Konzept des Antitheaters. Im Zuschauerraum durfte geraucht und getrunken werden. Berühmt wurde die »Inszenierung« von Büchners *Leonce und Lena*, vier Monate nachdem in Westberlin Benno Ohnesorg bei Demonstrationen anlässlich des Schahbesuchs erschossen worden war: Auf Stellwänden klebten Farbfotos des persischen Kaiserpaares, davor lag Fassbinder und las aus dem Reclam-Heftchen Büchners Lustspiel vor.
Im Juni 1968 ließen die Behörden das Action-Theater wegen technischer Mängel schließen. Das Ensemble zog weiter in die Maxvorstadt, in Hinterräume der Wirtschaft *Witwe Bolte* in der Amalienstraße.

Treffpunkt Schtibl

Die Isarvorstadt mit ihren zahlreichen Gewerbebetrieben zog viele Flüchtlinge aus dem Osten an: Russische und polnische Juden, die den Progromen in ihrer Heimat entflohen waren. Rund um den Gärtnerplatz entstand Münchens Judenviertel – und blieb es auch über den Naziterror hinaus bis heute.

Ein richtiges Schtetl war die Isarvorstadt vor dem Zweiten Weltkrieg sicher nicht. Dazu lebten dann doch viel zu wenige Menschen jüdischen Glaubens in dem damals nicht besonders gut beleumundeten Gebiet zwischen Viktualienmarkt und Schlachthof. Dennoch spürte man das Jüdische, besonders wenn man am Sabbat durch die Straßen spazierte, viele geschlossene Geschäfte sah und die Männer vor oder nach dem Besuch der Synagoge auf Bänken saßen und disputierten. Jiddisch hörte man allerdings ebenso selten wie das gscherte Vorstadt-Bairisch – Jiddisch pflegten nur noch die Alten, Bairisch sprachen nur die Kinder, wenn sie auf der Straße mit ihren christlichen Gefährten spielten. Zu Hause legten die meisten Wert auf gepflegtes Hochdeutsch. Optisch ließen sich die Juden von den alteingesessenen Münchnern in der Regel nicht unterscheiden. Damals trug jeder Mann einen Hut und den *Tallit* (Gebetsmantel) verbargen viele gläubige Juden unter dem Mantel – nicht aus Angst vor Repression, sondern weil sie sich optisch assimilieren wollten. Nur sehr wenige alte Juden liefen noch mit Kaftan, *Pejes* (Schläfenlocken) und Bart herum. An den *Pejes* konnte man in der Regel die orthodoxen Besucher aus Polen erkennen. Aus Polen, besser gesagt Galizien, stammten auch die meisten Isarvorstädter Juden, sogenannte Ostjuden, also Juden, die zwischen 1882 und dem Ersten Weltkrieg vor den Progromen in Osteuropa, besonders aus Galizien und Russland, in alle Welt geflüchtet waren. Galizien gehörte damals zur k.u.k.-Monarchie. Viele flohen nach Wien, die meisten gingen in die USA, aber etliche verschlug es auch nach München. Hier strandeten sie, oft völlig mittellos, in dem Handwerker- und Arbeiterviertel rund um den Gärtnerplatz zwischen Altstadt und Isar. Die einst im 19. Jh. aus Franken und Schwaben zugezogenen Juden stellten längst nur noch eine Minderheit dar.

Flüchtlinge aus dem Osten

Um 1880 herum lebten in ganz München rund 4.000 Juden. Wenige Jahre später gehörte auch ein kleiner Junge aus Ulm dazu, der einmal einer der bedeutendsten Naturwissenschaftler der Welt werden sollte: Albert Einstein. Seine Familie war nach München in die Isarvorstadt gezogen und lebte beim Onkel in der Adlzreiterstraße 14, wo dieser die Elektrotechnische Fabrik J. Einstein & Cie. betrieb. Einstein ging ab 1888 ans Luitpolds-Gymnasium in der Müllerstraße.

Nach den Verfolgungen im Osten stieg die Zahl innerhalb von 30 Jahren auf über 11.000 an. So siedelte sich beispielsweise die Familie Schindler 1903 aus Tyczyn in der Isarvorstadt an. Deren Sohn Abraham Schindler eröffnete vier Jahre später einen Laden für koschere Lebensmittel in der Buttermelcherstraße 14. Oder Israel und Hinde Hauser, die aus Galizien flohen, in der Blumenstraße ein Dach über dem Kopf fanden und später eine Schuh- sowie eine Strickwarenfabrik leiteten. Ebenso Markus Blechner mit seiner Frau Mina, die in der Klenzestraße 65 lebten und erfolgreich mit Schuhbe-

Jüdische Unternehmer, wie der Lederfabrikant Mandelbaum in der Klenzestraße, gehörten zur Isarvorstadt wie die Bäche und Mühlen.

darfsartikeln handelten. Auch der Beginn des Ersten Weltkriegs löste eine neue Flüchtlingswelle von Ostjuden nach München aus. Danach verringerte sich die Zahl der jüdischen Einwohner langsam wieder, 1933 lebten weniger als 10.000 Juden in der bayrischen Metropole. Bereits kurz nach Ende des Ersten Weltkriegs sollten viele bereuen, dass sie sich München als neue Heimat ausgesucht hatten. Denn am 21. Februar 1919 erschoss Anton Graf Arco auf offener Straße den ersten Ministerpräsidenten Bayerns, den jüdischstämmigen Sozialdemokraten Kurt Eisner, der ein Jahr zuvor den Freistaat Bayern ausgerufen hatte, nachdem die Wittelsbacher bei Nacht und Nebel ihre einstige Residenzstadt verlassen hatten. Das revolutionäre Treiben der »Freistaatler« beäugte das Bürgertum mit Missmut. Thomas Mann schrieb am 7. November 1918 in sein Tagebuch: »München, wie Bayern, regiert von jüdischen Literaten. Wie lange wird es sich das gefallen lassen?« Nicht lange wie der Mord an Eisler zeigte. Danach versank München in Anarchie, die Räterepublik wurde ausgerufen, Freikorps marschierten ein – die Stadt geriet zum Schlachtfeld, der Regierung gelang es erst nach Monaten das Gemetzel zu stoppen. Völkische Kreise beschuldigten sofort die Juden, für das Chaos verantwortlich zu sein und streuten das Gerücht, dass alle Revolutionäre, alle Kommunisten Juden gewesen seien. Nun hieß es von offizieller Seite prompt: »Ausländer raus!« Das betraf vor allem auch die Ostjuden – unschuldige Menschen, die nie die deutsche Staatsbürgerschaft erworben hatten bzw. nicht erwerben konnten oder durften. So stand z. B. der 23-jährige Simon Eichhorn, der im Ersten Weltkrieg mit mehreren Tapferkeitsorden, darunter dem Eisernen Kreuz, ausgezeichnet worden war, auf der Liste der »Elemente«, die gehen sollten. Oder auch Lea Derner, 64, die Zuflucht bei ihren Töchtern in München gefunden hatte, nachdem ihr Mann vor ihren Augen von den Kosaken bei der Besetzung von Czernowitz erstochen worden war. Sie zählten plötzlich zu den etwa 1.500 »unerwünschten Ausländern«. Dass sie letztlich bleiben konnten, verdankten sie dem entschiedenen Auftreten der offiziellen Vertreter der Jüdischen Gemeinschaft vor der bayrischen Regierung. Der damalige Polizeichef Ernst Pöhner formulierte es so: »Die Ostjuden sind und bleiben ein schädlicher Fremdkörper im deutschen Volke, die nicht der Allgemeinheit nützen …« Kein Wunder, dass dieser Ernst Pöhner seine Hand schützend über den Ausländer und damals fatalerweise noch als »österreichischen Krawallmacher« belächelten Adolf Hitler hielt.

Mittendrin marschiert die SA

Hitler selbst ließ sich im November 1921 mit seinen Gefolgsleuten ausgerechnet mitten im Herzen des Judenviertels nieder: Man mietete sich in den Nebenräumen des Gasthauses *Cornelius* in der Corneliusstraße 12 ein und baute hier die Parteizentrale auf (siehe 1.27). Da die Opfer praktischerweise um die Ecke wohnten, oder einem auf der Straße begegneten, startete in der Isarvorstadt auch der Straßenterror der Nazis. Die meisten jüdischen Isarvorstädter kümmerten sich zunächst nicht groß um die NSDAP, Aufmärsche von Rechts und Links gehörten zum Alltag. Zwei Jahre später schien der Spuk eh vorbei, weil die Parteizentrale in der Corneliusstraße aufgelöst wurde.

Der Bazar Löwenstein zwischen Tengelmann und Samenhandlung in der Reichenbachstraße 1c im Jahr 1905.

1923 erschütterte eine neue Ausweisungswelle München, denn die katastrophale wirtschaftliche Lage hat deutschlandweit in einer Hyperinflation gegipfelt. Allein die Trambahn vom Stachus zum Marienplatz kostete 250 Mrd. Reichsmark. Wieder traf es Ausländer, vor allem Juden aus der Isarvorstadt. Die Begründung in den meisten Fällen lautete, dass »die Betroffenen in ärmlichen Verhältnissen eingewandert, nun aber reich seien, dass sie es also verstanden hätten, sich während der tiefsten Not des deutschen Volks zu bereichern.« Unter den derart Beschuldigten befanden sich auch Israel Hauser, seit 1911 in München und Miteigentümer der Schuhfabrik Union, die Kaufleute Markus und Bernhard

Treffpunkt Schtibl

Der Chor der neuen Synagoge in der Reichenbachstraße posiert 1932 stolz dem Fotografen.

Kindergarten des Israelitischen Vereins Frauenhilfe in der Baaderstraße 5 (Foto von 1909)

Diamand aus der Blumenstraße 48 und der Rumfordstraße 10, der Großhändler David Eisenberg aus der Pestalozzistraße 46 und etwa 50 weitere Isarvorstädter. Zumindest von Israel Hauser ist bekannt, dass er sich mit allen Rechtsmitteln wehrte, bleiben konnte und schließlich in der Maxvorstadt eine Strickwarenfabrik aufbaute, zu deren Bestsellern Berchtesgadener Trachtenjacken gehörten. Freilich standen auf dem Firmenschild und den Briefpapieren fortan nur noch »I. Hauser« – »Israel« hätte Kunden abschrecken können. Übrigens gelang den Hausers, die zuletzt in der Müllerstraße 42 wohnten, die Flucht vor dem Holocaust nach Palästina.

Lauter Kleingewerbe

Wirtschaftlich so erfolgreich wie Israel Hauser oder auch der Lederwarenfabrikant Jehuda Engelhard, der in seinem Betrieb in der Klenzestraße 34 zeitweise 50 Angestellte beschäftigte – und die damals in Deutschland noch unbekannten Sandalen einführte –, waren allerdings die allerwenigsten Isarvorstädter Juden. Für das Jahr 1937 sind insgesamt 567 jüdische Gewerbebetriebe nachgewiesen (in diesem Jahr erhob die Stadt München »jüdische Gewerbelegitimiationskarten« und »Volkskennkarten«, daher sind die Zahlen heute bekannt). Dazu kommt noch eine unbekannte Anzahl von Ärzten, Rechtsanwälten und Künstlern sowie ein Heer von einfachen Arbeitern und Angestellten. Die meisten arbeiteten in einem der 89 jüdischen textilverarbeitenden Unternehmen des Viertels. Daneben existierten Kürschnereien, Schneidereien, Wäschereien, Geschäfte für Leder-, Papier- und Schmuckwaren, Möbel oder Schuhe. Häufig genug diente manchem Gewerbetreibenden die Wohnung zugleich als Arbeitsplatz und Lager. Typisch waren die vielen kleinen Läden wie das Textilgeschäft der Familie Landau in der Reichenbachstraße 20, der Schirmladen von Klara Bacharach in der Frauenstraße 21, oder das Hutgeschäft von Ida Hohenegger in der Corneliusstraße 13. Besonders viele arbeiteten als Provisionsvertreter, vor allem für die Textilindustrie. Doch auch Gelegenheitsarbeiter gehörten zum Straßenbild.

Die Nähe zum Schlachthof bedingte, dass es im Viertel zehn jüdische Metzger und Viehhändler gab wie etwa die Metzgerei Siegfried Wolf in der Fraunhoferstraße 1a. An bestimmten Tagen durften jüdische Metzger im Schlachthof Vieh rituell schächten. Diese Aufgabe übernahm der *Schochet* mit einem scharfen, schartenfreien Messer, dem *Challaf*. 1930 verbot die bayrische Regierung das Schächten, wodurch die drei koscheren Metzgereien des Viertels um ihre Existenz bangen mussten.

Im Privatleben engagierten sich die Isarvorstädter Juden in zahlreichen Vereinen, der Jüdische Kulturverein traf sich im *Café Müller* in der Hans-Sachs-Straße 8 oder im *Café Königsbauer* in der Müllerstraße 28, die Schachfreunde des Schachclub Lasker im *Gasthaus Zum Storchen* in der Klenzestraße 3. Der wichtigste Treffpunkt für die jungen Juden der Isarvorstadt blieb jedoch der Turn- und Sportverein Bar Kochba. Jeden Montag traf sich der Bar-Kochba-Stammtisch in der Gaststätte *Fraunhofer*. Für den regelmäßigen Lauf durch die Isarauen versammelte man sich am Roecklplatz. Und die Fußballer traten das eine oder andere Mal auch gegen die Löwen von 1860 an.

Bar Kochba gelang es zudem, die Gräben zwischen Liberalen und Orthodoxen noch stärker zu überbrücken, als es die ersten Eskalationen des Antisemitismus Anfang der 1920er Jahre in München bereits getan hatten. Die liberalen deutschen »Westjuden« aus Schwabing und Bogenhausen und die orthodoxen »ausländischen« Ostjuden der Isarvorstadt kamen sich durch die Bedrohung von außen näher. Da sie nicht die deutsche Staatsbürgerschaft besaßen, durften Ostjuden nicht an den Wahlen der jüdischen Kultusgemeinde teilnehmen. Also hatte man 1918 den Ausschuss der Ostjuden unter der

Führung Jakob Reichs gegründet, der sich vehement für eine Annäherung zur »westjüdisch« geprägten Kultusgemeinde einsetzte. Mit dem Erfolg, dass zehn Jahre später ostjüdische Gemeindemitglieder auch ohne deutsche Staatsbürgerschaft die gleichen Rechte bekamen.

Orthodoxes Leben

Auch wenn sie äußerlich kaum auffielen und die christlichen Nachbarn ganz selbstverständlich in ihren Geschäften einkauften, lebten viele Juden orthodox. Nicht wenige schlossen am Sabbat – ausgerechnet die umsatzstärksten Zeiten Freitagabend und Samstag – den Laden zu. Etliche der 14 jüdischen Lebensmittelgeschäfte boten koschere Waren an. Lange Jahre kontrollierte Rabbiner Heinrich Ehrentreu die Einhaltung der Religionsgesetze in den koscheren Geschäften der Isarvorstadt – wie in dem Milchladen von Leon Jakob in der Klenzestraße 15 oder im Kolonialwarengeschäft von Louis Müller in der Rumfordstraße 42. Die Münchner Biergartenkultur erwies sich ohnehin als optimal und machte München zum Anziehungsmagnet für viele Juden, denn zum einen ist Bier sowieso koscher und zum anderen darf man in den Biergarten sein eigenes Essen mitbringen – also auch koscheres. Für das Pessachfest hielten in ganz München sechs Läden *Mazzes*, das ungesäuerte dünne Brot, bereit. Fünf davon lagen in der Isarvorstadt, wie z. B. der von Betty Fiedler in der Westermühlstraße 21. Selbst koschere Kleidung (bei der Wolle und Leinen nicht gemischt sind) konnte man bei

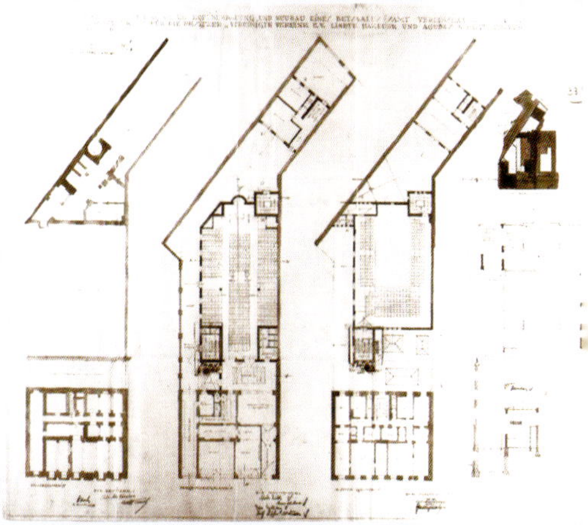

1931 fand die Grundsteinlegung zur neuen Synagoge in der Reichenbachstraße 27 statt. Oben die Pläne des Architekten Gustav Meyerstein für den Neubau.

der Firma Wohlfeiler in der Baaderstraße 16 kaufen. Die Kinder schickte man in den 1904 gegründeten, zunächst in der Baaderstraße beheimateten Merzbacherschen Privatkindergarten. Seit 1919 gab es die Talmud-Thora-Schule im Rückgebäude der Klenzestraße 34, die im Gegensatz zu den traditionellen osteuropäischen Thora-Schulen auch Mädchen aufnahm. Und die 1924 gegründete Jüdische Volksschule lag in Fußweite in der Herzog-Rudolf-Straße im ebenfalls stark jüdisch geprägten nördlichen Nachbarviertel Lehel.

Das Schtibl – mehr als nur Betsaal

Strenggläubiges Leben stellte in der Isarvorstadt also kein Problem dar. Die frommen Ostjuden konnten sich ohnehin nicht mit den Sitten der liberalen deutschen Juden anfreunden. Schon seit dem 19. Jh. schwelte der Streit zwischen reformierten und konservativen Juden in München. Durch die vielen Ostjuden verschärfte er sich erneut. Die 1887 eingeweihte Hauptsynagoge in der Herzog-Max-Straße verspotteten die Isarvorstädter als »Orgelsynagoge«. Die Orgel, ganzer Stolz der reformierten Juden, bedeutete für Orthodoxe ein Frevel. Die Orthodoxen bauten daher ihre eigene Synagoge, die Ohel Jakob (Zelt Jakobs) in der Herzog-Rudolf-Straße. In der Isarvorstadt bildete sich eine Münchner Besonderheit heraus: das Schtibl, eine einfach eingerichtete Betstube im Wohnhaus. Hier traf man sich nicht nur, um aus der Thora zu lesen und zu beten. Die Schtibln wurden zum gesellschaftlichen Treffpunkt, wie beispielsweise das Schtibl des »Vereins russischer Tabakarbeiter zur gegenseitigen Hilfe Yenidze« im Rückgebäude der Hans-Sachs-Straße 8. Die Mitglieder des Vereins Schomrei Schabbat (Wächter des Sabbats) trafen sich in der Klenzestraße 34, die von Machsikei Hadat (Hüter der Religion) in der Ickstattstraße 13. Die Betvereine Linat Hazedek (Stätte des Rechts) und Agudat Achim (Bund der Brüder) erwarben 1921 das Haus Reichenbachstraße 27 von der Schwabinger Brauerei AG und nutzten das Rückgebäude als Betsaal. Zu den herausragendsten Persönlichkeiten des damaligen Münchens zählte der 2. Vorsitzende des Betvereins Karl Wiesel. Wiesel gründete 1910 mit Isidor Fett das erste Filmatelier in Geiselgasteig und legte damit den Grundstein zu Münchens Weltruf als Filmmetropole. Ende der 1920er Jahre platzten die Räume in der Reichenbachstraße 27 aus allen Nähten. Man beschloss den Neubau einer Synagoge, die 1931 eingeweiht werden konnte.

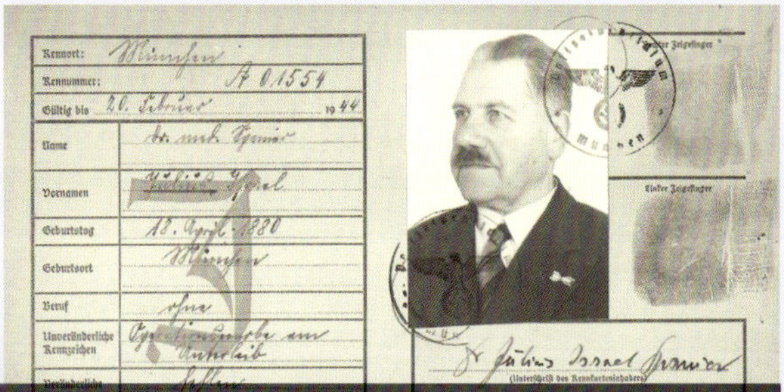

Zwei »Volkskennkarten«, zwei Schicksale: Kinderarzt Dr. Julius Spanier hatte eine Praxis in der Müllerstraße 20. Dr. Spanier überlebte Theresienstadt und kehrte nach München zurück, wo er 1945 bis 1955 als Chefarzt im Säuglingskrankenheim tätig war. Nach dem Krieg leitete er sechs Jahre lang als Präsident die Israelitische Kultusgemeinde.

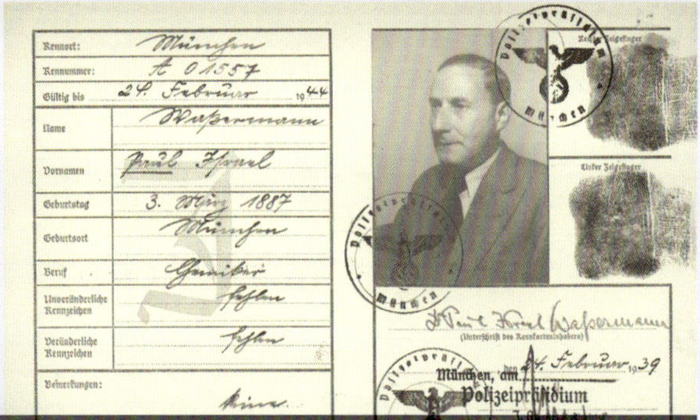

Der Chemiker Dr. Paul Waßermann war Inhaber der Milly-Kerzen- und Seifenfabrik in der Fraunhoferstraße. Er wurde 1941 nach Riga »evakuiert«. Seitdem gilt er als tot.

Entjudung und Arisierung

Die Schändung der jüdischen Gebetshäuser und Schtibln in der Reichsprogromnacht 1938 war nur ein vorläufiger Gipfel in dem antisemitischen Terror der Nazidiktatur. Repressionen, Geschäftsboykotte, willkürliche Verhaftungen und körperliche Gewalt beherrschten schon seit der »Machtergreifung« Hitlers 1933 das jüdische Leben rings um den Gärtnerplatz. Firmen, wie der Oberbayrische Glühlampenvertrieb von Oskar Neumann in der Erhardtstraße, der die Reichsbahn und die Reichspost belieferte, verloren ihre Aufträge, da die NSDAP-Gauleitung forderte, »arische« Firmen zu bevorzugen. Doch trotz Verfolgung und Terror dachten die meisten jüdischen Geschäftsleute nicht an Aufgabe, bis 1938 die »Entjudung« und »Arisierung« einsetzte, dann untersagte eine neue Gewerbeordnung Juden eine

Das alte Judenviertel

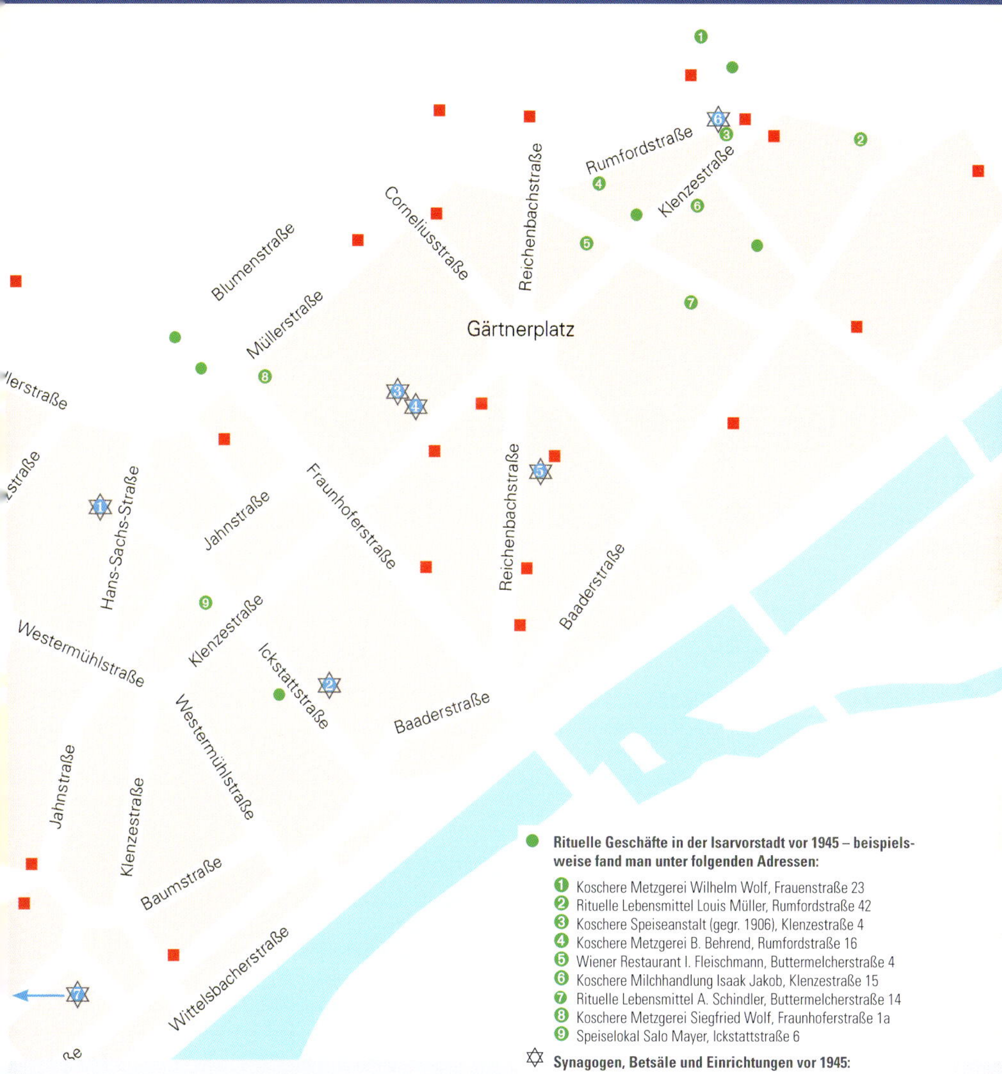

Rituelle Geschäfte in der Isarvorstadt vor 1945 – beispielsweise fand man unter folgenden Adressen:

1. Koschere Metzgerei Wilhelm Wolf, Frauenstraße 23
2. Rituelle Lebensmittel Louis Müller, Rumfordstraße 42
3. Koschere Speiseanstalt (gegr. 1906), Klenzestraße 4
4. Koschere Metzgerei B. Behrend, Rumfordstraße 16
5. Wiener Restaurant I. Fleischmann, Buttermelcherstraße 4
6. Koschere Milchhandlung Isaak Jakob, Klenzestraße 15
7. Rituelle Lebensmittel A. Schindler, Buttermelcherstraße 14
8. Koschere Metzgerei Siegfried Wolf, Fraunhoferstraße 1a
9. Speiselokal Salo Mayer, Ickstattstraße 6

Synagogen, Betsäle und Einrichtungen vor 1945:

1. Yenidze/Bet Jakob, Hans-Sachs-Straße 8
2. Machsikei Hadat, Ickstattstraße 13
3. Talmud-Thora-Schule, Klenzestraße 34
4. Betsaal Schomre Schabbbos, Klenzestraße 34
5. Synagoge der Ostjuden, Reichenbachstraße 27 (1947 bis 2007 Hauptsynagoge der Israelitischen Kultusgemeinde München)
5. Betsaal Linath Hazadek/Agudas Achim, Reichenbachstraße 27
6. Rittersche Stiftung (Altenheim, Volksküche), Klenzestraße 4
7. Gemeindeverwaltung und Betsaal von 1938 bis1945, Lindwurmstraße 125

Deportationshäuser, in denen jüdische Bürger 1941 und 1942 vor Abtransport in die Vernichtungslager eingesperrt wurden:

Am Einlaß 1/2, Am Glockenbach 7/I Rgb., Baaderstraße 25, Blumenstraße 48, Corneliusstraße 1, Frauenstraße 24, Fraunhoferstraße 27, Jahnstraße 52, Klenzestraße 3, 4, 27 und 105, Kohlstraße 3a Rgb., Kolloseumstraße 1, Müllerstraße 14, Reichenbachstraße 6, 27, 39 und 45, Zweibrückenstraße 6
(*Hinweis*: z. T. existieren die Adressen heute nicht mehr)

Reihe von Berufen – auch den Hausiererhandel, der für viele Isarvorstädter die Existenzgrundlage bildete. Doch die kleinen, ärmlichen Läden und Gewerbe im Viertel waren für die Arisierung kaum interessant. Während sich in anderen Vierteln Nazibonzen die Rosinen wie die Kaufhäuser Hermann Tietz oder Uhlfelder herauspickten und gut gehende Betriebe übernahmen, gab es in der Isarvorstadt nur ganze vier Arisierungen. Der große Rest musste einfach schließen und die Einrichtung für einen Schleuderpreis verscherbeln. Ende 1938 galten 158 jüdische Gewerbe im Viertel als abgemeldet.
In der Reichsprogromnacht 1938 trug die Isarvorstadt besonders hohe Schäden davon. Kurz danach folgte der nächste Schlag: die Räumung jüdischer Wohnungen.

Treffpunkt Schtibl

Die jüdische Gemeinde musste in einen Hinterhof der Lindwurmstraße 125 umziehen, wo sie auch die Wohlfahrtstelle-Auswanderungsberatung einrichtete. Die Aufnahme entstand um 1938/39.

Wer Deutschland nicht verlassen konnte oder wollte, kam in sogenannte Juden- oder Deportationshäuser. Die zwangsgeräumten Wohnungen konnten sich verdiente Nazischergen mit dem »Vorlagenschein für Judenwohnungen« des städtischen Wohnungsamts unter den Nagel reißen. Das jüdische Leben spielte sich nun in qualvoll engen Bahnen unter menschenunwürdigen Bedingungen ab. Juden hatten strenge Ausgangssperren einzuhalten, durften mit ihren gekürzten Lebensmittelkarten kein Lebensmittelgeschäft in der Isarvorstadt mehr betreten, Fleisch gab es ausschließlich in der Metzgerei Grünwald in der Rumfordstraße 44. Öffentliche Verkehrsmittel durften sie sowieso nicht benutzen. 1941 waren beinahe alle vollkommen abhängig von der Suppenküche der Jüdischen Gemeinde in der Klenzestraße 4. Die Israelitische Kultusgemeinde musste ihre Vereinsräume und den Betsaal in die Räume einer ehemaligen Tabakfabrik in der Lindwurmstraße 125 verlegen. Als diese Räume bei einem SA-Überfall geplündert wurden, musste der Gemeindevorsitzende Alfred Neumeyer schriftlich erklären, dass die Identität der Täter völlig unbekannt sei und dass die Gemeinde auf alle Schadensersatzforderungen verzichte. Die Synagogenräume in der Reichenbachstraße nutzte die Gemeinde fortan bis 1941 als Ausbildungswerkstätte für holz- und metallverarbeitende Berufe.

Im selben Jahr baute man die »Judensiedlung Milbertshofen« an der Knorrstraße 148. Von dort, aus der »Heimanlage für Juden am Berg am Laim« und den zahlreichen Deportationshäusern der Isarvorstadt (Liste und Lage: siehe Plan S. 43) begann im November 1941 die Deportation in die Vernichtungslager. Die erste Massenmordwelle an deutschen Juden traf viele Isarvorstädter – darunter die Familie Kalter, die einen Lebensmittelgroßhandel in der Blumenstraße 42 betrieben hatten, mit ihrer erst zehn Monate alten Tochter Lilian.

Neues Leben in Ruinen

Im Bombenhagel des Zweiten Weltkriegs fiel auch die Synagoge in der Reichenbachstraße 27 in Schutt und Asche. Als die Amerikaner in München einmarschierten, lebten noch 84 Juden in der Stadt, die meist die Ehe mit Nichtjuden vor der Vernichtung gerettet hatte. Elf Isarvorstädter wurden aus Theresienstadt befreit. Aus Theresienstadt kehrten insgesamt 150 Juden nach München zurück, darunter Amalie Waßermann, die gemeinsam mit ihrem Sohn Paul die Milly-Kerzenfabrik in der Fraunhoferstraße 18 betrieben hatte. Auch vier Juden aus dem Gärtnerplatzviertel, die das KZ Buchenwald überlebt hatten, kamen wieder an die Isar.

Schon im Juli 1945 gründete sich die Gemeinde neu unter Vorsitz des Kinderarztes Julius Spanier. Aaron Ohrenstein wurde erster Rabbiner der Nachkriegszeit. Kurz nach dem Krieg lebten wieder erstaunlich viele Juden in München, rund 2.800 sollen es 1946 gewesen sein. Denn ausgerechnet die einstige »Hauptstadt der Bewegung« wurde zum Zentrum für den *Sche'erit hapleta*, den »geretteten Rest«, offiziell Displaced Persons (DPs).

Für zehntausende DPs, erneut kamen die allermeisten aus Osteuropa, stellte München die Durchgangsstation für ihre Emigration in die USA oder nach Palästina dar. Und nicht wenige blieben. In der Isarvorstadt diente das Deutsche Museum als Auffanglager. Überlebende kritzelten ihre Namen an die Wände der Korridore und suchten so ihre Verwandten. Dort richtete auch zunächst das Zentralkomitee seine Hilfsämter für DPs ein. Doch trotz der Synagoge in der Isarvorstadt zogen die Büros der Zentralkomitees bald nach Bogenhausen, wo rund um die Möhlstraße in der Nachkriegszeit ein so lebendiges jüdisches Treiben entstand, dass die Einheimischen die Tram dorthin »Palästina-Express« nannten. Die DPs, die blieben, prägten bald das Leben der Kultusgemeinde. Die uralten Gräben rissen erneut auf. Einige deutschstämmige Juden verachteten die Ostjuden als »unkultiviert« und »unaufgeklärt«, während diese die deutschen Juden als »anbiedernd« und »unjüdisch« verhöhnten. Noch Anfang der 1970er Jahre stammten 92 % der jüdischen Münchner aus Osteuropa.
Am 10. Februar 1970, einem Faschingsdienstag, fand Münchens erste (versuchte) Flugzeugentführung statt: Terroristen wollten eine in München-Riem zwischengelandete Maschine der israelischen Fluglinie El-Al kapern und nach Libyen entführen. Die Terrorgruppe scheiterte, doch drei Tage danach brach im Altenheim der Israelitischen Kultsgemeinde in der Reichenbachstraße gegen 20 Uhr 50 ein Feuer aus. Sieben Holocaust-Überlebende zwischen 60 und 72 Jahren starben. Der oder die Täter, die nie ermittelt werden konnten, hatten das Treppenhaus mit Benzin in Brand gesetzt. Ob ein Zusammenhang zwischen den beiden Verbrechen bestand, wurde oft vermutet, aber nie geklärt. Und dann kam der verheerende Anschlag bei den Olympischen Spielen 1972 in München. In der Folge entstand das, was bis heute kennzeichnend für jüdische Einrichtungen ist: Massiver Polizeischutz gehört seitdem zu den meisten jüdischen Einrichtungen in ganz Deutschland.

Zwei Münchner Gemeinden

Kaum 20 Jahre später sah sich die völlig unvorbereitete jüdische Gemeinde einer wahren Masseneinwanderung gegenüber. Mit dem Zusammenbruch der Sowjetunion zog es zahllose russische Juden an die Isar. 2005 lebten hier nun mit rund 10.000 Juden etwa so viele wie 1933. Die Tage der unzureichenden Räumlichkeiten der Hauptsynagoge in der Reichenbachstraße waren da ohnehin schon gezählt. 2003 war der Spatenstich für das neue Jüdische Kulturzentrum am Jakobsplatz erfolgt, für das Charlotte Knobloch, Vorsitzende der Jüdischen Gemeinde München und seit 2006 Präsidentin des Zentralrats der Juden in Deutschland, jahrelang gekämpft hatte. Nur ein Katzensprung und in Sichtweite vom Gärtnerplatz entfernt, wurde das neue Kulturzentrum drei Jahre später in Beisein von Bundespräsident Horst Köhler eröffnet.
Gleichzeitig blieb die Spaltung innerhalb der jüdischen Gemeinde bestehen. Die liberale Gemeinde, die nach dem Zweiten Weltkrieg lieber zum Militärrabbiner der US-Truppen als zum Gemeindegottesdienst ging, gründete 1995 Beth Shalom und suchte sich eigene Beträume. Nach 65 Jahren konnte 2003 die erste liberale Synagoge wieder eröffnen – im Schlachthofviertel an der Grenze zu Sendling in einem Hinterhof der Isartalstraße. Das Symbol der Rückkehr ist der Tora-Vorhang an der Westwand der Synagoge, der einst die von süddeutschen Flüchtlingen gegründete Synagoge Bet Hillel in New York schmückte. Rabbiner Beerwald, letzter Geistlichen der alten Münchner Hauptsynagoge, leitete Bet Hillel. Der verloren geglaubte Vorhang tauchte auf einem Berliner Flohmarkt auf, wo ihn Gemeinderabbiner Walter Rothschild zufällig entdeckte und rettete. Beth Shalom hat seit 2006 mit Dr. Tom Kucera einen eigenen festangestellten Rabbiner. Zuletzt scheiterten die Versuche von Beth Shalom sich mit der Jüdischen Kultusgemeinde zu einigen und in die leerstehende Synagoge in der Reichenbachstraße umzuziehen. Beth Schalom ist mittlerweile aus dem Schlachthofviertel nach Giesing gezogen und wird in absehbarer Zukunft eine eigene Synagoge von Stararchitekt Daniel Libeskind im Lehel erbauen lassen.

Der amerikanische General Lucius Clay bei der Neueinweihung der Reichenbachschul am 20. Mai 1947.

1.33 Das Sub

Massiv bedrängt durch die rigide Aids-Politik des Münchner Kreisverwaltungsreferenten Dr. Peter Gauweiler sahen sich die Münchner Schwulen gezwungen, ihr Recht auf Sexualität und ihren Lebensstil massiv zu verteidigen. So gründeten die Gruppen

Ein Parkplatz und Kleinbebauung (o.) mussten dem neuen Sub weichen.

Homosexuelle und Kirche (HuK), Münchner Leder Club (MLC) und der Verein für Sexuelle Gleichberechtigung im Jahr 1984 die Münchner Aids-Hilfe. Zwei Jahre später, am 4. September 1986, entstand das Schwule Kommunikations- und Kulturzentrum München, das Schwulen ein vielfältiges Selbsthilfe- und Freizeitangebot machte. 1988 zog das SchwuKK in die Müllerstraße 44, zwei Jahre später dann in die Müllerstraße 38 und weitere vier Jahre später in die Müllerstraße 43. Der Verein, der mittlerweile Sub heißt, erweiterte sein Angebot ständig und wurde 1991 in die städtische Regelförderung aufgenommen. Neben Beratung, HIV-Prävention und dem Anti-Gewalt-Projekt bietet das Sub heute zahlreiche Freizeit- und Selbsthilfegruppen. 2007 bekamen junge Schwule und Lesben ihr eigenes LesBiSchwules Jugendzentrum in der Blumenstraße 11. Das Sub begründete übrigens das Hans-Sachs-Straßenfest, das erstmals zum 5. Geburtstag des Vereins stattfand, und stellte gemeinsam mit anderen Einrichtungen 2008 den Maibaum am Karl-Heinrich-Ulrichs-Platz auf. Im Jahr 2012 zog das Sub erneut innerhalb der Müllerstraße um, nun ist es in neuen Räumen unter der Hausnummer 14 zu finden.

1.34 Müllerstraße 7

Militärlazarett

Den Grundstein für das neue Militärlazarett in der Müllerstraße legte Kurfürst Maximilian III. am 24. März 1775. Zuvor befand sich das Militärlazarett im ehemaligen Brechhaus (Pesthaus) an der Baumstraße. Sträflinge mussten für den Neubau schuften. Das Haus verfügte über 29 Krankenzimmer und eine der Hl. Thekla geweihte Kapelle, weshalb die gegenüber liegende Straße den Namen Theklastraße bekam. 1811 erbaute man direkt daneben ein Leichen- und Sezierhaus. Doch Mitte des 19. Jh. entsprach die Ausstattung des Lazaretts nicht mehr den modernen Anforderungen. Ein neues Lazarett wurde auf dem Oberwiesenfeld gebaut. Ab 1876 zog das Landwehrbezirkskommando in das Gebäude, acht Jahre später wandelte man es in das Luitpolds-Gymnasium um.

Luitpolds-Gymnasium

Nach einigen Umbauarbeiten nahm das neue humanistische Gymnasium an der Müllerstraße zum Schuljahr 1887/88 seine Lehrtätigkeit auf. Am 1. Oktober 1888 trat dann einer der berühmtesten Isarvorstädter in die erste Lateinklasse ein: Albert Einstein. Ab 1890 besuchte übrigens ein anderer weltbekannter Münchner das Gymnasium: ein gewisser Bub namens Franz Marc, der gerne malte … Als die Einsteins 1894 nach Oberitalien umzogen, blieb Albert zunächst zurück, um seinen Schulabschluss zu machen. Doch er be-

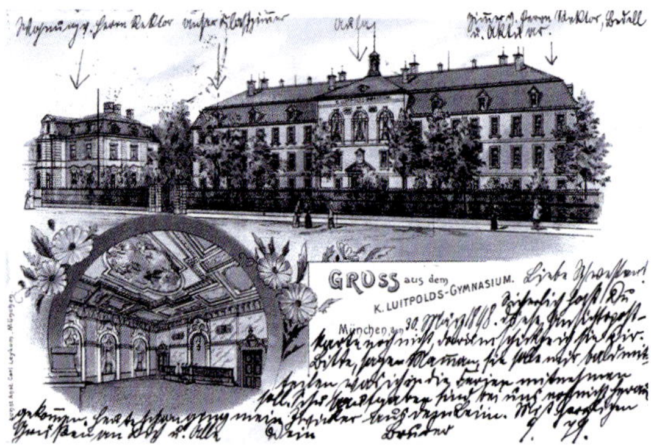

kam immer wieder Ärger mit seinen Lehrern. Sein Klassleiter sagte ihm: »Ihre bloße Anwesenheit verdirbt mir den Respekt der Klasse.« Einstein zog seine Konsequenzen, meldete sich vom Luitpolds-Gymnasium ab und folgte den Eltern nach Mailand. 1918 wurde das Luitpolds-Gymnasium mit dem Realgymnasium in der Klenzestraße 54 unter eine Leitung gestellt und bekam den Namen **Neues Realgymnasium**. Nur wenige Monate später, am 30. April 1919, kam es im Schulgebäude an der Müllerstraße zum sogenannten **Münchner Geiselmord**. Es war die Zeit der Räterepublik, in der München blutig umkämpft wurde. Die »Roten« (Anhänger der Räterepublik) hielten im Gymnasium zehn Anhänger der rechtsextremen Thule-Gesellschaft (die »Weißen«) als Geiseln. Als die »Weißen« in Grünwald elf Rotgardisten massakrierten, schwörte der damalige Stadtkommandant Rudolf Egelhofer Rache. Er ließ die zehn Geiseln erschießen – und entfachte den gnadenlosen Terror der »Weißen«. Unzählige Zivilisten fanden bei blutigen Straßenschlachten den

Tod, München versank in Blut. Dass das Ereignis heute noch als »Geiselmord« in den Köpfen ist und nicht als rechtsextremer »Weißer Terror«, resultiert aus der Propaganda der Nazizeit.
Während der Nazizeit wurden die Realgymnasien abgeschafft, die Schule an der Müllerstraße wurde zur Oberschule für Jungen.

Vom Schauplatz des »Geiselmords« konnte man sogar Postkarten kaufen.

Das Gebäude fiel 1944 Fliegerbomben zum Opfer. Die Nachfolgeschule des alten Luitpolds-Gymnasiums ist das Albert-Einstein-Gymnasium in Harlaching (und nicht etwa das heutige Luitpold-Gymnasium im Lehel).

Heizkraftwerk

Das Ruinengrundstück fand in der Nachkriegszeit viele illegale Nutzer. So nisteten sich eine Schreinerei und eine Kohlenhandlung ein, ein gewisser Herr Tausendteufel erbaute einfach eine Autowerkstatt mit Garagen und Tankstelle. Sie alle ließ die Stadt München zwangsräumen, um ab 1954 das neue Heizkraftwerk zu erbauen. Es wurde am 7. Dezember 1955 eröffnet und versorgte die Isarvorstadt mit Wärme. Technisch veraltet wurde das Heizkraftwerk schließlich 2001 still gelegt. Die Stadt verkaufte das Grundstück an einen Investor, der aus der Müllerstraße 7 kurzerhand »The Seven« machte.

»The Seven«

Einen noch bayerischeren Namen hätte man sich kaum wünschen können für das Luxus-Bauprojekt, das seit Jahren für Lärm und Dreck im Gärtnerplatzviertel sorgt! Während dieses Buch entsteht, ist der Bau noch nicht abgeschlossen. Auf dem ehemaligen Stadtwerke-Gelände von 14.000 m² entstehen drei Komplexe: Ein Büro- und Gewerbekomplex entlang der Müllerstraße, ein fünfgeschossiges Atriumgebäude mit etwa 80 Wohnungen sowie der 54 m hohe ehemalige Maschinenturm mit 25 großen Luxus-Eigentumswohnungen. Der Turm enthielt einst nur die Schornsteine des Heizkraftwerks. Es musste daher im Bestand von innen entkernt und in Wohnetagen umgebaut werden. Mit Quadratmeterpreisen bis zu 25.000 Euro gilt der Wohnturm als teuerste Immobilie Deutschlands. Angeblich soll es eine Aussichtsplattform über der Penthousewohnung geben, die zweimal jährlich für Besucher geöffnet werden soll (was abzuwarten bleibt), ebenso sollen die 6.000 m² Grünfläche des Areals öffentlich zugänglich sein. Die weißen Schlotaufsätze sollen übrigens nach Fertigstellung des Gebäudes wieder als Erinnerungsstücke an die Heizkraftwerkszeit aufs Dach gesetzt werden, denn sonst wärs ja nur ein einfaches Wohnhochhaus …

Turm des ehemaligen Heizkraftwerks kurz vor Baubeginn von »The Seven«.

»The Seven« im Bau, Sommer 2012: Man erkennt aus dieser Perspektive deutlich, dass der Turm nur noch ein Skelett ist.

1.35 Werkstattkino

»In der Fraunhoferstraße verbirgt es sich: ein Kleinod des Abwegigen, eine Katakombe des Sehens, eine Kaschemme des Kintopp«, schrieb Hans Schifferle in der Süddeutschen Zeitung. Die Geschichte der Kaschemme begann 1974. Damals schockte Rainer Pongratz seine Saufkumpanen im *Fraunhofer* mit einer Vision: Er wollte ein Kino gründen. »Wo das Kino einmal sein sollte, hatte Rainer schon ausgemacht. Das Kellerloch, in dem er hauste und das sein Bett, einen Schreibtisch sowie die alte NSU, an der er dauernd herumbastelte, barg, sollte den Projektionsraum abgeben, die angrenzende Kegelbahn des *Fraunhofers* den Kinosaal«, erinnert sich Erich von Wagner, der letzte Überlebende der Gründercrew. Pongratz wohnte noch bis 1977 im Vorführraum in der Fraunhoferstraße, zusammen mit dem 16-mm-Projektor Siemens2000, später mit einem 35-mm-Projektorenpärchen Ernemann VII B. Das Programm damals wie heute: alles ist erlaubt, bloß keine politically correctness – Trash, Agitprop, Gewalt und Porno. Oft genug waren Polizei und Staatsanwalt zu Gast. Im Bedarfsfall übernachteten die Mitarbeiter im Kinosaal, um das Werkstattkino vor An- und Übergriffen zu schützen.

1.36 Das Fraunhofer

Am Anfang war eine Bäckerei, die seit Jahrhunderten die wenigen Bewohner der Isarvorstadt mit Backwaren versorgte. Ein einstöckiges Häuschen mit Vorgarten. Im Herbst 1774 ersuchte Andreas Rankl beim »wohllöblichen Magistrat der churfürstlichen Haupt- und Residenzstadt München«, in diesem »als Beck- oder Brodhäusl benannten Anwesen außerhalb am Iserthor an der Bleichen, allwo man in die Au zu gehen pflegt, eine Bierzäpflerey« eröffnen zu dürfen, »auch wenn alldort bisher ausschließlich und seit undenklichen Zeiten Beck am Brodmachen gewest sind.« Da sich in unmittelbarer Nähe die Mühle zur Säldenau (die Mahlmühle) befand, rechnete sich Rankl regen Zulauf aus. Die Münchner Bäckerzunft tobte, doch die Stadt genehmigte vorläufig die Bierwirtschaft *Zum Brodhäusl* am Stadtbleichanger.

Rankl hatte nichts von seinem Sieg, denn die »Kaspar Huberischen Eheleute« kauften das Anwesen, schenkten Bier aus und servierten Kleinspeisen. Noch bis 1797 bekämpfte die Bäckerzunft das *Brodhäusl*, dann erst erteilte die Stadt die endgültige Ausschankgenehmigung, die Biergerechtsame. Im März 1821 kaufte der Küchelbäcker Michael Vollnhals das Anwesen. Wieder regte sich bei der Bäckerzunft Widerstand: Vollnhals musste sich entscheiden: Kuchlbäckerei oder Wirtschaft. Vollnhals verlegte sich komplett auf die Gastronomie und baute sich vom *Brodhäusl* aus ein Imperium von einem Dutzend Wirtshäusern in ganz München auf.

Als es richtig gut lief, verkaufte Vollnhals die nun *Tafernwirtschaft Vollnhals* genannte Gaststätte samt Schankrechtsame 1841 dem Bierbräu Matthias Pschorr für 10.000 Gulden. Pschorr hatte zunächst wenig Glück mit dem Lokal, denn die Pächter wechselten häufig, kaum einer hatte richtige Gastronomieerfahrung. Sogar ein Haarpuderer war unter denen, die sich als Wirt versuchten. In ruhigeres Fahrwasser kam das Wirtshaus erst ab 1850 unter H. Rechl, der seinen Rechlwirt elf Jahre führte. 1874 wurde neu gebaut, das bis heute existierende Haus mit klassizistischer Fassade entstand. Die Gaststätte hieß weiterhin *Rechlwirt.* 1891 entstand eine Kegelbahn, in der ab 22 Uhr aus Lärmschutzgründen mit Gummikugeln gekegelt werden musste. Ein Jahr später verkaufte Pschorr das Anwesen an den Metzger Franz Strittner. 1896 übernahm der ehemalige Thomasbräukel-

lerwirt Heinrich Treffler das Lokal, baute an und um, vergrößerte das Restaurant, das nun nach der Straße, an der es lag, *Fraunhofer* genannt wurde.
1905 kaufte die Spaten Brauerei das Haus Fraunhoferstraße 5. Der zuständige Bezirksinspektor beschrieb 21 Jahre später das *Fraunhofer* so: »Die Wirtschaft ist eine der bestgehendsten im Bezirk und wird zu allen Tageszeiten gut besucht, hauptsächlich von anwohnender Bevölkerung …« Mit der Neunummerierung der Fraunhoferstraße bekam das Wirtshaus 1935 die Nummer 9. Im Zweiten Weltkrieg erlitt es kaum Schäden – außen wie innen. 1974 übernahmen Uwe Kleinschmidt, Werner Winkler und Beppi Bachmaier die Wirtschaft, die damals eigentlich ein *Wienerwald* werden sollte. Da einer

der neuen Wirte ein Antiquitätengeschäft betrieb, flogen die Resopalbestuhlung und alles Plastik raus. Das gemütliche *Fraunhofer*, wie man es heute kennt, entstand. Denn das *Fraunhofer* ist immer noch ein klassisches Wirtshaus, deftig und urig, mit reichlich Patina, Nachbarschafts- und Künstlertreff, Studentenkneipe und einfach ein gutes Speiselokal.
Eng verbunden mit der Gaststätte ist das Fraunhofertheater. Wirt Beppi Bachmaier betrieb früher das MUH in der Hackenstraße, in dem bereits regelmäßig Konzerte und Kabarett stattfanden. Ab 1974 holte er seine Künstler kurzerhand ins *Fraunhofer*. Dabei wird ganz bewusst auch das Volkstheater gepflegt. Die Bühne bot schon immer und bietet auch weiterhin Nachwuchskünstlern eine Plattform. Sigi Zimmerschied oder Eisi Gulp sammelten hier ihre ersten Erfahrungen vor Publikum. Für Eisi Gulp war das eine Art »Zurück zu den Wurzeln«, denn seine Familie stammt aus der Isarvorstadt. Sein Urahn Anton Eisenrieder betrieb einst das Gesundheitsbad in der Müllerstraße und seine Mutter hatte einen Zeitschriftenladen ebenfalls in der Müllerstraße.

1.37 Reichenbachschul

Jüdische Schtibln in Privathäusern waren lange die religiösen Zentren der zugewanderten Juden aus dem Osten Europas. Die Schtibln wurden schnell zum gesellschaftlichen Treffpunkt. Das große Ziel, eine eigene Synagoge, verloren die ostjüdischen Vereine nie aus den Augen. Die Betvereine Linat Hazedek (Stätte des Rechts) und Agudat Achim (Bund der Brüder) erwarben 1921 gemeinsam das Haus Reichenbachstraße 27 von der Schwabinger Brauerei AG und nutzten das Rückgebäude als Betsaal. Ende der 1920er Jahre platzten die langen, schmalen Räume in der Reichenbachstraße 27, die die Gemeindemitglieder aus gutem Grund als »Kegelbahn« bezeichneten, aus allen Nähten. Man beschloss den Neubau einer Synagoge, die 850 Plätze bot und 1931 feierlich eingeweiht werden konnte. Die Ostjuden nannten ihre Synagoge jiddisch traditionell »Reichenbachschul«. Sie sollte zwar in der Reichsprogromnacht 1938 in Flammen aufgehen – doch die Flammen wurden wegen der engen Bebauung schnell gelöscht, damit sie nicht auf die Nachbarhäuser übergreifen konnten.
Die beinahe zerstörten Synagogenräume nutzte die Gemeinde fortan komplett anders: als Ausbildungswerkstätte für holz- und metallverarbeitende Berufe. Zudem bot man Sprachkurse für Auswanderungswillige. Bis 1941 hielt man den Ausbildungsbetrieb aufrecht. Alliierte Bomben legten das Gebäude in Schutt und Asche. Doch schnell nach Kriegsende etablierte sich das jüdische Leben neu: Am 28. Mai 1947 weihte die Gemeinde die neu erbaute Synagoge in der Reichenbachstraße ein. Die »Reichenbachschul« blieb die Münchner Hauptsynagoge bis 2006. Dann zog die Gemeinde in das neue Jüdische Kulturzentrum am Jakobsplatz. Seitdem dient das Gebäude in der Reichenbachstraße als Bürohaus.

1.38 Corneliusbrücke

Brückeneinstürze haben in München Tradition, die der Ludwigsbrücke lassen sich kaum zählen. Die Corneliusbrücke war noch nicht einmal ansatzweise fertig, da stützte sie schon ein (Foto oben). Das Unglück am 26. August 1902 riss zwei Arbeiter in den Tod. Die Brücke nach Plänen des Architekten Friedrich von Thiersch wurde dennoch vollendet. Von der ursprünglich geplanten Gestaltung der Südspitze der Kohleninsel (Museumsinsel) wurde nur die Terrasse realisiert. Am 19. Juni 1910 strömten Tausende dorthin zur Einweihung eines riesigen Denkmals für Bayerns Märchenkönig Ludwig II. Heute ist von der Ganzkörperfigur, die Ferdinand von Miller gegossen hat, nur noch der Kopf, der nachdenklich Richtung Süden blickt, erhalten (Fotos unten). Über eine sinnvolle Nutzung der Terrasse wird seit Jahren im Bezirksausschuss gestritten. Für einige Jahre hatten in den Sommermonaten die Urbanauten mit großem Erfolg eine Strandbar installiert.

1.39 Die Wanderbrücke

Architekt Friedrich von Thiersch zeigte sich für den Neubau der Reichenbachbrücke verantwortlich. Sie verband als Holzkonstruktion seit 1842 die Fraunhoferstraße mit der Stadt Au auf der anderen Isarseite – damals eine billige Wohngegend für die Arbeiter der Isarvorstadt. Die einst von Friedrich von Gärtner geplante und von Reifenstuel erbaute Holzbrücke hatte allen Hochwassern getrotzt, auch dem katastrophalen von 1899, dem fast alle anderen Münchner Brücken zum Opfer fielen. Während des Neubaus sollte allerdings der Verkehr

Die hölzerne Reichenbachbrücke wanderte 1902 am Stück um stolze 25 m gen Süden.

weiter rollen. Gleichzeitig sollte die alte Achse aus städtebaulichen Gründen beibehalten werden. Also musste die Holzbrücke wandern, um weiterhin als Behelfsbrücke zu dienen. Am 3. Juni 1902 versetzte man sie trotz ihrer 1,2 Mio. kg in einem beispiellosen Kraftakt innerhalb von 24 Stunden um stattliche 25 m Rich-

tung Süden. Die Stadtchronik wusste zu berichten: »Um die 5. Abendstunde begann heute die eigentliche Arbeit der Fortbewegung und Verschiebung der Reichenbachbrücke. Unter jedem der zwölf Brückenjoche waren in sicherer Lage je drei starke Hebewinden angebracht, die bestimmt waren, die rollende Last durch kräftigen Hub nach oben zu verringern. Auf ein Pfeifensignal wurden zu gleicher Zeit alle Winden in Thätigkeit gesetzt, daß die alten, aber harten Balken der Brückenfahrbahn krachten. Dann ertönten von zwei Seiten Hupensignale und in gleichmäßigem, langsamem Zuge setzten sich die elf großen Winden auf der Brücke ein. Die starken Drahtseile wurden straff und zogen an den stabilen Rollen an, daß die rückwärtigen Drahtseilverankerungen sich tief in die Widerlagerbalken eingruben. Langsam, für das Auge kaum merkbar, kam die Brücke ins Rollen. Ein weiteres Signal, und die Winden stoppten. Die Brücke war um 6 cm aus der alten Lage gewichen.«
Die heutige 24 m breite Reichenbachbrücke hat eine Länge von 140 m.

Brücken

Ein verheerendes Hochwasser 1899 führte dann dazu, dass die Stadt München all ihre Brücken überdachte und einen beschränkten Wettbewerb zum Neubau der Cornelius- und der Reichenbachbrücke auslobte. Aufgefordert wurden Stahl- und Massivbauunternehmen, die man deutlich wissen ließ, dass bei der architektonischen Ausschmückung größte Zurückhaltung zu üben sei. Die Firma Sager & Woerner, die 1901 ihr Angebot für die beiden Brücken einreichte, schlug gleich vor, in einem Aufwasch auch noch die Wittelsbacherbrücke neu zu bauen, quasi mit Mengenrabatt (zum Vorzugspaket gehörten zudem die Neubauten von Max-Joseph-, Maximilians- und Thalkirchner Brücke). Sager & Woerner konnte deshalb ein so niedriges Angebot einreichen, weil sie quasi in Fertigbauweise arbeitete. Für die Bögen der Brücken wurden stets dieselben Gerüste verwendet, daher ist die Spannweite der einzelnen Brückenbögen gleich.

1.40 Der 23-Stunden-Kiosk

An der Auen- Ecke Fraunhoferstraße, direkt an der Reichenbachbrücke, tobt vor allem in lauen Sommernächten das Leben. Nein, nicht, weil es hier eine bekannte Bedürfnisanstalt als beliebte Klappe gab – die ist längst geschlossen. Aber hier gibt es Rettung, wenn die Party auszutrocknen droht, der Wochenendeinkauf verschlafen wurde oder der One-Night-Stand unbedingt auf eine eigene Zahnbürste besteht. Geduldig stehen sie Schlange für Bier, Wein, Schnaps, Gummifrösche, Zigaretten, Nutella, Hundefutter, Wurst, Käse, frische Landeier, Duschgel, Grillanzünder, Eis, die Süddeutsche oder Le Monde – was man halt rund um die Uhr so brauchen kann. Denn der Kiosk kennt quasi keinen Ladenschluss, er muss nur für die Putzstunde zwischen 5 und 6 Uhr morgens schließen. Außergewöhnlich für München – aber kein Wunder, denn der Betreiber ist Berliner.

1.41 Der andauernde Untergang

Die Worte »Untergang« an beiden Seiten der Fußgängerunterführung der Reichenbachbrücke sehen hochoffiziell aus, sie sind es aber nicht. Es ist die Arbeit des Künstlers Michele Bernardi von 2007. Der *Untergang* entstand als »minimalinvasiver Eingriff« in Absprache mit dem Baureferat, daher der offizielle Charakter.

1 Gärtnerplatzviertel • Service

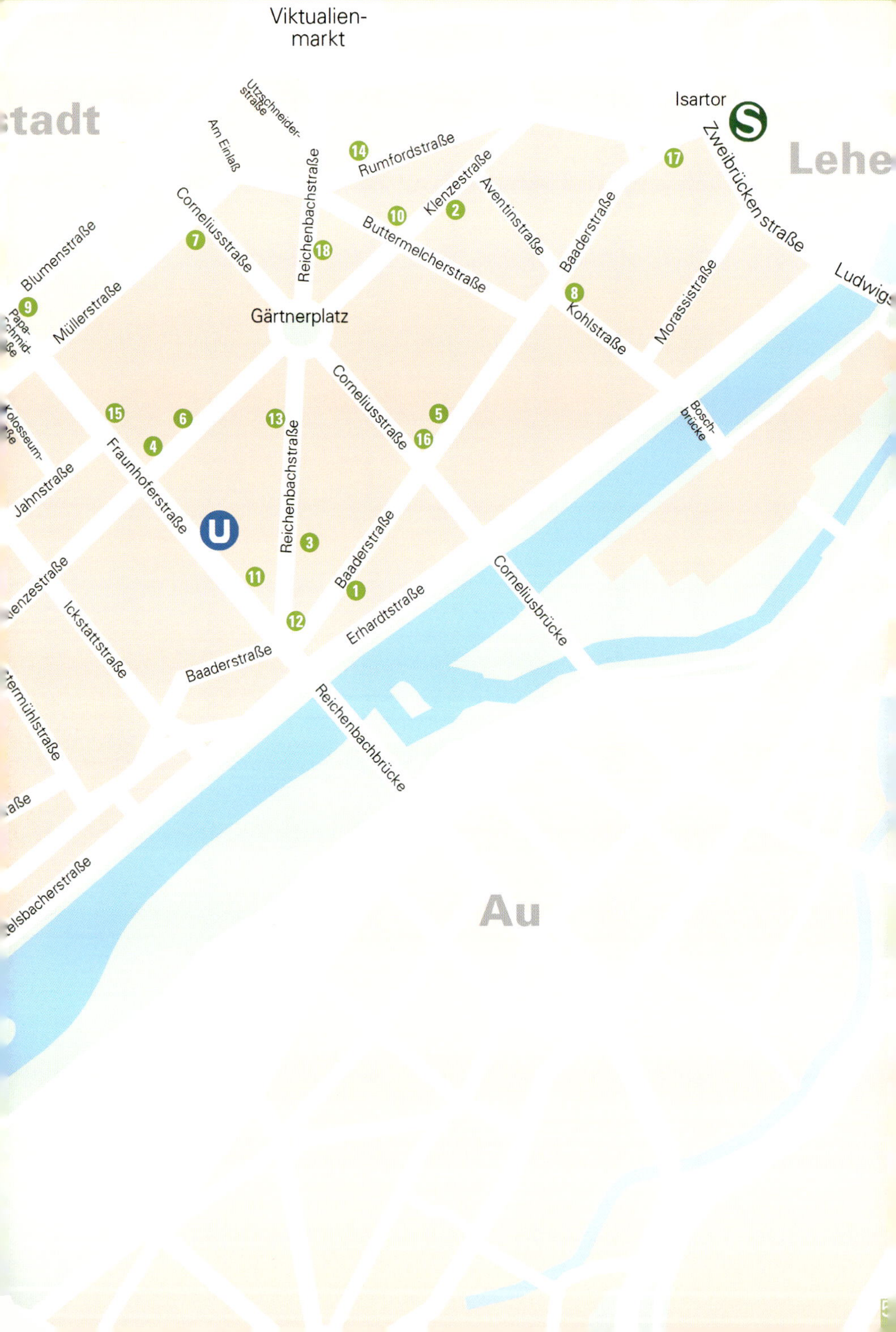

Das Gärtnerplatzviertel ist ein Shoppingparadies vor allem für Mode, schnuckelige Staubfänger und Vintagemöbel. Pulsierende Hauptschlagadern für Shopper und Kaffeedurstige sind die Reichenbach-, und die Klenzestraße sowie Teile der Rumfordstraße. Hier nur eine Auswahl, deren Aktualität wir leider nicht garantieren können:

Cafés • Kneipen

Al Teatro
Buttermelcherstr. 2
Eiscafé, das wirklich (ganz im Ernst) das beste Eis Münchens hat

1 Baader Cafe
Baaderstr. 47
Kultcafe seit den 1980ern

Cafe Crème
Reichenbachstr. 24
winzig, aber gut

Holy Home
Reichenbachstr. 21
immer wieder einen Absacker wert

2 Klenze 17
Klenzestr. 17
war schon eine Institution, als die Betreiber der anderen Kneipen noch in den Windeln steckten

München 72
Kohlstr. 11
Seventies-Retro-Sportkneipe

Niederlassung
Buttermelcherstr. 6
Bar und Event-Location

Sub Café
Müllerstr. 43
*Café im schwulen Kulturzentrum**

3 Trachtenvogl
Reichenbachstr. 47
trendiges Café mit kitschiger Heimatfilm-Einrichtung

Two in One
Klenzestr. 39
Café und Blumenladen

Essen

4 Bergwolf
Fraunhoferstr. 17
angeblich die beste Currywurst Münchens

Box
Gärtnerplatz 1
wenn man Glück hat, ist grad Schweini auf einen Drink da …

5 Burg Pappenheim
Baaderstr. 46
bayrisch

Casa della Pizza
Rumfordstr. 2
italienisch

Der kleine Chinese
Fraunhoferstr. 35
chinesisch, günstig

Deutsche Eiche
Reichenbachstr. 13
*bayerisch, siehe auch S. 25**

6 Firn
Klenzestr. 40
alpenländisch-stylisch

Green Leaf
Erhardstr. 15
asiatisch

Grüne Gans
Am Einlaß 5
international

Gute Nacht Wurst
Klenzestr. 32
die Currywurst-Konkurrenz zum Bergwolf

Haguruma
Baaderstr. 62
japanisch

Joe Peñas
Buttermelcherstr. 17
mexikanisch

8 Königsquelle
Baaderplatz 2
alpenländisch, Gourmet

Melcher's
Buttermelcherstr. 21
Café, Bar und Restaurant

Monaco
Reichenbachstr. 10
italienisch

Cafe Pini
Klenzestr. 45
kleines Tagescafe im Retro-Stil

Cotidiano
Gärtnerplatz 6
war vorher eine Filiale der belgischen Systemgastrokette »Le Pain Quotidien«, war kurz geschlossen und hat dann praktisch unverändert unter neuem Namen aufgemacht

unhaltBAR
Baaderstr. 49
alternative Fußballkneipe, die nicht brauereigebunden ist

Wassermann
Fraunhoferstr. 39
Café, Restaurant und Cocktailbar

7 Forum
Corneliusstr. 2
Gastro-Klassiker für jede Tageszeit

Fraunhofer
Fraunhoferstr. 10
bayerisch, siehe auch S. 48

Ganga
Baaderstr. 11
indisch

Ginkao
Morassistr. 16
asiatisch

Nero Pizza & Lounge
Rumfordstr. 34
italienisch

Pacific Times
Baaderstr. 28
Restaurant, Bar

Pasta e Basta
Fraunhoferstr. 19
italienisch, günstig

Rainbow
Corneliusstr. 1
thailändisch

*mehr Adressen für Lesben und Schwule siehe S. 93

1 Gärtnerplatzviertel • Service

Rice
Kohlstr. 2
vietnamesisch

Samrat
Papa-Schmid-Str. 1
indisch

9 Santo Anger
Blumenstr. 25
»Punkrock Pizzeria«

Shalimar
Morassistr. 16
indisch, pakistanisch

13 k & k
Reichenbachstr. 22
angesagte Bar

Lizard Lounge
Corneliusstr. 34
Bar

Lotter-Leben
Klenzestr. 43
*Nachfolger von Legenden! Hier war einst das Tanzlokal Größenwahn, danach die Bar Morizz**

Kino

15 Werkstattkino
Fraunhoferstr. 9
Kino der Subkulturen von Schund bis Kunst, siehe auch S. 48

Bücher

Comic Company
Fraunhoferstr. 21
Comicbuchladen

Galerie Michael Hasenclever
Baaderstr. 56 c

Galerie Jörg Heitsch
Reichenbachstr. 14

Galerie Mathias Kampl
Buttermelcherstr. 15

Galerie Pfefferle
Reichenbachstr. 47

Galerie Rupert Walser
Fraunhoferstr. 19

Sushi-Take
Baaderstr. 74
japanisch

10 Tenno
Buttermelcherstr. 5
japanisch

Thi Thuha Nguyen Mai-Vietnam
Klenzestr. 8
vietnamesisch

Nachtleben

11 Flaschenöffner
Fraunhoferstr. 37
winzig klein, hat bis 5 in der Früh geöffnet und ist daher äußerst beliebt beim Partyvolk

12 Fraunhofer Schoppenstube
Fraunhoferstr. 41
legendäres Nachtlokal mit Live-Musik, siehe auch S. 55

Hanoi
Theklastr. 1
*Bar, Club**

Netzer und Overath
Baaderstr. 33
Bar, Club

Paradiso Tanzbar
Rumfordstr. 2
jahrzehntelang eine legendäre Adresse für Schwulenclubs (New York, Mrs. Hendersen), heute beliebter Heteroclub

Robinson Kuhlmann
Corneliusstr. 14
schwer angesagte Bar mit dem Motto »we don't get drunk, we get awesome«

Sunshine Pub
Müllerstr. 14
*für die einen das Wohnzimmer, für die anderen der Totalabsturz, ist jedenfalls winzig und hat fast immer auf …**

14 Vogler
Rumfordstr. 17
Jazzbar mit Livemusik

16 Glatteis
Corneliusstr. 31
Münchens Krimibuchhandlung

LeseLotte
Reichenbachstr. 30
Kinderbücher

17 Literatur Moths
Rumfordstr. 48
gilt als einer der schönsten Buchläden Münchens

Soda
Rumfordstr. 3
internationale Bücher und Magazine, Schwerpunkt Design

18 Wortwahl
Reichenbachstr. 15
Design-, Kunst- und außergewöhnliche Kinderbücher

Kunst

Galerie Jahn
Baaderstr. 56 b

Special

Talbot Runhof
Klenzestr. 41
Stammhaus des international erfolgreichen Couture-Duos mit immer erlesener Schaufensterdeko

*mehr Adressen für Lesben und Schwule siehe S. 93

Fraunhofer Schoppenstube

Die Nacht ist nicht allein zum schlafen da, heißt bezeichnenderweise ein Film aus dem Jahr 2011 über die Fraunhofer Schoppenstube. Nein, nachts schläft hier garantiert niemand. Die schicken Nachtschwärmer rauschen dran vorbei. Zugegeben, moderne Gastronomie sieht anders aus, aber die Vorbeirauschenden wissen nicht, was sie verpassen. Es sieht auch drinnen so aus, wie es das Äußere vermuten lässt. Dann bimmelt die Gerti mit einer Schiffsglocke und ruft: »Jetzt wird gsunga!« Und dann passiert das schier Unglaubliche: Alle singen lauthals: »*Auf der Reeperbahn nachts um halb eins …*« Menschen, die sich bisher nicht kannten, liegen sich schunkelnd in den Armen. Und dann der nächste Gassenhauer und noch einer und noch einer … Wer in die Schoppenstube kommt, weiß, dass er singen muss. Wer nicht textsicher ist, bekommt ein Textblatt in die Hand gedrückt. Das ist schon seit 1973 so. Bis vor kurzem spielte Gertis Mann Werner die ganze Nacht Akkordeon. Seit seinem Tod kommt die Musik vom Band. Sogar der Berlin-Korrespondent der *New York Times* schrieb, angeödet von der ewiggleichen, penetrant auf »alternativ« getrimmten Gegenkultur Berlins, eine Lobeshymne über diese Institution, die noch echt ist. Doch die Institution steht nach 39 Jahren vor dem Aus. Die Vermieter haben Gerti Guhl bereits gekündigt und wollen die Schoppenstube in ein Büro umwandeln. »Die Münchner brauchen doch eine Heimat, vor allem die Singles und verlorenen Seelen«, meint die Gerti verzweifelt und kämpft, während dieses Buch entsteht, immer noch für ihr Lokal.

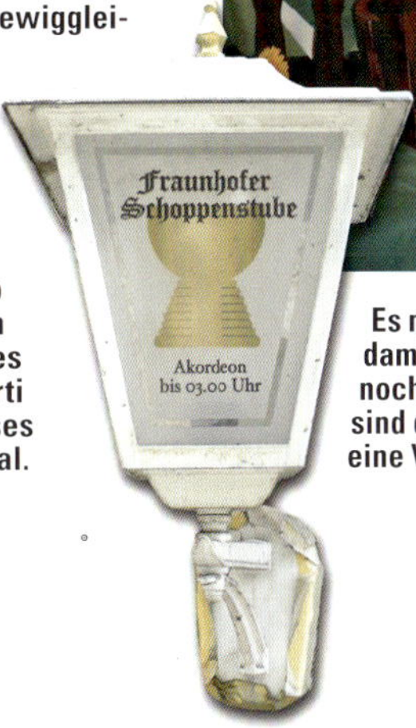

Es muss wohl ein Wunder geschehen, damit es die Fraunhofer Schoppenstube noch ein paar Jahre länger gibt. Ansonsten sind diese Zeilen hier ein Nachgesang auf eine Viertel-Legende.

2 Glockenbachviertel

2.1 St. Maximilian

Bei St. Maximilian haperte es einfach immer wieder am Geld. Bereits 1883 hatte sich der Kirchenbauverein St. Maximilian gegründet, um einen Neubau in der Isarvorstadt zu realisieren, denn längst konnte die Mutterpfarrei Heilig Geist die Gemeindemitglieder der ständig wachsenden Isarvorstadt nicht mehr fassen. Doch zehn Jahre nach Vereinsgründung traf man sich aus Geldmangel immer noch in einer Notkirche in der ehemaligen Schulbaracke an der Auenstraße. Erst nachdem die Stadt den Platz für die Kirche plus 150.000 Mark spendete, der Staat 55.000 bewilligte und eine Sammlung sowie eine Lotterie 228.000 Mark erbrachten, konnte es losgehen. Von den 96 Plänen, die beim Wettbewerb eingereicht wurden, siegte der des Stararchitekten Heinrich von Schmidt, dessen Vater Dombaumeister von St. Stephan in Wien war. Folgerichtig sah Schmidts Entwurf eine neugotische Kathedrale vor. Das gefiel zwar, doch zum einen kam Neugotik gerade aus der Mode, zum anderen war sie viel zu teuer. Also legte Schmidt, zugleich Professor für mittelalterliche Baukunst an der TU München, dem Geschmack der Zeit entsprechend Pläne für eine neuromanische Kirche vor, die akzeptiert wurden. Dass die Isarvorstädter und vor allem die Kirchengemeinde St. Maximilian ihre neoromanische Kirche heute als Notre Dame an der Isar bezeichnet, wo doch die Original-Notre-Dame in Paris ein gotischer Bau ist, liegt an den markanten Türmen, nicht an der stilistischen Ähnlichkeit.

1895 erfolgte die Grundsteinlegung. Bald stockte der Bau, denn es fehlte wieder Geld. Die Bayrische Hypotheken- und Wechselbank musste einen Kredit über 400.000 Mark gewähren. Erzbischof Josef von Stein konnte 1901 endlich St. Maximilian weihen.

St. Maximilian, bei der Erbauung drittgrößte Kirche Münchens, entspricht vom Grundriss her nicht einer üblichen Basilika. Wegen der Bodenbeschaffenheit musste der Bau auf ein breites Fundament errichtet werden. Die Türme, normalerweise am Haupteingang, konnten nach Berechnung der Statiker nur an den Seiteneingängen gebaut werden. Architekt Schmidt kam das

entgegen, denn er plante die Kirche nach Vorbild des Wiener Stephansdoms, dessen Türme ebenfalls an den Seiteneingängen stehen. Die Türme ruhen nun mit ihren drei Glocken, von denen die schwerste 4.000 kg wiegt, auf Rammpfählen.

Der Zweite Weltkrieg traf die Kirche hart und zerstörerisch. Ab Ostern 1946 konnte der rechte Seitenflügel als Notkirche betrieben werden. Der Wiederaufbau begann 1949, auf die hohen Spitzhelme, die ursprünglich die Kirchtürme zierten, verzichtete man aber. 1953 folgte die Neuweihe des Hochaltars. Danach begann die neue Ausgestaltung des Kirchenraums, dazu zählen die Glasfenster und die Kreuzwegbilder, die F. X. Braunmiller 1958 schuf. 1991 begann eine grundlegende Gesamtsanierung, die erst vor kurzem abgeschlossen wurde.

Zu den Besonderheiten der drittgrößten Kirche Münchens zählt die Komposition des Hochaltars, der als Hommage an keltische Hünengräber konzipiert wurde und an die alten Missionare erinnert, die den Germanen und Kelten das Christentum brachten. Unter einem mächtigen Steinkreuz thront in der Mitte der Heilige Maximilian, um ihn herum stehen Winthir, Rasso, Korbinian, Luitpold, Theodolinde, Ulrich, Hardemunde und Emmeram als Wächter am einfachen Steinaltar. Die Figuren stammen von Balthasar Schmitt und Georg Wrba, der auch das Reiter-

Die Isarvorstadt im Jahr 1826

standbild Ottos von Wittelsbach auf der Wittelsbacherbrücke schuf. Schon seit 2007 verfolgt Pfarrer Rainer Maria Schießler Pläne, aus einem ungenutzten Seitenschiff der Kirche eine Gaststätte mit Biergarten zur Auenstraße hin zu machen. Was aus den Plänen wird, ist, während dieses Buch entsteht, noch offen.

2.2 Pulvermühle, Mittlere

siehe S. 138

2.3 Post an der Fraunhoferstraße

Das Postgebäude ist ein klassisches Beispiel für die Architektur im Stil des Neuen Bauens der bayerischen Postbauschule. 1920 ging mit dem Poststaatsvertrag die Bayerische Staatspost in die Deutsche Reichpost Berlin über. Dennoch behielt Bayern ein kleines Stück Unabhängigkeit in Form der Abteilung VI des Reichspostministeriums in München. Hier wurde eine Postbauabteilung unter der Leitung der modernistischen Architekten Robert Poeverlein und Robert Vorhoelzer eingerichtet. Die nutzten ihren Freiraum, um Postneubauten im Stil der Neuen Sachlichkeit zu gestalten. Die Post an der Fraunhoferstraße entstand von 1929–1931 nach Plänen von Robert Vorhoelzer und Walther Schmidt.

2.4 Kerzenfabrik Dr. Waßermann

An der dünn bebauten Fraunhoferstraße stand einst ein schmuckes kleines Jagdschlössl inmitten eines schönen Parks (Abb. von 1825). In das Gebäude zog die 1838 gegründete Millykerzen- und Seifenfabrik Waßermann. Letzter Eigentümer war der jüdische Unternehmer Dr. Paul Waßermann, der 1941 im Vernichtungslager Kowno ermordet wurde. Seine greise Mutter, die im Alter von 79 Jahren nach Theresienstadt deportiert wurde, überlebte den Holocaust und kehrte nach München zurück, wo sie im Alter von 96 Jahren starb.

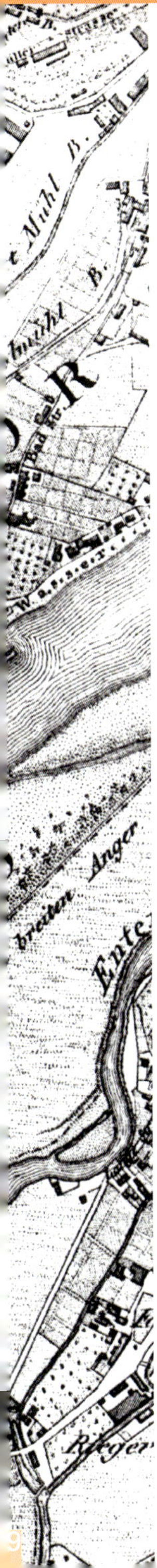

2.5 Klenzeschule

Valentin Ludig Fey, heute besser bekannt als Karl Valentin, hasste die Schule. Ab 1888 musste er jeden Tag von der Au über die Brücke rüber in die Schule an der Klenzestraße. Damals gehörten drakonische Prügelstrafen noch zur Tagesordnung – vermutlich ein entscheidender Grund, warum Valentin immer ungern zum Unterricht kam. Das große Schulhaus wurde am 1. Oktober 1876 eröffnet. Es handelte sich um eine sogenannte Simultanschule. Die Buben und Mädchen wurden zwar getrennt unterrichtet, nicht aber Katholiken, Protestanten und Juden – was als äußerst progressiv galt. Nur die Religionsstunden fanden getrennt statt. In den Abschlussklassen (im 8. Schuljahr) kamen noch Französisch und Steno als Pflichtfächer hinzu. Im Schuljahr 1902/03 waren an der Schule 18 Knaben- und 15 Mädchenklassen mit insgesamt 1828 Schülern (911 Knaben und 817 Mädchen) untergebracht. Das zu klein gewordene Gebäude wurde 1909 um einen Stock erhöht, außerdem errichtete man einen zweistöckigen Anbau.
1937 hatte die Schule knapp 1.000 Schüler in 26 Volksschulklassen, 2 Berufsschulklassen, 3 Gastklassen und 4 Horten. Fliegerbomben zerstörten am 12. Juli 1944 das Hauptgebäude. Dieser Gebäudetrakt wurde 1951 abgerissen und eingeebnet. In den verbliebenen Nebengebäuden befindet sich heute die renovierte Grundschule. Die Schülerzahl ist im Vergleich zu früher drastisch zurückgegangen: Heute unterrichten rund 20 Lehrer knapp 300 Schüler in 12 Klassen.

Die Mauer der Klenzeschule wurde von Kindern gestaltet.

2.6 Mahlmühle

Kolosseumstraße, siehe S. 137

2.7 Neumühle

Kolosseumstraße, siehe S. 137

2.8 Das 1. Motorrad der Welt

Jawohl: Das Motorrad ist ein echtes Glockenbacher Kindl! Der Ingenieur Heinrich Hildebrand (1855–1928) experimentierte schon vier Jahre nach dem ersten »Reitwagen« von Gottlieb Daimler mit dampfgetriebenen Zweirädern. Doch erwies sich der Dampfkessel zu schwer – ganz zu schweigen von der Frage: Wohin mit Wasser und Kohle auf einem Zweirad? Und die Fahrradrahmen zeigten sich eh als zu schwach für all das Gewicht. Hier kam Alois Wolfmüller (1864–1948) ins Spiel. Er hatte 1893 mit seinem Jugendfreund Hans Geisenhof einen wassergekühlten Zweizylinder-Viertaktmotor entwickelt, daraus ein »Zweirad mit Petroleum- oder Benzinmotorantrieb« konstruiert und dafür am 20. Januar 1894 das Deutsche Reichs-Patent Nr. 78553 erhalten. In dieser Patentschrift fällt erstmals das Wort »Motorrad«. Nur zwei Monate später wurde in der Kolosseumstraße 1 die *Motor-Fahrrad-Fabrik Hildebrand & Wolfmüller* gegründet. Schnell entwickelte man ein serientaugliches Modell. Die getriebelose Maschine wog vollgetankt 84 kg und raste mit stolzen 30 und 40 km/h dahin. Eine Sensation war die Luftbereifung. Das erste Motorrad der Welt wurde dank massiver Marketingaktionen umgehend zum Verkaufsschlager. Trotz des immensen Preises von 1.200 Mark expandierte die Firma innerhalb kürzester Zeit auf vier Werkstätten – neben der Kolosseumstraße auch in der Baum-, Müller-, Zenetti- und Heustraße – und beschäftigte 850 Mitarbeiter.
Doch bereits im Oktober 1895 kam das Aus: Die Kundenbeschwerden häuften sich, vor allem die unhandliche und feuergefährliche Glührohrzündung sorgte für massiven Ärger. Statt für den geplanten Neubaus einer größeren Fabrik musste die Firma das Kapital für Schadensersatzforderungen ausgeben und Konkurs anmelden. Damit endete die Serienproduktion des ersten Motorrads der Welt. Wie viele Motorräder ausgeliefert wurden, ist unklar; Schätzungen schwanken zwischen 800 und 2.000 Fahrzeugen. In den folgenden Konkurs-Gerichtsprozessen wurde am 27. Juli 1897 vom Patentamt erneut beurkundet, dass der Begriff »Motor-Rad« ein eingetragenes Warenzeichen der Isarvorstädter Firma Hildebrand & Wolfmüller war.

2.9 Marionettentheater

Im Gasthaus *Zu den drei Linden* hüpften einst auch die Marionetten von Papa Schmid, eigentlich Josef Leonhard Schmid, über die Bühne, bevor er 1858 sein eigenes, heute noch existierendes Theater an der Blumenstraße 32 mit dem Stück *Prinz Rosenroth und Prinzessin Lilienweiß oder die bezauberte Lilie* eröffnen konnte. Schmid und sein Mitstreiter Franz Graf von Pocci sahen im Marionettentheater eine Erziehungsform für Jugendliche, damit die »durchaus entfernt bleiben von jenen nur die Rohheit der Jugend befördernden Hanswurstiaden, wie wir sie zur Genüge dahier auf Dulten« sehen. Papa Schmids Theater (Architekt: Theodor Fischer) gilt heute als das älteste nichtmobile Marionettentheater im deutschsprachigen Raum.

2.10 Angermühle

siehe S. 134

2.11 Gesundheitsbad

Mitte des 19. Jh. erblühte eine neue Badekultur in München. Entgegen der heute üblichen Meinung, dass man nach dem Mittelalter das Baden völlig verpönte, war die Badekultur in München nie ganz ausgestorben. Besonders untere Schichten frönten dem öffentlichen (und splitterfasernackten) Isar- oder Bachbaden. Die um Sitte und Moral bedachte Obrigkeit sah sich gezwungen, Bäder zu fördern, in denen nach Geschlechtern getrennt gebadet wurde. Von den drei Münchner Badeanstalten des 18. Jh. lagen zwei in der Isarvorstadt: Seit 1782 **Xaver Gumperts Gesundheitsbad** (Hans-Sachs-/Müllerstraße) und ab 1799 das **Wirnhierbad** am Kaiblmühlbach in der Badstraße (später Baaderstraße). Das **Gesundheitsbad**, das der Wundarzt Anton Eisenrieder 1797 von Gumpert übernahm, beherbergte 17 Badezimmer, von denen sich acht im Winter beheizen ließen. Zur Zimmerausstattung gehörten eine hölzerne Wanne, ein Bett, Spiegel, Stiefelauszieher sowie ein frischer Bademantel, ein Hand- und ein Wannentuch. Dazu lockten verschiedene Seifen, Kräuter- oder Mineralbadezusätze. Verließ der Gast das Badezimmer, leerten Dienstboten die Wanne durch einen Abwasserkanal. Wer wollte, konnte zudem im zu einem Bassin angestauten, eiskalten »Glockenbächl« (in Wahrheit der Westermühlbach) schwimmen. Hierfür standen zehn Einzelkabinen und eine Massenumkleide zur Verfügung. Eine lindenbeschattete Terrasse lud zum Entspannen bei Bier oder Kaffee. Eine Woche Badekur kostete 3 bis 5 Gulden. Gumpert richtete am Bach außerdem eine Schwimmschule für Knaben ein, wo man eingeschnallt in Gurtmaschinen das Schwimmen lernen konnte. Daneben bot er bei den Pferdestallungen ein Armenbadezimmer mit vier Wannen, das vom Armeninstitut regelmäßig mit Gästen belegt wurde.

Das Gesundheitsbad auf dem Gelände der heutigen Hans-Sachs-Straße, vorne die Müllerstraße

1832 gab es neben dem **Gesundheitsbad** (das je nach Betreiber seinen Namen änderte) noch das **Wirnhierbad** in der Badstraße – hier fand der anspruchsvolle Badegast 14 Zimmer mit kupfernen Wannen für heiße Bäder und 11 Abteilungen für kalte Bäder – sowie das **Bad von Quirin Promolis** in der Müllerstraße (vormals **Mändelsches Bad**), das auch ein Schwitzbad bot. 1867 warb die neueröffnete **Lindenmannsche Badeanstalt** (Müllerstraße 29), das erste »in Bayern eingerichtete Römisch-Irische Bad« zu sein. Das **Giselabad** in der Müllerstraße 2–4 bot medizinische Wannenbäder, das **Institut Salus** in der Müllerstraße 45 Medizin- und Lichtbäder. Das berühmte **Gesundheitsbad** wurde 1896 gemeinsam mit der Oberen Lände geschlossen und musste dem Neubau der Hans-Sachs-Straße weichen.

Eine kleine Bachgeschichte

München verdankte seinen Aufstieg zur Weltstadt auch den Bächen der Isarvorstadt, die hier einst ein blühendes Gewerbegebiet mit Energie und Brauchwasser versorgten. Heute ist von den zahllosen Wasserarmen kaum noch etwas sicht- oder spürbar.

Manche sprachen romantisierend vom »Venedig des Nordens« – und meinten damit weder Hamburg noch Amsterdam noch Stockholm, sondern München –, so viele Bäche gehörten einst zum Bild der bayrischen Hauptstadt. Bäche, gespeist von der Isar, der München überhaupt erst seine Existenz verdankt. Schließlich wurde Villa Munichen 1158 gegründet, nachdem Heinrich der Löwe, Herzog von Bayern und Sachsen, die Brücke des Bischofs von Freising bei Oberföhring zerstört hatte, um durch Brückenzoll am lukrativen Salzhandel zu profitieren. Nahe einem alten Kloster auf dem Petersbergl ließ Heinrich eine Brücke über die Isarinseln (bei der heutigen Ludwigsbrücke) bauen. Die zugehörige Siedlung blieb erhöht auf den Hochufern in respektvoller Distanz zum reißenden Fluss und zu seinen wilden Nebenarmen. Es empfahl sich nicht, nahe der Isar zu bauen. Zu oft führte sie Hochwasser und änderte mitunter ihren Lauf. Die Isar mäanderte stark verästelt durch eine Auenlandschaft mit zahllosen Inseln aus Geröllaufschüttungen, noch auf Karten des 19. Jh. kann man diese urwüchsige Landschaft erkennen.

Bis ins Jahr 1907 zweigte links der Isar in Höhe Thalkirchen der Große Stadtbach ab. Er teilte sich an der Ecke Dreimühlen- und Isartalstraße in den Westermühl- und den Pesenbach. Auch diese beiden Hauptbäche zergliederten sich in mehrere kleine Arme. Das Westermühlbachsystem strömte durch die Altstadt, weshalb man es die Inneren Bäche nannte. Die Äußeren Bäche des Pesenbachsystems durchflossen den Bereich vor der Stadtmauer. Der dritte große Hauptbach, der Dreimühlenbach, zweigte schon weiter isaraufwärts ab und blieb von den Systemen unabhängig. Auch er speiste später den Großen Stadtgrabenbach. Die Bäche auf der anderen Isarseite, vor allem der Auer Mühlbach und der Entenbach, gelten historisch gesehen nicht als Münchner Stadtbäche – denn die einst unabhängige Stadt Au wurde erst 1854 nach München eingemeindet.

Ein Brunnen aus drei alten Mühlsteinen im Innenhof der Dreimühlenstraße 14 erinnert an die Mühlen-Vergangenheit des Viertels.

Es klappern die Mühlen …

Um die Hochwasserprobleme in den Griff zu bekommen und gleichzeitig die Leistungskapazität des Wassers zu nutzen, begann man bereits im 12. Jh. die Verästelungen der Isar zu kontrollierbaren Kanälen und Stadtbächen umzugestalten. Fließendes Wasser stellte in der vorindustriellen Zeit die wichtigste Energiequelle dar und Wassermühlen waren die multifunktionalen Kraftwerke jener Tage. Die älteste, 957 schriftlich erwähnte Mühle im Stadtgebiet des heutigen München ist die Schrafnagelmühle am Auer Mühlbach (heute: Lohstraße 46) in Untergiesing. Für das 14. Jh. sind bereits 16 Mühlen in München nachgewiesen, viele davon Getreidemühlen, aber auch Walkmühlen und Lohstampfen, die »Lohe« (Eichenrinde) zerstampften, mit der man Leder gerbte. 1345 entstand die erste Sägemühle, die dem Heiliggeistspital unterstellte Westermühle.

Mit der Nutzung von Mühlen verstärkten sich die Verbauungsmaßnahmen, denn damit eine Mühle effektiv und ruhig laufen kann, benötigt sie einen regelmäßigen Wasserzufluss. Man begradigte einzelne Abschnitte, errichtete Beschlächte (Uferbefestigungen mit Pfeilern und Bohlen), baute Wehre, Dämme und Wuhren (Kanäle). Doch trotz aller Bemühungen schwemmte die Isar regelmäßig Geröllmassen in das Gebiet der Isarvorstadt. Die Gegend nannte man daher in Anspielung auf das Geröll »Grieß«, es galt als kaum besiedelbar und die Mühlenbetreiber lebten mit ihren Familien in ständiger Gefahr, Isaropfer zu werden. Die Mühlen befanden sich übrigens, sofern sie nicht an Klöster gestiftet worden waren, im Besitz der bayrischen Herzöge. Die Stadt München brauchte herzogliche Zustimmung, um dringend benötigte eigene Mühlen an den Stadtbächen zu errichten. 1462 gestand der Herzog München vor dem Isartor zwei »Mühlschläge« zu, große Grundstücke, die frühindustriell genutzt werden konnten: das Obere und das Untere Lehel – letztlich die Geburtstunde von Isarvorstadt (Oberes Lehel) und St. Anna-Vorstadt bzw. Lehel (Unteres Lehel). Lehel kommt ebenfalls von Lohe und bezeichnet auch sumpfiges Buschgelände. In der Isarvorstadt hatte die Stadt bereits 1420 eine Walk- und Schleifmühle errichtet, 45 Jahre später die städtische Obere Bleiche (im Unterschied zur Unteren Bleiche am Englischen Garten) zwischen Westermühl- und Mahlmühlbach.

Die beliebte Ausflugswirtschaft Pechgarten (links, heute Palm-/Ecke Körnerstraße) malte Carl Friedrich Heinzmann 1826. Im Vordergrund fließt der Pesenbach, hinten rechts steht die Mittlere Pulvermühle.

Die Isarvorstadt soll die Stadt verteidigen

In dieser Zeit erhielt München auch seine neue Stadtbefestigung, und um die Stadt noch besser zu beschützen, zog man entlang der Mauern tiefe, breite Kanäle – gespeist vom Glockenbach flossen nun der Westliche und der Östliche Stadtgrabenbach um München herum (in etwa der Verlauf des Altstadtrings). Weiher bildeten sich vor der Stadtmauer, die Stadt erkannte deren wirtschaftliches Potenzial und nutzte sie kurzerhand zur Fischzucht. Die 1331 an einem parallel zum Westermühlbach verlaufenden Bach errichtete Angermühle musste im 17. Jh. neuen Stadtbefestigungsarbeiten weichen, denn bedingt durch den Ausbruch des Dreißigjährigen Kriegs 1618 ließ Kurfürst Maximilian I. München erneut umfassend befestigen. Die Bewässerung der Gräben und damit eine wichtige Schutzfunktion der Stadt übernahm nun die Isarvorstadt mit geballter Bachkraft von Glocken-, Lazarett- Heiliggeistmühl- und Kaiblmühlbach.

Die Festungsarbeiten bedrohten das ganze Viertel. Bäche wurden umgeleitet, zugeschüttet oder neu gegraben, womit auch Betriebe wie die Heiliggeist-, die Hain-, die Anger- und die Stelzmühle abgerissen werden mussten. Nur Schmieden und Sägemühlen, wie die Klingenschmiede an der Oberen Bleiche und die Obere Bleiche selbst blieben erhalten. Wohnhäuser, Wirtschaftsgebäude und sogar die Mauern und Gebäude

Der Stich eines anonymen Künstlers von 1829 zeigt die heutige Isartalstraße, damals Staubstraße. Von rechts fließt der Große Stadtbach in die Stelle, an der sich Westermühlbach und Pesenbach trennen. Links befindet sich der Arzmillerhof, rechts liegt am Pesenbach der Kupferhammer.

Eine kleine Bachgeschichte

Zweimal dieselbe Ecke: Wo sich der Pesenbach in Heiliggeistmühl- und Kaiblmühlbach aufteilte, begann die Baaderstraße. Auf beiden Bildern kann man sich am Schornstein in der Mitte orientieren. Das Aquarell von 1885 zeigt noch die Kleinbebauung und der Kaiblmühlbach an der Baaderstraße fließt noch offen. Auf dem Foto von 1903 ist der Bach bereits mit einem Mietshaus überbaut.

des Alten Südlichen Friedhofs ließ man schleifen, um den anrückenden Schweden keine Deckung zu bieten – was die Schweden übrigens herzlich wenig beeindruckte, sie besetzten München 1632 trotzdem und erpressten ein immenses Schutzgeld, damit sie die Stadt nicht zerstörten. Nach Abzug der Schweden bekam der bayrische Kurfürst ein gewaltiges Problem mit wütenden Bachnutzern aus der Isarvorstadt und dem Lehel. Sie forderten Entschädigungen. Letztlich ging aber nicht nur die Witwe Sabine von Ahamb, einstige Müllerin der Angermühle, die 1640 bei Hofe die ihr zustehenden jährlichen 200 Gulden einforderte, leer aus.

Die zunehmende Nutzung der Bäche führte zu weiteren Beschlächten, Aus- und Umbauten, neuen Wehren und Schleusen – und zu Streit um das Wasser. Eichmarken sollten helfen, den Wasserstand für die Mühlen gleichmäßig zu halten, denn an der »Aich« konnte man die Höhe der zugeteilten Wassermenge ablesen. Schon 1486 erhielt die Heiliggeistmühle ihre Eiche. Zudem versuchte die Stadt über die Jahrhunderte das Isarbett näher an die Stadt zu zwingen, gab Tausende von Gulden aus für den Hochwasserschutz und um den Stadtbächen mehr Wasser zuzuführen »zu allerlei Notdurft und Zierden«. Die Stadt musste nicht alleine die konstanten Reparaturkosten tragen, sie teilte sich ab 1567 den Aufwand mit den ansässigen Müllern. Für Müller galten ohnehin andere Rechtsvorschriften. So setzte das alte Münchner Stadtrechtsbuch in Artikel 78 fest, dass Diebstahl an Mühlengut wie Kirchenraub zu bestrafen sei. War das Diebesgut mehr als 12 Silberpfennige wert, wartete der Henker.

Trink- und Abwasserprobleme

Abgesehen vom streng geregelten Mühlenbau durften alle Bürger die Bäche nutzen und benutzen: Sie lieferten Brauchwasser, bewässerten Gärtnereien und Fischzuchtbetriebe und boten jederzeit genügend Löschwasser bei Bränden. Gleichzeitig nutzten die Münchner ihre Bäche als praktisches Abwassersystem. Viele Häuser errichteten ihre Abtritte direkt über einem Bach. Die Abwässer sollten über Jahrhunderte ein Problem bleiben. Die Trinkwasserversorgung regelte die Stadt im Mittelalter übrigens nicht über die Bäche, sondern durch Grundwasserbrunnen, denn bereits damals ahnte man etwas vom Zusammenhang zwischen verseuchtem Wasser und Epidemien. Damals fürchtete man aber vor allem die üblen Gerüche, die »Miasmen«, die als Auslöser schrecklicher Krankheiten wie Pest und Typhus galten. München war ein regelrechtes Typhusnest. In reinem, fließendem Wasser hingegen sah man einen Gesundbrunnen. Daher richtete die Stadt 1573 ihr Brechhaus, ein Isolierungshaus in Seuchenzeiten, zwischen Pesenbach und Isar ein.

Im 15. Jh. blickte München neidvoll in die modernen Metropolen Nürnberg und Augsburg, denn dort hatte sich schon längst der neueste Trend des Leitungswassers durchgesetzt. 1471 war es dann soweit: Von den Thalkirchner Quellen führte eine Fernwasserleitung direkt in die Stadt. Damit schlug die Geburtsstunde der Brunnhäuser, denn der natürliche Druck reichte nicht, um das Leitungswasser in der ganzen Stadt zu verteilen. Ein Brunnhaus bestand aus einem Wasserrad, einer Kurbelwelle und den Pumpen. So wurde Wasser in Bleiröhren angesaugt, in einen Wasserturm gedrückt und von dort über Bleileitungen an die Abnehmer verteilt. Die Stadtbäche trieben nun zusätzlich Brunnhauswasserräder an, die Wehrtürme der Stadtmauer dienten als Wassertürme. Das Brunnhaus am Glockenbach wurde um 1617, das an der Oberen Lände 1707 erbaut. Sie unterstanden der Aufsicht des Brunnenmeisters. Der erste Brunnenmeister, Hans Gasteiger, konnte 1621 in seine Dienstwohnung am Sendlinger Tor ziehen. Doch die Brunnhäuser erwiesen sich als extrem störanfällig, da ihre Leistungskraft von den Stadtbächen abhing. Mit jedem Hochwasser kamen Sand und Geröll und die Münchner entsorgten allen Verboten zum Trotz jeglichen Müll über die Stadtbäche. Regelmäßige Bachauskehrungen gehörten daher zum Jahresablauf, was aber jedesmal einen totalen Stillstand der Wasserzufuhr für Tage oder sogar Wochen bedeutete. Nur das Brunnhaus an der Oberen Lände nahe des Alten Südfriedhofs lieferte während der Bachauskehr noch Wasser. Die Auskehr der Äußeren Bäche gehörte grundsätzlich zum Aufgabenbereich der Gewerbetreibenden, auch hier beteiligte sich die Stadt hälftig an den Kosten.

Im Winter bedrohte Eis die Funktionstüchtigkeit der Brunnhäuser. Wenn die Bäche einfroren, stellte die Stadt Tagelöhner ein, die die Pumpen per Hand bedienten. Wenn jedoch die Bäche zufroren, standen auch die Mühlen still. Eine Katastrophe für den Wirtschaftsstandort Isarvorstadt, die es öfter gegeben haben muss, wenn es die Stadt versäumt hatte, beginnende Eisbildung zu erkennen und zu verhindern. Im Winter hatten auch alle Bürger, die zu privaten Zwecken ein Mühlrad in die Bäche gehängt hatten, ihre Räder zu entfernen. Über die Bäche gebaute Schuppen oder Hütten förderten ebenfalls die Eisbildung und die Stadt sprach bis ins 20. Jh. regelmäßig Verbote aus, die man offenbar ebenso regelmäßig ignorierte.

Die Industrie entdeckt die Isarvorstadt

Ende des 18. Jh. und vor allem im 19. Jh. rollte das Zeitalter der Industrialisierung über Europa, innovative Unternehmen siedelten sich auch in München an. 1770 errichtete man eine Tabakmühle vor dem Sendlinger Tor, die das bisher in mühsamer Handarbeit erfolgte Zerreiben von Tabakblättern übernahm. Eine elf Jahre später zwischen Sendlinger Tor und Einlaß gebaute Ledermanufaktur besaß einen Lohstampf, eine Lederwalke und sogar ein Brunnhaus. Ebenfalls nahe dem Einlaß, am Roßschwemmbach, übernahm Joseph von Utzschneider 1802 vom Karmeliter-Orden einen Grundstück, wo er seine Ledermanufaktur und das Optische Institut gründete.

Um den weiteren Ausbau des Industriestandorts München zu forcieren, ließ die Stadt 1851 die Kapazitäten der Bäche prüfen. Es stellte sich heraus, dass die Stadtbäche am Rande ihrer Leistungsfähigkeit Räder jeglicher Art antrieben: Mahl-, Säge-, Gewürz- und Ölmühlen, Säge- und Hammerwerke, Walken und Lohstampfen. Man zählte 140 Triebwerke mit insgesamt 280 Rädern bzw. 2162 PS. Dazu erklärte die Armee das Gebiet rund um ihre Werkstätten am Pesenbach für Sperrgebiet. Es half selbst dem Militär nichts: Mit dem Industriezeitalter boomte das Glockenbachviertel. Große Fabriken siedelten sich an. 1871 etablierte sich die Handschuhfabrik Roeckl am Westermühlbach mit einem eigenen Werkkanal. 1866 entstand am Pesenbach aus dem kleinen Zimmereibetrieb Pössenbacher eine Möbelfabrik, die bald die benachbarte Firma Reifenstuel schluckte. 1877 nahm die Elektrofirma Alois Zettler die Arbeit auf. Auf die Wasserkraft baute auch die kleine Brillenschleiferei Rodenstock, die von der Kolosseumstraße 1886 an den Westermühlbach zog und zum Weltkonzern aufstieg. 1911 zog es die Zahnradfabrik Hurth an den Westermühlbach in die Holzstraße.

Wie gut das Gewerbegebiet vor dem Sendlinger Tor erschlossen war, zeigt, dass bis 1896 der Westermühlbach mit Flößen bis zur Oberen Lände (Geyerstraße/Karl-Heinrich-Ulrichs-Platz) befahren werden konnte. Genau diese Flöße stellten längst ein Problem dar. Da sich München immer weiter nach Süden ausdehnte, klagten die Flößer über die zunehmend beengten Verhältnisse und die Stadt warf den Flößern Behinderung und Beschädigung des Beschlächts vor. Auch die Untere Lände (Steinsdorfstraße gegenüber Museumsinsel, damals Kohleninsel) stand am Rande ihrer Kapazitäten. Eine neue Zentrallände musste her – außerhalb der Stadt, isaraufwärts. Mit der Eröffnung der Zentrallände bei Maria Einsiedel wurden die Obere Lände an der Geyerstraße und die Untere Lände stillgelegt.

Der Pesenbach zwischen Jahn- und Baumstraße. An der Jahnstraße erkennt man eine Brücke und eine Schleuse; ganz rechts das heute noch existierende Wirtshaus Rumpler, ganz links die Möbelfabrik Pössenbacher (Foto von 1925).

Eine kleine Bachgeschichte

Der Wasserturm am Glockenbach, Aquarell von 1844, stand da, wo der Große Angerbach vom Glockenbach abzweigte.

München wird entfestigt

Mit der beginnenden Industrialisierung ging im späten 18. Jh. die Entfestigung Münchens einher. Die Stadtwälle und Mauern waren ohnehin an vielen Stellen längst eingestürzt und die Wassergräben hatten sich in stinkende Sümpfe verwandelt. Von den ehemaligen Bewässerungszuflüssen blieben der Glockenbach und die Stadtgrabenbäche erhalten. Am Einlaß entstand der Utzschneider-Weiher mit einem romantischen Inselchen, auf dem das Ertlschlösschen stand. Ebenfalls am Einlaß, auf der Roßschwemme, befand sich die Erziehungsanstalt für »Müßiggänger« und »arbeitsunwillige« Arme. Die Feuchtigkeit der Bachlage führte jedoch zu gehäuftem Auftreten von Lungen- und Darmkrankheiten. Zudem erwies sich der Roßschwemmbach als denkbar praktischer und einfacher Fluchthelfer.

Nach der Entfestigung ging die Stadt an den Kanalausbau. In den 1870er Jahren verfügten die Isarvorstädter über ein weitaus besseres Kanalsystem als die Altmünchner, da es reichlich Wasser aus den Bächen durchspülte und die Abflüsse direkt in den Lazarett- und den Heiliggeistmühlbach geleitet wurden. Schritt für Schritt konnten nun kleinere Bäche und Kanäle, die bisher als Abwasserkanal gedient hatten, aufgelassen werden. 1896 traf es das Krankenhausbächl, das erst 1812 mit neuem Beschlächt seiner Funktion als Ver- und Entsorger des Städtischen Krankenhauses zugeführt worden war.

Längst nicht mehr Schritt halten mit dem Wachstum Münchens konnten die Brunnhäuser, von denen die leistungsfähigsten und zuverlässigsten in der Isarvorstadt standen: am Glockenbach und an der Oberen Lände. 1848 beschrieb ein Reisender das Münchner Leitungswasser als »eine kleine Menagerie von Würmern und Amphibien aller Art.« Als neue Trinkwasserversorgung erschloss sich München das Mangfallgebiet. Die Brunnhäuser verloren ihre Aufgabe und waren um 1890 fast alle abgerissen. Einzig das Pettenkoferbrunnhaus versorgte weiterhin den Schlacht- und Viehhof.

Tod im Bach und Bachtod

Die Urbanisierung der Isarvorstadt brachte noch ein ganz anderes Problem: Zunehmend stürzten Menschen in die Bäche und ertranken, die Todesfälle, besonders im Westermühlbach, häuften sich. Nun mussten Geländer, Warntafeln und Rettungsleinen an Ufern und Brücken angebracht werden. Mit der zunehmenden Überbauung der Bäche wurde es nötig, Gitter vor dem überwölbten Bachlauf anzubringen, da sonst keine Rettung möglich war. Die Bäche störten auch die Stadtentwicklung. Die Isarvorstadt zählte nun zur Innenstadt. Baugrund war selten und teuer. Die Stadt verkaufte immer mehr Bauherren die Bachoberfläche und erlaubte, diese zu überbauen. Die Bachbettsohle blieb in Besitz der Stadt. Auch die Stadt überbaute mehr und mehr. Der Roßschwemmbach musste 1845 dem Viktualienmarkt weichen. Das Aufkommen des Automobils beschleunigte den Bachtod. Die Straßenüberbauungen und Brücken waren auf Pferde und Kutschen ausgerichtet, nicht auf schwere Lkw. 1911 lagen schließlich Pläne zur kompletten Auflassung aller Stadtbäche vor, u. a. auch, weil München schon seit 1893 mit einer Untergrundbahn liebäugelte – was als undurchführbar galt, solange die Bäche störten. Die Auflassungspläne wurden letztlich nie umgesetzt, doch Bach um Bach wurde eingefüllt. Es traf vor allem die Bäche, die nicht dem neuesten Zweck dienen konnten: der Stromgewinnung. Immer mehr Turbinen zogen Energie aus dem Wasser, die meisten betrieb die Stadt München selbst. Noch in den 1930er Jahren zählte man 43 stromproduzierende Anlagen an den Stadtbächen.

In den 1930er Jahren und während des Zweiten Weltkriegs stoppten die Behörden die Bachauflassung aus »wehrtechnischen Gründen«. Die Bäche sollten als Löschwasser- und Stromlieferant dienen sowie über die letzten fünf Getreidemühlen die Nahrungsversorgung sicherstellen. Ein Irrglaube, wie die ersten Bombenangriffe zeigten. Die Keller, in die sich die Menschen geflüchtet hatten, liefen voll Wasser, viele ertranken qualvoll. Verschüttete Bachläufe sorgten für Überschwemmungen und Mühlen wurden zerstört. Nach dem Krieg hatten die Bäche nichts mehr von dem zu bieten, wodurch überhaupt erst städtisches Leben in München entstehen konnte: Man brauchte sie weder zur Trinkwasserversorgung, noch zur Kanalisation und schon gar nicht mehr als Energiequelle. Man argumentierte, dass die Bäche auch kriminelle Machenschaften förderten, so z. B. das Verschwindenlassen von Tatwaffen oder Leichen – ein deutliches Zeichen, welchen miserablen Leumund die Isarvorstadt mit ihren Rotlichtbezirken in den Nachkriegsjahren genoss. Auch der Umweltschutz gewann an Bedeutung, denn über Hinterhöfe und Kellerzugänge entsorgten nicht wenige Öl und giftige Abfallprodukte. Und dann der Verkehr! München hatte in den Nachkriegsjahren eine vernünftige Verkehrsplanung verschlafen und sah sich dem täglichen Totalzusammenbruch des innerstädtischen Verkehrs gegenüber. Also verdrängte man die einzigartige Möglichkeit, München ein noch mediterraneres Antlitz zu geben, indem man die Bäche stadtgestalterisch einbezog. Im Gegenteil, der Entschluss stand fest: Endgültig weg mit plätschernden Bächen oder einstürzenden Brücken! Ab 1965 machte man Ernst. In der Isarvorstadt traf die Stilllegung erst Pesen-, Heiliggeistmühl-, Kaiblmühl- und Stadthammerbach, dann auch den Lazarettbach. Da dieser aber das Kühlwasser für das Heizkraftwerk in der Müllerstraße lieferte, musste vom Westermühlbach eine Leitung für das Zu- und Abwasser gelegt werden. Die Tatsache, dass München die Olympischen Spiele 1972 austragen sollte, beschleunigte den Bachtod rasant. Denn für den U-Bahnbau wollte man sich fortan nicht mehr vom Wasser behindern lassen. Bis auf einen winzigen Rest hörten die Münchner Stadtbäche auf zu existieren. Den Großen Stadtbach, Urmutter der Bachäste, schnitt man beinahe komplett ab. An der Braunauer Eisenbahnbrücke, da, wo im Süden die Isarvorstadt beginnt, darf er zur Durchspülung des Westlichen Stadtgrabenbachs noch 5 m^3/s abgeben, ansonsten muss er gleich wieder zurück in die Isar. 1976 fand die Schlussbegehung in den trockenen Bachbetten statt – Ende einer jahrhundertelangen Symbiose von Mensch und Wasser.

Heute fließt in der Isarvorstadt nur noch der Westermühlbach teilweise offen, er mündet in der Holzstraße in den unterirdischen Glockenbach, der wiederum am Sendlinger Tor in den Westlichen Stadtgrabenbach fließt, dort parallel zur Sonnenstraße (Herzog-Heinrich-Straße etc.) einmal die Altstadt umrundet, und dann vor der Staatskanzlei am Englischen Garten als Köglmühlbach erneut das Tageslicht erblickt.

Unter dem Haus Kapuzinerstraße 33/35 von 1906 fließt der Westermühlbach. Die Architekten Heinrich Stengel und Paul Hofer mussten 5 m unter dem Wasserspiegel eine 2 m breite Fundamentsohle anlegen und mit Eisen verstärken. 2007 wurde neben dem Bach eine Fußgängerunterführung ausgebaut.

Krokodilstränen

Nun erst meldeten sich die Bedauerer. 1980 forderte das Münchner Forum, ein Diskussionsforum für Fragen der Stadtplanung, die Wiederbelebung der Stadtbäche, um einen Stadtraum mit »ungekünstelter Originalität und unaufdringlicher Vielfalt« zu gestalten. Ein Hauptprojekt bezog sich auf den noch im Betrieb befindlichen Westlichen Stadtgrabenbach. Er sollte vom Sendlinger Tor an geöffnet werden und parallel zur Sonnenstraße für mehr Grün und Lebensqualität sorgen. Auch die Öffnung der Strecke Westermühl-, Lazarett-, Katzenbach erwog man. Doch die Pläne scheiterten und scheitern weiterhin an knappen Kassen und vor allem an schwierigen Besitzverhältnissen, denn die Stadt hat zwischenzeitlich auch viele Bachbetten an die jeweiligen Hausbesitzer verkauft. Auch sind die Bachbetten teilweise mit Beton eingefüllt. Von der Idee, die Isarvorstadt in ein romantisches Mini-Venedig zu verwandeln, sind die Städteplaner jedenfalls meilenweit entfernt.

2.12 Schweigers Isarvorstadt-Theater

Max Schweiger, ein Neffe von Joseph Schweiger, der in der Au ein beliebtes Theater betrieb, eröffnete 1848 sein Isarvorstadt-Theater beim Gasthaus *Zu den drei Linden* an der Müllerstraße. Die Bühne war immer bestens besucht, besonders Lokalpossen und Volksstücke erfreuten sich größter Beliebtheit. Die Stücke hießen *Die Räuber bei der Hausunterhaltung* oder *Pelzpalatin und Kachelofen*. Der »Staberl«, eine klassische komische Figur aus dem Wiener Volkstheater, gehörte zu den absoluten Publikumslieblingen. Doch selbst an Klassiker wie den *Faust* wagte man sich heran – so erfolgreich, dass die Intendanz des Hoftheaters dafür sorgte, dass dem Isarvorstadt-Theater die Aufführung klassischer Stücke und das Engagement von Hofschauspielern untersagt wurde. Dennoch kamen selbst die Könige Maximilian II. und Ludwig I. zu Schweiger in die Vorstadt. 1865 fiel der letzte Vorhang für das Schweigertheater auf höheren Befehl, denn das Volk sollte sich fortan im neuen Aktien-Volkstheater (Gärtnerplatztheater) amüsieren. Alle Versuche Schweigers, eine neue Konzession zu bekommen, scheiterten. Später erbaute an dieser Stelle Franz Kil sein legendäres *Kolosseum*.

2.13 Das Kolosseum

Wer sich in München amüsieren wollte, ging in die Isarvorstadt, denn hier verkauften nicht nur viele Fräuleins ihren Körper, hier stand auch das *Kolosseum*. Baumeister Franz Kil hatte es erbaut. *Kils Kolosseum* entstand auf traditionsreichem Amüsiertempelboden. Vorher hatte hier an der Müllerstraße das volkstümliche Schweigertheater im Gasthof *Zu den drei Linden* Gäste in Scharen angelockt, das Franz Kil 1870 übernommen hatte (siehe 2.12). Das *Kolosseum*, das 1874 seine Pforten öffnete, beeindruckte allein durch seine immensen Ausmaße. Zunächst plante Kil, hier nur Militärkapellen spielen zu lassen, doch bald setzte man auf Artistik und Varieté. Schnell galt *Kils Kolosseum* als Deutschlands führendes und zeitweise sogar größtes Varietétheater. Ob Gesangsdarbietungen, Artisten jeder Couleur, Tierdressuren und Clownerien – im *Kolosseum*, das sich sogar den Luxus eines eigenen, festangestellten Orchesters leistete, amüsierte man sich bestens. Dazu schenkte man selbstgebrautes Bier aus. Die Colosseumsbrauerei existierte bis 1895.

Auch die Bälle waren legendär. Doch am 17. Februar 1881 kam es zu einer unvorstellbaren Tragödie. Eine rauschende Faschingsparty von Akademiestudenten stand unter dem Motto »Eine Reise um die Welt«. Die angehenden Künstler hatten sich als Exoten verkleidet. Die jungen Bildhauer der Meisterklasse des seinerzeit berühmten Skulpteurs Maximilian Widnmann bildete eine Eskimogruppe, man becherte »Tran« – in Wahrheit Bier – und briet Heringe auf offenen Ölflammen. Die Gesichter glänzten vor Fett, Werg und Watte imitierten Eisbärenfelle. Da fiel eine Talgkerze um und setzte das Kostüm eines Eskimos in Brand. Schnell schossen meterhohe Flammen in den Saal. Einige hielten die Löschversuche mit Champagner und Bier zunächst für eine spleenige Künstlernarretei, eine frühe Art der Performance. Es entwickelte sich in Sekundenschnelle eine Feuerhölle. Von den schwerstverletzten Künstlern, die man in die Klinik brachte, starben neun. Sieben von ihnen sind auf dem Alten Südfriedhof beigesetzt. Da eines der Todesopfer aus Berlin kam und der als »Preußenfresser« bekannte Publizist Johann Sigl auch Angesichts der Tragödie preußenfeindliche Witze in seinem Magazin *Vaterland* riss, beschlossen die Kunststudenten Rache. Sigl sollte von einem Künstler verprügelt

Der gigantische Amüsiertempel Kils Kolosseum im Jahr 1897. Unten die neun Künstler, die als Eskimos verbrannten.

werden. Das Los (Totenkopf mit Kreuz) bestimmte den Schläger. Es traf niemand geringeren als Lovis Corinth. Corinth schwang jedoch nie die Fäuste zu Ehren der verbrannten Kommilitonen. Der Plan wurde erst vertagt, dann abgeblasen.

Als sei nichts gewesen, ging der Betrieb weiter. Franz Kil stieg 1883 aus. Nun wechselten die Pächter. Als 1888 plötzlich vier Elefanten durch die Isarvorstadt trabten und in einem Hinterhof in der Baumstraße Unterschlupf suchten, ging sofort das Gerücht um, sie seien aus einer Tiernummer des *Kolosseums* ausgebrochen. In Wahrheit waren sie bei der Jahrhundertparade zu Ehren Ludwigs I. in der Ludwigstraße in Panik geraten und quer durch München gerannt.

Nach dem Ersten Weltkrieg veranstaltete das *Kolosseum* spektakuläre Ring- und Boxkämpfe. 1927 übernahmen neue Pächter das Theater, nannten es fortan *Vergnügungspalast Groß-München* und bauten es aufwändig um. Der Hauptsaal fasste nun bis zu 3.000 Personen, die Bühne wurde so modernisiert, dass die Auftritte der Künstler nahtlos ineinander übergehen konnten. Schnell zeigte sich, dass man sich heillos übernommen hatte, schon nach einem halben Jahr musste man Konkurs anmelden. Nun musste das Bier den Umsatz bringen. Populäre Musikgruppen spielten auf, wenn sich die Münchner Gesellschaft zum Tanzen und Trinken traf. Auch Karl Valentin schätzte lange Jahre das *Kolosseum*, das ihm immer wieder zu glänzenden Auftritten verhalf. Seine *Raubritter von München* erlebten 150 Aufführungen. 1934 warb das *Kolosseum* für seinen Hausball verbunden mit dem 60-jährigen Jubiläum: »Die Münchner Lieblinge Karl Valentin und Lisl Karlstadt haben ihr bestimmtes Erscheinen u. Auftreten zugesagt.« Während der Nazizeit schrumpfte der Varietébetrieb weiter. Die Zeit von den zwei Rassos und ihrer todesmutigen Balancenummer, von Winnetou und Charlie mit ihren indianischen Kampfspielen oder Enrica Rastelli, der schönen Schulreiterin, war vorbei.

1944 trafen Bomben den Vergnügungspalast schwer, doch schon zwei Jahre später tanzte man sich hier die Depression der Nachkriegszeit von der Seele. 1961 kam dann das Aus. Ein gigantisches Varietétheater mitten in der Stadt – was für eine Verschwendung von teurem Baugrund. Das Theater wurde niedergerissen und zwei Jahre später die städteplanerische Ohrfeige nach Plänen des Architekten Dr. Ernst Weicht hochgezogen. Seitdem gilt der Spruch: »Der schönste Platz in der Hans-Sachs-Straße ist das Kolosseum – weil es der einzige Platz ist, von dem aus man es nicht sieht!«

An die große Vergangenheit erinnert heute nur noch der Name. 280 Parteien beherbergt der Komplex, mit dem die Gegend zunächst verbronxte: Drogen und Gewalt, Selbstmörder und sogar ein Mord unter Pennern sorgten für Negativschlagzeilen. Heute hat sich das geändert, die Lage macht selbst eine Wohnung im Kolosseum attraktiv. Zur Ickstattstraße hin existierte weiterhin eine Gaststätte. Früher knüpfte das *Stephan im Kolosseum* noch an die alte Tradition an und bot Live-Tanzmusik. Danach kam das *Sax*, das sich seit 1996 als beliebter Treff etablieren konnte.

2.14 Die Hans-Sachs-Straße

Die Hans-Sachs-Straße, heute die schönste Straße des Viertels, wenn nicht gar eine der schönsten Münchens, die mit den größtenteils erhaltenen Gründerzeitfassaden seit 1981 unter Ensembleschutz steht, ist eine städteplanerische Spätgeburt. Sie verdankte ihr Entstehen einem Immobilienspekulanten namens Heinrich Lempuhl. Der kaufte alle unbebauten Grundstücke zwischen Westermühl-, Jahn-, Müller- und Holzstraße auf. Bislang hatten der Turnverein 1860 München und die Badeanstalt Ecke Müllerstraße das Gelände genutzt. Lempuhl wollte das, was auch heutige Immobilienspekulanten immer noch wollen: ordentlich Reibach machen. Nachdem die Stadt grünes Licht für die Erschließung und den Straßenbau gegeben hatte, verkaufte er das Gelände mit enormem Gewinn. Acht Architekten bauten zwischen 1897 und 1900 die Hans-Sachs-Straße auf. Die Fassaden und Hauseingänge verraten heute noch, dass das Konzept sich von dem Glasscherbenviertel in den Straßen ringsumher deutlich abhob. Prunkvolle Hauseingänge, üppiger Neobarock und ein wenig früher Jugendstil bestimmen die Optik. Hoher Gewinn durch hohe Mieten hieß das Ziel, dafür boten die Wohnungen sogar eingebaute Bäder (damals eine Sensation und Luxus pur). Die Rechnung ging auf, eine Klientel, die das Glockenbachviertel bislang eher gemieden hatte, zog ein – gehobenes Bürgertum, Akademiker, Beamte.

Freilich durften nach dem Zweiten Weltkrieg auch in der Hans-Sachs-Straße die Eigentümer unter Beweis stellen, dass sie von architektonischen Juwelen nichts hielten und hinterließen grausame Wunden in der Prachtstraße. Mehr noch: In den 1960ern plante man, die Straße zugunsten einer vierspurigen Ausfallstraße von der Blumenstraße Richtung Kapuzinerstraße platt zu machen. Der in dieser Zeit entstandene Kolosseums-Neubau ist deshalb um einige Meter nach hinten versetzt. Gottseidank kam es nie zur Umsetzung des Plans. Nachdem sich die Straße in den 1980er Jahren noch völlig heruntergekommen und als kompletter Sanierungsfall präsentiert hatte, wurde in den letzten zehn Jahren kräftig investiert, renoviert und auch wieder spekuliert. Heute sind die Mieten oder Kaufpreise in der Hans-Sachs-Straße erneut schier unbezahlbar. Dennoch hat sich ein gewisser Charme erhalten. Als Urgestein aus längst vergangenen Zeiten hat der *7. Himmel* (früher nur Second Hand, heute nur First Hand) überlebt.

2.15 Hans-Sachs-Straßenfest

1991 wollte das Sub, das Schwulen Kommunikations- und Kulturzentrum in der Müllerstraße, seinen fünften Geburtstag besonders feiern und lud zum großen Fest in die Hans-Sachs-Straße. Aus der Jubelfeier entstand in wenigen Jahren eines der größten Münchner Straßenfeste – auf jeden Fall das berühmteste, das jährlich am dritten Samstag im August nicht nur schwule und lesbische Gäste aus aller Welt anzieht. Der Erfolg brachte aber Probleme, denn die Hans-Sachs-Straße platzte schon nach wenigen Jahren Partyzone aus allen Nähten. Im Jahr 2000 erhielt das Sub dann eine Sondergenehmigung der Stadt München, das Fest auch auf einen Teil der Ickstattstraße auszudehnen. Seitdem ist das Hans-Sachs-Straßenfest streng genommen kein Straßenfest mehr, denn das beschränkt sich laut Verordnung nur auf eine Straße. Doch anders wäre der jährliche Massenansturm von rund 10.000 Feierwütigen nicht mehr bewältigbar. Seit 2002 sorgen zusätzlich Absperrgitter dafür, dass sich das Fest nicht noch weiter ins Viertel ausdehnt. Zeitweise existierte neben dem schwulen Fest noch ein »normales« der Anwohnergemeinschaft in derselben Straße – mit mäßigem Erfolg. Das Hans-Sachs-Straßenfest ist zwar offiziell das homosexuelle Fest, doch auch bei allen anderen Straßenfesten im Viertel zeigt die Community Flagge. Und die Isarvorstadt ist das Münchner Viertel mit den meisten Straßenfesten ...

Das Hans-Sachs-Straßenfest im Jahr 1992 (o.) und im Jahr 2012(u.)

2.16 Neues Arena

Ganz München ist im Multiplex-Wahn. Ganz München? Nein, in der Hans-Sachs-Straße trotzt ein kleines Stadtteilkino erfolgreich dem Kommerzdruck. Im Neuen Arena flimmern schon seit 1912 bewegte Bilder über die Leinwand. Anspruchsvolle Erstaufführungen, Nischenproduktionen, Filme in Originalsprache, Raritäten und thematische Filmreihen locken Cineasten aus ganz München an. Seit Mitte der 1980er Jahre füllten Nina Becker und Christoph Ott das Kino mit einem lebendigen Programm. Ab 1994 engagierte sich auch der bekannte Regisseur Joseph Vilsmaier für das Neue Arena und half so manche Durststrecke zu überwinden. 2005 belohnte der

Kinoprogrammpreis der Landeshauptstadt München die harte Arbeit. Anfang 2006 übernahmen dann zwei neue engagierte Kinomacher das Ruder: Markus Eisele, Ex-Geschäftsführer der Inselkinos im Forum am Deutschen Museum, und Christian Pfeil von den Monopol Kinos in Schwabing sorgen nun dafür, dass das Projektorlicht nicht erlischt. Christoph Ott blieb als dritter Gesellschafter.

2.17 Kranz Theater

1978 zog das **Moderne Theater** von Uta Emmer nach zehn Jahren in Schwabing in die Hans-Sachs-Straße 12 (damals 16). Dort ließ Uta Emmer die Räume einer leerstehenden Offsetdruckerei zum Theater mit angeschlossenem Theaterlokal umbauen und schrieb fortan Theatergeschichte nicht nur für München. Der skandalumwitterte Franz Xaver Kroetz avancierte quasi zum Haus- und Hofautoren, zahlreiche seiner Stücke erlebten hier ihre Erst- oder Uraufführungen. Schauspieler wie Eva Mattes, Fred Stillkrauth, Ilse Neubauer, Karl Obermeier oder Katja Flint standen hier auf der Bühne. Jörg Hube spielte ein halbes Jahr lang *Das Nest*

Das Moderne Theater in den 1980ern

von Kroetz. Rainer Werner Fassbinder tobte, als »sein« Kurt Raab fremdging und im Modernen Theater den *König Ubu* gab. In den 1980ern konnte man auch eine Schauspielerin erleben, die kurze Zeit später in Hollywood Karriere machte: Marianne Sägebrecht in Philipp Sonntags *Ritter in der Not*.

Nach gut 30 Jahren Theaterarbeit zog sich Uta Emmer zurück und übergab den Leuten der Theatertruppe **theater … undsofort** die Räume. Die Gruppe existierte bereits seit 1989 und spielte ihre Produktionen auf wechselnden Bühnen. 1998 gründeten die Mitglieder den Verein Theta e. V. zur Förderung der freien Theater- und Tanzkultur in München. Ihr theater … undsofort eröffnete am 24. Februar 1999 mit Machina von Christian Kroos. Seitdem bietet die Truppe um Intendant, Autor und Schauspieler Heiko Dietz anspruchsvolle Hausproduktionen. Ein Besitzerwechsel der Räumlichkeiten, der umfangreiche Umbaumaßnahmen vor allem im vorgelagerten Lokal mit sich brachte (aus dem urigen, patinaschweren Tagöll bzw. Zweistein wurde das innenarchitektonisch optimierte Kranz), bedeutete beinahe das Aus für die Bühne. Denn die neue Eigentümerin tat sich schwer mit dem Theater. Im Mai 2009 verließ das Theater schließlich die Isarvorstadt und zog in die größeren Räumlichkeiten des ehemaligen Unterton-Theaters in der Maxvorstädter Kurfürstenstraße.

Danach zog das **Stadttheater Oblomow** ein. Nach dem Willen der Betreiber Jochen Schölch, Leiter des Metropoltheaters, und Till Hofmann, Chef von Lustspielhaus, Lach&Schießgesellschaft und Vereinsheim, sollte das Oblomow zu einem Raum für fantasievolle, poetische, mal kritische, mal absurde Grenzgänge zwischen Theater und Kleinkunst werden. Daraus wurde nichts. Seit Herbst 2012 gibt es auch das Oblomow nicht mehr, das Theater heißt nun wie die Gaststätte *Kranz*.

2.18 Alten- und Service-Zentrum der Caritas

Noch gibt es sie, die alteingesessenen Isarvorstädter, die sich nicht den heimeligen Luxus der höchstpreisigen Seniorenresidenz in der Nachbarschaft leisten können. Sie finden sich im ASZ in der Hans-Sachs-Straße 14 ein, um in der Cafeteria bezahlbaren Kaffee und Kuchen zu genießen, ein Schwätzchen zu machen oder neue Leute kennenzulernen. Außerdem gibt es unter dem Motto »Futtern wie bei Muttern« einen Mittagstisch für nur 4,50 €. Natürlich bietet das ASZ auch ein umfangreiches Gruppen- und Kursprogramm, darunter auch spezielle Angebote wie z. B. English Conversation.

2.19 Adolf-Mathes-Haus

Mitten in der heute so schicken Hans-Sachs-Straße, Hausnummer 16, betreibt der Katholische Männerfürsorgeverein seit Jahren eine wichtige Einrichtung für die Wiedereingliederung von Männern in sozialen Schwierigkeiten. Arbeitsfähige und resozialisierungswillige Männer, deren Leben geprägt war von Wohnungs- und Arbeitslosigkeit, Suchtproblemen, Über-

schuldung und sozialer Ausgrenzung erhalten hier die Chance auf ein neues Leben. 55 Wohnplätze in möblierten Ein- oder Zweibettzimmern stehen dafür zur Verfügung. Außerdem gibt es 50 von Handwerksmeistern geleitete Arbeitstherapieplätze. Die von den Bewohnern hergestellten Objekte kann man im kleinen AMH-Laden kaufen. Die Dauer der Maßnahmen sind in der Regel auf 18 Monate begrenz, bei Bedarf kann aber verlängert werden.

2.20 Optisches Institut

Das eindrucksvolle klassizistische Anwesen an der Müllerstraße 40 ist bis heute praktisch im Originalzustand erhalten. Es wurde 1816/17 vom Aufsichtsbeamten der Münchner Lokalbaukommission Andreas Zener erbaut. Hierher zog um 1835 das Optische Institut von Joseph Utzschneider (siehe S. 34). Vier Jahre später verkaufte Utzschneider sein Unternehmen, in dem u. a. große Refraktoren für Sternwarten in aller Welt gebaut wurden. Seine ehemaligen Mitarbeiter Georg Merz und Joseph Mahler führten nun das Unternehmen auf eigene Faust. Bald kauften sie auch das Haus, in dem sie bislang nur Mieter waren. Nach Mahlers Tod 1845 blieb Merz alleiniger Eigentümer. Die Geschäfte florierten, Merz erwarb auch das rückwärtige Grundstück zur Blumenstraße hin und errichtete dort eine moderne Glasschleiferei mit Dampfantrieb. 1865 wandelte Merz das Anwesen schrittweise in ein reines Wohnhaus um. Die Werkstätte, bislang im Erdgeschoss, wurde an die Blumenstraße verlegt. Ein Jahr später ließ er an der Fassade des Hauses in Gedenken an die Gründer des Optischen Instituts die Büsten von Utzschneider und Fraunhofer anbringen. 1907 verkaufte die Familie Merz das Haus. Der neue Besitzer der einst weltberühmten Optischen Werkstätten verlegte die Produktion nach Pasing. 1932 wurde die Firma aufgelöst.

2.21 Ochsengarten

Er hieß schon immer *Ochsengarten* und der Name war Programm: Zum Lokal gehörte einst ein Biergarten, in dem Bauern und Viehzüchter ihre Ochsen kauften und verkauften. Nach den Ochsenhändlern kamen die leichten Damen. In den 1950er und 1960er Jahren trafen sich hier Huren, die auf dem Straßenstrich in der Müllerstraße arbeiteten. Dann setzte sich der damalige Wirt zur Ruhe und überließ seiner treuen Bedienung Augusta Wirsing den Laden. Die Gusti hatte aber keine Lust mehr auf die alte Kundschaft und brachte ein revolutionäres Gastronomiekonzept nach Deutschland: Sie machte 1967 aus dem Hurentreff die erste deutsche Lederbar. Und das, als noch der verschärfte § 175 galt und kein Schwuler auch nur davon zu träumen wagte, dass Männer einmal händchenhaltend durchs Viertel gehen könnten. Schnell wurde aus dem Geheimtipp eine echte Sehenswürdigkeit von Weltruf. Überall entstanden neue Lokale nach Vorbild des *Ochsengartens*. Rainer Werner Fassbinder gehörte ebenso zu den Stammgästen wie Freddie Mercury oder Francis Bacon. Das kleine Lokal ist auch heute noch von vielen Geheimnissen umrankt, doch was letztlich abgeht, verriet der Wirt Fridolin Steinhauser 2011 in einem Interview mit der Süddeutschen Zeitung: »Ich weiß gar nicht, was die Leute für eine Meinung haben, was wir hier machen. Man sitzt halt beieinander und knutscht sich nieder.«

Die Posterwand im Ochsengarten

2.22 Pimpernel

Früher war alles besser? Von wegen. Wer früher in München die Nacht zum Tag machen wollte, stand vor großen Problemen, denn selbst im tiefsten bayerischen Hinterland gab es einst lockerere Sperrzeiten als in München. Doch es gab einige wenige Ausnahmen: zum Beispiel die ehemalige Hurenbar *Lucian* in der Müllerstraße, seit 1971 bekannt als *Pimpernel*. Hier trafen sich Huren und Stricher, Prinzen und Promis von Freddie Mercury bis Krupp-Erbe Arndt von Bohlen und Halbach, Nachtschwärmer und Transen – bis der Laden im Laufe der Jahre als üble, völlig überteuerte Stricherkneipe in Verruf geriet. Bald brachte man den Namen *Pimpernel* automatisch mit Polizeirazzien in Verbindung. Auch, weil der beliebte, nicht offen schwul lebende Schauspieler Walter Sedlmayr (ermordet 1990) hier seinen Mörder kennengelernt haben sollte (was sich als unwahr herausstellte). Nach einer Generalüberholung 2007 bemüht sich der neue Wirt Sven Künast das *Pimpernel* als beliebte schwule Lifestylebar zu positionieren. Das misslang zum Teil gründlich. Es ist zwar heute eine äußerst beliebte Lifestylebar, aber Schwule findet man kaum noch, hier feiert vor allem die junge Hetero-Szene.

Der Rotlichtbezirk

Stripshow im Jahr 1976 in der *Fernandel-Bar*, Hans-Sachs-Straße 2; hier befindet sich heute die Bar *Nil*.

»Frauenzimmer, welche man zu den Prostituierten zu zählen pflegt«, so echauffierte sich Georg Kil, Pächter des *Kolosseums*, 1884 bei der Polizei, würden sein Etablissement täglich »compromittieren«. »Dieselben benutzen diese Gelegenheit zum Aufsuchen und Engagieren von Herren zu Zwecken der Unzucht und teilen sogar Karten mit Adresse an Herren aus. Nachdem in meinen Gastlocalitäten sich lediglich anständiges Publikum einfindet, so besteht die Gefahr, dass das Colosseum in schlimmen Rufe kömmt ...«

Georg Kil hatte lange gewartet, um sich bei der Polizei zu beschweren. Längst schon war das *Kolosseum*, 1874 erbaut, als Amüsiertempel beliebt. Nicht nur wenn es um Bühnenshows ging. Die besseren Prostituierten nutzten die Empore für den Kundenfang. Die Isarvorstadt hatte sich Ende des 19. Jh. als Rotlichtbezirk etabliert. 1891 gingen 29,1 % der polizeilich erfassten Prostituierten Münchens in den Bezirken Schlachthof, Wittelsbacherstraße und Gärtnerplatz anschaffen, 1914 sogar 42,9 %, wobei die Wittelsbacherstraße mit 24,8 % Münchens Hauptverkehrsplatz wurde. 16 Bordelle zählte man im Viertel um das Jahr 1900 herum, allein drei in der Baldestraße.

Wie es nachts auf den Straßen aussah, ist durch Polizeiakten bekannt. Da boten Wäscherinnen, Tagelöhnerinnen und Arbeiterinnen ihren Körper an, um in der teuren Stadt zu überleben. So wurde der Bäckergeselle Lorenz der Zuhälterei angeklagt, weil er die Dienstmagd Regina »auf ihren den Männerfang bezweckenden nächtlichen Gängen in der Sonnen-, Müller- und Fraunhoferstraße hier oftmals begleitete, sie auf das Herannahen der Polizeiorgane aufmerksam machte, auch, wenn sie in einem Hausgange mit einem Mann den Beischlaf vollzog, außerhalb der Häuser auf sie wartete, um ihr allenfalls bei Differenzen über den verlangten Lohn, hierfür Beistand zu leisten.« Das Lokal *Klösterl* in der Kapuzinerstraße diente Huren als »Sprungstall«, wie es in einem Bericht aus dem Jahr 1900 heißt. Zur Erledigung des Geschäfts nutzte man neben Hausgängen auch die Kohleninsel (heute Museumsinsel) oder die Isarauen. Die 30-jährige Tagelöhnerin Magdalena sagte 1895 im Prozess gegen ihren Luden, den Maurer Xaver, vor Gericht aus: »Er befand sich hinter einem Holzstoß in der Erhardtstraße, während ich mich auf den Floßstämmen von dem Schlosser Josef K. benützen ließ. Da mir K. nur 50 Pfennig statt der versprochenen Mark gab, rief ich Xaver!« Eine Mark war üblich. Die besseren Prostituierten, die sich ein Arbeitszimmer leisten konnten, bekamen mehr. Die Witwe Maria M., die in ihrer Wohnung in der Klenzestraße drei Zimmer an Huren untervermietete, nahm beispielsweise eine Mark Miete pro Besucher. Die Kaufkraft von einer Mark entsprach Ende des 19. Jh. sechs Euro, wobei der durchschnittliche Monatslohn eines Hafenarbeiters bei 60 Mark lag.

Das Viertel blieb auch nach dem Krieg ein Rotlichtbezirk. Der Straßenstrich zog sich von der Sendlinger Straße die Müllerstraße hinunter. Strip- und Animierschuppen gehörten ganz selbstverständlich dazu. Das änderte sich erst, als in Vorbereitung auf die Olympischen Spiele 1972 die gesamte Münchner Innenstadt zum Sperrbezirk erklärt wurde.

2.23 Heilsarmee

Das Viertel hat im Frühjahr 2011 eine Kirche verloren. Damals zog die Heilsarmee weg von der Pestalozzistraße 36, damit ein weiterer schmucker Altbau der Schischi-Maximierung dienen kann. Die meisten kennen die Heilsarmee nur aus amerikanischen Kitschfilmen als seltsam uniformierte Truppe, die zur Weihnachtszeit fromme Lieder auf den Straßen singt. Dabei ist die Heilsarmee eine christliche Freikirche, die in München nur knapp zehn Mitglieder, pardon, sie nennen sich »Soldaten«, hat. Die Heilsarmee kam 1923 nach München, zwei Jahre später wurde das Haus in der Pestalozzistraße gekauft, man nutzte aber nur das Erdgeschoss für ambulante Sozialarbeit. Nach dem Zweiten Weltkrieg wurden die Wohnungen im Haus aufgelöst und das William-Booth-Heim als Altenwohnheim für wohnungslose Männer gegründet. In den 1970er Jahren wurde das Heim für Obdachlose jeden Alters geöffnet. 36 Übernachtungsplätze und 12 Notbetten standen hier zur Verfügung. Der nahe Holzplatz war ein beliebter Treffpunkt der Heimbewohner. Im März 2011 verkaufte die Heilsarmee das Anwesen und das William-Booth-Zentrum zog in die Steinerstraße 20 nach Sendling. Das Haus in der Pestalozzistraße hätte für viel Geld kernsaniert werden müssen, so lautete die Begründung für den Umzug.

2.24 Zahnradfabrik Carl Hurth

Kupferschmied, Uhrmacher oder Mechaniker wollte Carl Hurt werden. 1866 in Sindelfingen als Sohn eines Textilmachers geboren, schloss Carl mit 14 die Schule ab und machte eine Ausbildung an der Esslinger Handwerksschule. Seine Wanderjahre führten ihn nach München, wo er tagsüber an der Drehbank stand und abends Technisches Zeichnen lernte. Nach erneuten Wanderjahren, die ihn nach Sachsen und Berlin führten, kehrte er 1890 endgültig nach München zurück. Er verliebte sich in Dorothea Laichinger, Schwester des Werkzeugmachers Ludwig Laichinger, heiratete sein Mädchen, zog mit ihr ins Hinterhaus der Klenzestraße 30 und arbeitete fortan als Schlosser im Betrieb des Schwagers. Weil der Schwager allen Neuerungen skeptisch gegenüberstand, gründete Hurth 1896 im Rückgebäude der Frauenstraße 19 seine eigene Werkstatt. Er hatte nur eine Drehbank und einen Tischbohrer, dennoch boomte das kleine Unternehmen. Denn Carls Präzision und vor allem die Geschwindigkeit, mit der er Aufträge erfüllte, sprachen sich schnell herum. »Hurths Tempo« wurde zum geflügelten Wort. Er stellte hauptsächlich Werkzeuge für Gold- und Silberschmiede, Zahnärzte und Ziseleure her. 1903 fertigte Hurth schließlich sein erstes Zahnrad und spezialisierte sich fortan ganz auf Zahnräder. 1911 platzte die Werkstatt aus allen Nähten, die Firma zog in größere Räume in der Holzstraße 19, wo der Westermühlbach die nötige Energie für die Maschinen lieferte. In den Folgejahren übernahm Hurth nach und nach die Neben- und Hintergebäude und errichtete neue Gebäude auf dem Gelände. In den 1920er Jahren begann Carls ältester Sohn Hans damit, Motorradgetriebe zu produzieren. Die Nachfrage ist so enorm, dass die Belegschaft auf 800 Mitarbeiter anwächst. Auch nach dem Zweiten Weltkrieg blühte das Geschäft, vor allem dank der Zahnradschabmaschinen, die Hurth selbst entwickelt hatte. Als Carl Hurth 1958 im Alter von 93 Jahren starb, übernahmen seine drei Söhne und eine Tochter die Firma. 1969 arbeiteten 3.000 Menschen für Hurth. Anfang der 1980er Jahre feierte man die Auslieferung der 100.000. Zahnradschabmaschine. Gleichzeitig wurden die Produktionsstätten in der Holzstraße zu klein, die Firma zog 1982 nach Moosach um. Im Jahr 1995 kaufte der US-amerikanische Konzern Gleason Corp. die Firma Hurth auf. Es gab Pläne, die großzügige Fabrikanlage an der Holzstraße zu erhalten und in Loft-Wohnungen umzuwandeln. Das Glockenbachviertel könnte heute lofttechnisch in einem Atemzug mit der Lower East Side genannt werden, aber es kam anders. Heute steht eine 80er-Jahre-Wohnanlage auf dem Grundstück.

Hurth an der Holzstraße 1982 und der Abriss 1983

2.25 Westermühle

siehe S. 139

2.26 Rechenanlage

Die 1995 in Betrieb genommene automatische Rechenanlage säubert den Westermühlbach kurz vor seinem Eintritt in den überwölbten Bereich (Holzstraße) von Fremdkörpern. Der hydraulische Räumer startet bei Kontakt automatisch und fördert Fremdgegenstände in eine Abfallgrube. Ein einziges Mal verfing sich eine Leiche in der Anlage. Der Tod des älteren Mannes wurde nie geklärt.

2.27 Glockengießerei

Sie gab dem ganzen Viertel den Namen – doch wo sie genau stand, weiß man nicht: die städtische Glockengießerei existierte von 1476 bis 1638. Hier wurden nicht nur Glocken, sondern auch Kanonen, Büchsen und Geschützkugeln hergestellt. Im Jahr 1638, also mitten im Dreißigjährigen Krieg, wurde das Gießhaus abgerissen, um neuen Befestigungsanlagen Platz zu machen. Der letzte Besitzer, Bartholomäus Wengle, bekam eine finanzielle Entschädigung. Die Glockengießerei stand vermutlich an der Pestalozzistraße beim »Gotzacker« (Alter Südfriedhof) in der Nähe des Kalkofens. Nach anderen Quellen befand sie sich direkt vor dem Sendlinger Tor (also ebenfalls beim Gotzacker) auf dem Gelände der heutigen Kreissparkasse. Für die letzte These spricht die Tatsache, dass sie für neue Befestigungsanlagen abgerissen wurde.

2.29 Alter Südfriedhof

siehe S. 78

2.28 Die »Arbeiterburg«

Dass die Isarvorstadt ein klassisches Arbeiterviertel war, zeigte sich auch daran, dass die Gewerkschaften hier ihre Zentralen einrichteten. Den Landesverband Bayern und der Ortsausschuss München des christlich orientierten DGB, den Gasthof Christliches Gewerkschaftsheim und eine Bibliothek fand man ab 1928 in der Reisingerstraße 10. Im Rückgebäude des Nachbarhauses Reisingerstraße 11 residierte die KPD. Im Gegensatz zum DGB ging es in der »Arbeiterburg«, dem 1912 erbauten vierstöckigen Gewerkschaftshaus in der Pestalozzistraße 40/42, sozialistisch zu. Hier hatte der Allgemeine Deutsche Gewerkschaftsbund (ADGB) mit seinen Einzelgewerkschaften seinen Sitz, ebenso die Münchner SPD, die Volksfürsorge-Versicherung, die Gastwirtschaft zum Gewerkschaftshaus sowie mehrere gewerkschaftseigene Betriebe und eine große Bibliothek. Schon 1922 geriet das Gewerkschaftshaus ins Visier der erstarkenden Nationalsozialisten. In einem Brief vom 7. November des Jahres drohte der braune Mob: »Gründet nur eure Kampforganisation, ihr Arbeitersaubande, dreckige. Wir freuen uns, Euch niederschie-

ßen zu können wie die Hunde. Schützt nur Eure Judenführer, Ihr Saubande! Auf zum Arbeitermord! (…) Bald fliegt Eure Burg in die Luft!« Die SPD gab bald die Parole aus, dass im Falle eines Hitler-Putsches die Arbeiterburg mit Gewalt verteidigt werden müsste, um eine »schwarz-rot-goldene Insel« in München zu halten, bis Verstärkung aus dem Norden eintreffen würde.

Kaum hatte Hitler die Macht im Staat, stürmte die SA am 9. März 1933 das Gewerkschaftshaus in der Pestalozzistraße. Die Polizei, von der SPD gerufen, verweigerte jegliche Hilfe gegen den braunen Mob. Die SA nutzte das Gebäude nun für neue Aufgaben: »In München wurde das Geschrei der im Keller des Gewerkschaftshauses Gefolterten weit herum in der Nachbarschaft gehört. Niemand wagte, sich zu beschweren«, schilderte Wilhelm Hoegner, Bayerns einziger Nachkriegsministerpräsident, der nicht der CSU angehörte, die Situation. Keine zwei Monate später enteignete man die Gewerkschaften, neuer Hausherr wurde die Deutsche Arbeitsfront (DAF). 1944 zerstörten Fliegerbomben das repräsentative Haus. Am heutigen Neubau erinnert nur eine kleine Gedenktafel an die »Arbeiterburg«.

2.30 St. Stephan

Das hölzerne Salvatorkirchlein, das ab 1576 zum Pestfriedhof gehörte, musste 1638 den strategischen Planungen der Stadt München weichen. Die Schweden rückten an und man durfte ihnen keine Möglichkeit geben, sich vor dem Sendlinger Tor zu verschanzen. Also wurden Kirche, Kapelle und Friedhofsmauer geschliffen. 1674 begann man mit dem Neubau einer Kirche, die 1681 dem Heiligen Stephan geweiht wurde. Damit ist St. Stephan das älteste erhaltene Gebäude der Isarvorstadt. Auch die Laurentanische Kongregation errichtete ihre erstmals 1592 auf der Kreuzung des ersten Quergangs erbaute kleine Kapelle neu. Das weitere Schicksal der Kapelle ist nicht bekannt, wohl das von St. Stephan. Bis 1876 ehrten die Münchner den Heiligen durch den jährlichen Stephansritt (Abb.) zum Gotteshaus. Heute gehört St. Stephan als Nebenkirche zu St. Peter, noch immer wird täglich die Heilige Messe gelesen. Im März 2004 begannen umfangreiche Renovierungsarbeiten. Dabei zeigte sich,

dass der feuchte Grund massive Schäden am Mauerwerk angerichtet hatte. Der Renaissancestuck im Tonnengewölbe, der im Zweiten Weltkrieg zerstört wurde, kann nicht rekonstruiert werden. Der noch vorhandene Barockstuck im Chorraum hingegen macht St. Stephan zu einem kunsthistorischen Schatz, denn es ist neben der Augustinerkirche das einzige erhaltene Beispiel dieses Stils in der Münchner Altstadt.

2.31 Die Pathologie

Der Finessenseppl war ein richtiges Münchner Original. Eigentlich hieß der zwergwüchsige Mann mit richtigem Namen Joseph Huber. Er war in allen Münchner Häusern ein gern gesehener Gast, denn er galt als überaus zuverlässiger und ebenso verschwiegener Postillon d'Amour. Sein bekanntester Spruch ist längst in den allgemeinen Sprachgebrauch übergegangen: »Nix gwiss woas ma net.« Als der Finessenseppl 1829 starb, wurden seine Überreste nur zum Teil auf dem Alten Südlichen Friedhof vergraben. Ein lapidarer Hinweis klärte auf: »Das Skelett ist in der Anatomie ausgestellt.« So kam es, dass die Knochen des Finessenseppls seit dem Neubau des jetzigen Pathologischen Instituts an der Thalkirchner Straße direkt gegenüber von seinem Friedhofgrab ruhen.

Der Neubau des Instituts, das damals unter der Leitung von Max Borst stand, wurde in den Jahren 1927 bis 1929 nach Plänen des Architekten Theodor Kollmann realisiert. Borst selbst arbeitete am Konzept des neuen Gebäudes maßgeblich mit. So entstanden neben der Prosekturabteilung großzügige experimentelle Forschungsmöglichkeiten mit eigenem Tierstall, eine pathologisch-histologische Abteilung, eine chemische Abteilung und eine von Borst als pathophysiologische Abteilung bezeichnete Forschungseinheit und Gewebezüchtung.

Als im Zweiten Weltkrieg das Gerichtsmedizinische Institut zerstört wurde, fand das Institut (heute nennt man es Rechtsmedizin) eine neue Heimat in der Pathologie. Bombenangriffe beschädigten 1944 das Haus schwer, u. a. fielen große Teile des Mitteltrakts in Trümmer. Mitten im Neuaufbau kam Max Borst bei einem Autounfall 1946 ums Leben. Seine Nachfolger Ludwig Burkhardt und Werner Hueck sahen sich vor der schwierigen Aufgabe, einerseits den Forschungsbetrieb aufrecht zu erhalten, andererseits die gröbsten Kriegsschäden zu beseitigen, was bis 1956 im Wesentlichen gelang. In diesem Jahr übernahm der Rheinländer Walter Büngeler bis 1970 die Leitung des Hauses, der als Spezialist für Geschwulstpathologie eine neue elektromikroskopische Abteilung einrichtete. Auf Büngeler folgten Max Eder (1970–1991) und Udo Löhrs (1991–2005). Heute leitet Thomas Kirchner das Pathologische Institut.

Über dem Haupteingang der Pathologie in der Winckelstraße wachen bedeutende Anatomen, Pathologen und Physiologen – darunter (v. l.) William Harvey, Marie François Xavier Bichat, Giovanni Battista Morgagni, Theodor Schwann und Rudolf Virchow.

2.29 Der Alte Südfriedhof

Vom Pestgottesacker für die Ärmsten zum Centralfriedhof nicht nur für Katholiken hin zur Grünen Lunge – der Alte Südfriedhof zwischen Thalkirchner- und Pestalozzistraße ist die älteste Grünanlage Münchens und eine der sehenswertesten.

Der Gestank nach Verwesung war unerträglich. Die Totengräber schufteten und schufteten, aber sie kamen einfach nicht nach – die Menschen starben wie die Fliegen, dahingerafft von der Pest. Zum wiederholten Mal wütete der schwarze Tod in München, der Pestraucher, der im Mittelturm des Sendlinger Tors lebte, wusste gar nicht mehr, wo er mit dem Ausräuchern anfangen und wo aufhören sollte. Längst konnten die alten Kirchenfriedhöfe innerhalb der Stadtmauern die Leichenberge nicht mehr aufnehmen. Der Magistrat musste schnell handeln. Also wählte man 1563 ein freies Feld vor dem Sendlinger Tor, an dem sich schon eine anonyme Begräbnisstätte für die Ärmsten der Armen befunden haben mag, und weihte das Gelände als *Äußeren Freithof*, auch der *Fertere Gotzacker* genannt. Fünfzehn Jahre später stiftete Herzog Albrecht V. dem Friedhof ein kleines, hölzernes Salvatorkirchlein. Durch geschickten Landkauf vergrößerte die Kirche den Friedhof. Doch es

Alter Südfriedhof, Ölgemälde von Wilhelm Scheuchzer, 1831

dauerte keine 100 Jahre, da ließ der Magistrat Kirche, Mesnerhaus, Totenkerker und Friedhofsmauer radikal schleifen. Der Dreißigjährige Krieg tobte und die Schweden standen vor der Stadt! Deren Truppen sollten sich nicht auf dem Freithof verschanzen können.

Es dauerte bis 1674, dann wurde die Stephanskirche als Ersatz für die Salvatorkirche feierlich geweiht. Das änderte allerdings nichts daran, dass der *Fertere Gotzacker* ein geschmähter Armenfriedhof blieb, auf dem sich niemand mit Rang und Namen beerdigen lassen wollte. Wie ein Schlag ins Gesicht kam es deshalb dem Münchner Adel und Bürgertum vor, als 1788 ein kurfürstliches Dekret jede Bestattung innerhalb der Stadtmauern streng verbot. Doch die Eingaben und Proteste nutzten nichts, alle Gräber im Stadtbereich wurden rigoros aufgehoben. Alte Grabbücher berichten, dass man die Gebeine »fuderweis« auf den *Äußeren Freithof* karrte und einfach in Massengräber schüttete. Aus abergläubischer Furcht vor der gesundheitsschädigenden Wirkung der Friedhofsluft ließen die Behörden auf den Gräbern später stark riechende Kräuter anpflanzen. 1774 rechnete das Intelligenzblatt seinen geschockten Lesern vor, dass jährlich 7.500 Zentner »faule Luft durch den Südwind aus dem Friedhof der Stadt zugetragen« würden.

Vom Armen- zum Centralfriedhof

1799 sah sich die Stadt gezwungen, dem Mesner der Stephanskirche zu verbieten, dass er seine Kühe und Ziegen weiterhin auf dem Gottesacker weidete.

Die Bestattungskapazitäten reichten in den Folgejahren nicht mehr aus. Langsam entwickelte sich der Alte Südfriedhof also zu dem Bestattungsort, auf dem auch zahlreiche Persönlichkeiten des öffentlichen Lebens gezwungenermaßen ihre letzte Ruhestätte fanden. Schon 1818 musste ein Soldatengräberfeld der Erweiterung nach Süden weichen, im selben Jahr fand offiziell der erste Protestant seine letzte Ruhestätte auf dem Friedhof, was dazu führte dass man fortan vom »Centralfriedhof« sprach – dabei verdrängten die Stadtväter, dass bereits 1648 die lutherischen Schweden ihre bei Dachau gefallenen Soldaten auf dem eigentlich streng katholischen Gottesacker bestattet hatten.

1830 gestaltete Baurat Gustav Vorherr nach einer weiteren Vergrößerung den Abschluss des heutigen alten Teils mit Arkaden, Leichenhaus und Verwaltungsgebäude dem Zeitgeist entsprechend neu. Schon 14 Jahre später platzte der Friedhof erneut aus allen Nähten. 1844 ließ man den neuen, quadratischen Teil

2.29 Der Alte Südfriedhof

durch Friedrich von Gärtner im italienischen Stil anlegen. Doch die weitere Entlastung des Centralfriedhofs war dringend nötig. Nach den Jahrhunderten konnte der Boden einfach keine Toten mehr aufnehmen. Die Entlastung folgte 1868 durch den Nördlichen Friedhof in der Maxvorstadt. Die Stadt verfügte kurz vor der Wende zum 20. Jh. eine stufenweise Auflassung des Alten Südfriedhofs. Was sich ziemlich hinzog, doch mitten im Zweiten Weltkrieg stellte man zum 1. Januar 1944 den Bestattungsbetrieb ein.

Auferstanden aus Ruinen

Der Zweite Weltkrieg hinterließ nicht nur in der Münchner Innenstadt ein Trümmerfeld, auch der Alte Südfriedhof war verwüstet. Noch heute lassen sich Kriegsschäden erkennen, wie z. B. am Grabmal von Johann Ulrich Himbsel. Die unzähligen kleinen Krater, die eine Maschinengewehrsalve im Denkmal hinterlassen hat, mahnen bis heute eindringlich vor der Sinnlosigkeit des Kriegs. Doch abgesehen von solchen bewusst nicht renovierten Menetekeln gelang es der Stadt, das Trümmerfeld wieder in eine würdige Friedhofsanlage umzuwandeln. Schrittweise und behutsam restaurierte und renovierte man den Friedhof, wobei sich die Renovierung oft nur auf ein Erhalten des Status Quo beschränkte. Von den ursprünglich fast 21.000 Grabstätten lassen sich heute noch rund 5.000 erkennen. Viele von ihnen sind unspektakulär, unscheinbar – doch einige entpuppen sich bei genauerem Betrachten als echte Hingucker und gerade der morbide Charme des Verfalls macht den heutigen Charakter des Friedhofs aus. Leider beschleunigen »Souvenirjäger« durch ihren Vandalismus den Verfall unnötig.

Genaues Hinsehen lohnt sich aber auch aus einem anderen Grund: Auf vielen Grabsteinen begegnet man guten alten Bekannten – zahlreichen Namensgebern für Münchner Straßen. Dazu gehören neben Künstlern wie den Kaulbachs, den Pilotys, Moritz Schwind und Carl Spitzweg auch diejenigen, die das Münchner Stadtbild entscheidend geprägt haben wie z. B. die Baumeister Ehrengut, Gärtner, Klenze, Muffat, Seidl und Zenetti.

Die älteste Grünfläche Münchens

Die Natur eroberte in den vergangenen Jahrzehnten den mittlerweile als »Landschaftsbestandteil« geschützten Friedhof – mit seinen 450 Jahren ist er die grüne Lunge des Glockenbachviertels und die älteste Grünfläche der Münchner Innenstadt. Weil sich die Natur weitgehend frei entfalten konnte, beherbergt der Alte Südfriedhof heute seltene und bedrohte Tier- und Pflanzenarten, ein Miniparadies mitten in einer Millionenmetropole. Die Isarvorstädter haben also die Qual der Wahl, wenn es

um Naturtanken geht: Die zwei Schritte runter zur Isar und ihren renaturierten Auen, oder doch die zwei Schritte hinüber in den Friedhof?
Spaziergänger, Jogger, Sonnenanbeter, Zeittotschläger, Bärlauchpflückerinnen, Eichhörnchenzähler sowie Bademantelträger und Infusionshalterschieber des benachbarten Krankenhauses tummeln sich hier. Dazu gesellen sich die im Viertel immanenten Obdachlosen und gelegentlich leider auch Junkies. Sie alle erlebten im April 2004 einen Schock: Sie standen vor verschlossenen Toren. Zahlreiche Grabmäler galten als einsturzgefährdet. Ab Oktober 2004 führte zumindest wieder ein Weg längs durch den Friedhof von der Stephanskirche bis zur Kapuzinerstraße. Nach Abschluss der Sanierungsarbeiten 2006 wurden die Sicherungszäune abgebaut und eine der schönsten Parkanlagen Münchens lädt wieder zum Seelebaumelnlassen ein.

Auf einen Blick: DER ALTE SÜDFRIEDHOF

- 1563 Weihung des *Äußeren Freithof* als Pestfriedhof
- 1674 Weihe der Stephanskirche als Ersatz für die im Dreißigjährigen Krieg eingerissene Salvatorkirche
- 1788 Ein kurfürstliches Dekret untersagt jede Bestattung innerhalb der Stadtmauern, bestehende Gräber werden aufgelöst, die Gebeine in den Äußeren Freithof umbestattet
- 1818 Mit dem Weinhändler Johan Balthasar Michel wird der erste Protestant, der das Münchner Bürgerrecht verliehen bekam, hier bestattet; damit ist der Äußeren Freithof nun nicht mehr den Katholiken vorbehalten und wird zum Centralfriedhof
- 1844 Erweiterung nach Plänen von Friedrich von Gärtner
- 1898 Der Stadtrat beschließt, den Alten Südfriedhof langsam aufzulassen
- 1944 Der Bestattungsbetrieb wird endgültig eingestellt
- 2004 Da zahlreiche Denkmäler einsturzgefährdet sind, wird der Friedhof für zwei Jahre vorübergehend geschlossen und saniert

2.29 Der Alte Südfriedhof

Wer liegt wo?

Sie haben nicht unbedingt die schönsten Grabmäler, und die meisten kennt man nur noch als Namensgeber Münchner Straßen, doch ein Besuch bei den berühmten Toten auf dem Alten Südfriedhof lohnt sich immer – und sei es nur, um andere schöne Epitaphe zu entdecken.

1 Johann Andreas **Schmeller** erforschte die bayerische Sprache und widmete ihr ein Wörterbuch • 1785–1852

2 Arnold von **Zenetti** sorgte für den baulichen Aufschwung Münchens im 19. Jh., ließ den Schlachthof bauen und führte auf Initiative Pettenkofers die Kanalisation ein • 1824–1891

3 Ferdinand von **Miller** goss die überlebensgroße Bavaria, für deren Kopf er allein 87.360 Kilo Erz verarbeitete • 1813–1887

4 **Tante Emmy** (Emilia Giehrl) war eine legendäre Jugend- und Volksautorin • 1837–1915

5 Carl **Spitzweg,** Apotheker und Genremaler, dessen *Sonntagsspaziergang* alles über die deutsche Seele des Biedermeiers aussagt • 1808–1885

6 Alois **Senefelder** gilt als Erfinder der Lithografie und schrieb das Volksstück *Die Mädchenkenner* • 1771–1834

7 Opfer der **Sendlinger Mordweihnacht:** Massengrab für die 1705 in Sendling gefallenen Oberländer Bauern, die sich gegen den Habsburger Kaiser Joseph I. erhoben hatten.

8 Friedrich Ludwig von **Sckell** war der Gärtner, der in Deutschland den revolutionären Stil des »Englischen Gartens« einführte • 1750–1823

9 Josef von **Lindwurm** bewies, dass Sekundäre Syphilis ebenso ansteckend ist wie Primäre und leitete ab 1869 die Münchner Universitätsklinik • 1824–1874

10 Joseph **Pschorr,** Bierbrauerlegende, der Hacker-Pschorr durch Hochzeit mit der Brauerstochter Therese Hacker gründete; Opa des Komponisten Richard Strauß • 1770–1841

11 Anton **Ehrengut** Zimmermeister, den Ludwig II. für den Bau von Neuschwanstein, Herrenchiemsee und Linderhof engagierte • 1840–1890

12 Johann Baptist **Trappentreu,** Bierbrauer und im Namen Gottes, war ein geradezu verschwenderisch wohltätiger Philanthrop • 1805–1883

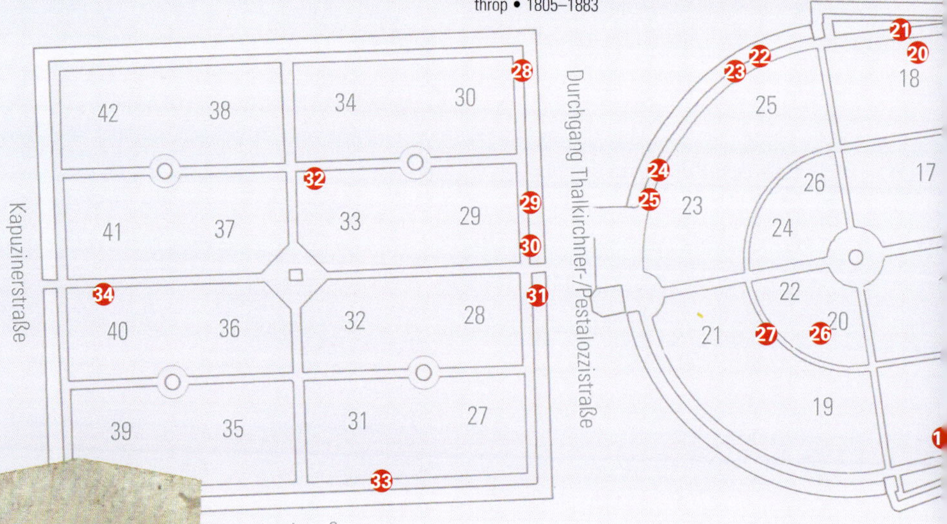

13 Franz Xaver **Gabelsberger** erfand die Deutsche Stenografie • 1789–1849

14 Johann Ulrich **Himbsel** baute die Eisenbahnlinie München-Augsburg und sorgte für die ersten Ausflugsdampfer auf dem Starnberger See • 1787–1860

15 Franz Xaver **Baader,** Mediziner, der in England Bergbau studierte, gründete später als Philosoph eine neue Glaubenslehre, die versuchte, Natur, Geist, Glaube und Wissen zu vereinen • 1765–1841

16 Carl von **Effner** entwarf die Gärten für Herrenchiemsee und Linderhof • 1831–1884

Das Grab des Malers Carl Spitzweg wird bis heute mit Blumen dekoriert. Den Epitaph, der an ein Apothekerfläschchen erinnert, ziert eine Karikatur Spitzwegs.

17 Wilhelm von **Kaulbach,** Hofmaler Ludwigs I., malte für Friedrich Wilhelm IV. von Preußen das Treppenhauses im Neuen Museum Berlin aus • 1805–1874

18 Johann Georg **Hiltensperger,** Historienmaler, der für die Könige Ludwig I. und Maximilian II. Joseph arbeitete • 1806–1890

19 Georg Simon **Ohm** entwickelte die nach ihm benannten Gesetze über den elektrischen Widerstand • 1789–1854

20 Adele **Spitzeder** betätigte sich als höchst erfolgreiche Millionenbetrügerin, ihre Methode wurde Anfang des 21. Jh. weltweit von Banken kopiert und führte zur Weltfinanzkrise • 1832–1895

21 Johann Nepomuk von **Nußbaum** operierte bereits als Jugendlicher und gewann mit seinem *Leitfaden zur antiseptischen Wundbehandlung* internationales Ansehen • 1829–1890

22 Georg von **Reichenbach,** technisches Genie, Erfinder von Präzisionsmessinstrumenten, dessen *Mathematisch-mechanische Werke* führend in der Feinmechanik waren • 1771–1826

23 Josef von **Fraunhofer,** Optiker, genialer Erfinder und Entdecker der dunklen Absorptionslinien im Sonnenspektrum • 1787–1826

29 Leo von **Klenze,** Baukünstler und Konkurrent Gärnters (siehe 30), erneuerte Münchens Stadtbild klassizistisch, u a. mit der Glyptothek, der Alten Pinakothek, dem Monopteros und den Hofgartenarkaden • 1784–1864

30 Friedrich von **Gärtner,** Baukünstler und Gegner Klenzes (siehe 29), dem München u. a. die Ludwigskirche, die Bayerische Staatsbibliothek, die Universität, das Isartor und die Feldherrnhalle verdankt, erneuerte München im romantischen Stil • 1792–1847

31 Ludwig von **Schwanthaler** entwarf u. a. die Bavaria auf der Theresienwiese • 1802–1848

32 Philipp Franz von **Siebold** erforschte Japan für die Niederländische Ostindienkompanie und lehrte dort westliche Medizin • 1796–1866

33 Max von **Pettenkofer** richtete 1865 in München den weltweit ersten Lehrstuhl für Hygiene ein und initiierte die Kanalisation in München • 1818–1901

34 Justus von **Liebig** erfand u. a. Fleischextrakt, künstliche Säuglingsnahrung, Backpulver, Eisen-Nickel-Legierung und Phosphordünger • 1803–1873

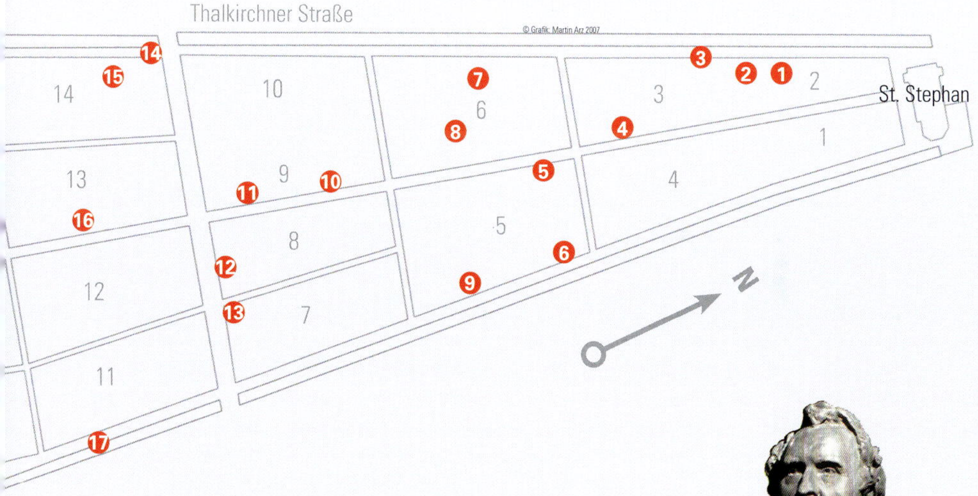

24 Joseph von **Utzschneider** Techniker, Volkswirtschaftler, Sanierer des Staatshaushaltes, Industrieller und zeitweise Zweiter Bürgermeister Münchens • 1763–1840

25 Josef Anton von **Maffei** gründete im Englischen Garten eine kleine Eisenbahnfabrik, aus der ein Weltunternehmen wuchs • 1790–1870

26 Neun **Künstler** verbrannten elendig bei einer Faschingsfeier im *Kolosseum*, als eine Talgkerze umfiel, während sie eine Eskimo-Gruppe darstellten; sieben liegen hier • 17.02.1881

27 Georg von **Hauberrisser** entwarf die Architektur sowie die gesamte Innenausstattung einschließlich Büromöbel des neuen Münchner Rathauses • 1841–1922

28 Max Emanuel **Ainmiller** gilt als Vervollkommner der Glasmalerei, dessen Werke Kirchen in aller Welt zieren • 1807–1870

Büste für einen Großen: Liebigs Grab wird von einer Portraitbüste geschmückt – eine Ausnahme bei den Prominentengräbern.

2.32 Die Frauenklinik

Gleich ums Eck zu Dermatologie und Pathologie liegt (noch) die Frauenklinik der Universität München. Die erste Königliche Frauenklinik wurde 1856 in der Sonnenstraße gegründet. Schon 50 Jahre später entsprachen weder die räumlichen noch die hygienischen Zustände der Klinik den zeitgemäßen Erfordernissen. Also ersuchte der Arzt Albert Döderlein König Ludwig III. um einen Neubau. Nach Plänen des Architekten Theodor Kollmann entstand zwischen Mai- und Frauenlobstraße ein Vierflügelkomplex mit zwei Innenhöfen. Trotz der Wirren des Ersten Weltkriegs ging der Bau voran und die Klinik konnte 1916 in die Maistraße umziehen. Den imposanten, neugotischen Backsteinbau der ehemaligen Frauenklinik an der Sonnenstraße kennen die meisten Münchner noch als Post, heute dient das Gebäude als Bürohaus. Beim Neubau legten die Planer Wert auf das, was heute unter Wohlfühlfaktor verstanden wird. Im romantisch gestalteten Klinikinnenhof steht ein Muschelkalkbrunnen, der im Sommer einst über ein unterirdisches Leitungssystem gleichzeitig den 11 m hohen Jugendstil-Hörsaal kühlte. Schon damals zierte eine hauseigene Bibliothek mit Stuckdecke und vergoldeten Leuchtern die Einrichtung. Bereits bei der Eröffnung galt die Frauenklinik als hochmodernes Krankenhaus. In den 1930ern standen Höhepunkte neben Tiefpunkten: Einerseits genoss die Klinik den Ruf, eines der weltweit besten Institute bei der Strahlentherapie gynäkologischer Karzinome zu sein, andererseits wurden zwischen 1934 und 1944 über 1.300 Frauen zwangssterilisiert, weil es das Gesetz zur Verhütung erbkranken Nachwuchses so verlangte. Da die Bomben des Zweiten Weltkriegs das Gebäude verschonten, fanden hier verschiedene andere Kliniken eine Zwischenunterkunft. Ab 1956 ist die Klinik wieder ausschließlich für Frauenheilkunde zuständig. Heute ist es eine angesehene Geburtsklinik und ein international bekanntes Zentrum zur Behandlung von gynäkologischen Krebserkrankungen. Während dieses Buch entsteht, ist der Umzug der Frauenklinik von der Maistraße hinaus in ein neues Mutter-Kind-Zentrum in Großhadern bereits beschlossene Sache. Der Umzug soll 2016 stattfinden.

2.33 Gasfabrik Thalkirchner Straße

Dass überhaupt die Gasfabrik in München, Thalkirchner Straße 34–42, erbaut worden war, grenzte fast an ein Wunder, denn die Verhandlungen zogen sich von 1837 bis 1848 hin. Erst dann kam es zum Gasbeleuchtungsvertrag zwischen den Münchner Unternehmern Ch. Fr. Kohler, A. E. von Eichthal, Joh. Jos. Pasch und den Augsburgern Erzberger & Schmid sowie Joh. L. Schaezler. Die Nachbarn in der Thalkirchner Straße, Milchmänner, Sendlinger Bauern und Gärtner, erhoben erfolglos Einspruch gegen das am 31. Oktober 1850 eröffnete Gaswerk. Doch der Gasverbrauch blieb weit hinter den Erwartungen zurück, private Hausbesitzer, die Stadt und das Königshaus zögerten, die neue Energiequelle zu nutzen. Erst um 1870 stieg der Verbrauch in wirtschaftlich interessante Höhen, daher wurde das Gaswerk ausgebaut. 1899 übernahm die Stadt München das Gaswerk. Als dann alle Erweiterungsmöglichkeiten an der Thalkirchner Straße erschöpft waren, kam das Ende zum 1. Juni 1909; man verlagerte den Betrieb. Der Abriss (auch der Kohlenschuppen an der Frauenlobstraße) erfolgte 1910. Das Grundstück wurde mit der Dermatologischen Klinik bebaut.

Heute Klinkgelände, 1884 noch Gaswerk

2.34 Die »Derma«

Die »Derma« hat seit 1929, dem Jahr des Neubaus in der Thalkirchner Straße, eine ungewöhnliche Trägerschaft: Das stationäre Bettenhaus gehört zur Stadt München, ist Teil der Städtischen Klinikum München GmbH, die ambulante Poliklinik hingegen ist der Ludwig-Maximilians-Universität unterstellt. Das Haus mit 151 Betten und 24 Tagesklinikplätzen verdankt seine Existenz dem engagierten Mediziner Leo von Zumbusch. Der wurde 1913 auf den Direktoriumsposten der Dermatologie berufen. Damals gehörte die Klinik noch zum Allgemeinen Krankenhaus, das 1813 vor den Toren der Stadt, also dem Sendlinger Tor, gegründet worden war. Hierhin kamen einst die »Syphilitischen und Krätzigen«, die Fachrichtung Dermatologie steckte noch in den Kinderschuhen. Erst auf Betreiben von Josef von Lindwurm richtete König Maximilian II. 1863 die erste ordentliche Professur für Dermatologie und Syphilidologie an der Münchner Universität ein.

Zumbusch dachte in größeren Dimensionen, plante ein eigenes Krankenhaus und rang es der Stadtverwaltung auch ab. Das ideale Grundstück nahe dem Klinikviertel war schnell gefunden – das Areal der ehemaligen Gasanstalt Thalkirchner Straße, die 60 Jahre lang das Gebiet der Isarvorstadt mit Gas versorgt hatte. 1929 war es soweit: Der Neubau der Dermatologischen Klinik und Poliklinik zwischen Thalkirchner-, Winckel-, Frauenlob- und Waltherstraße wurde offiziell eingeweiht. Das achtstöckige Anwesen, das die Architekten Richard Schachner und Hans Grässel entwarfen und das heute unter Denkmalschutz steht, ist der erste Hochhaus-Krankenhausbau Deutschlands und wurde richtungsweisend für die Krankenhausarchitektur der folgenden Jahre. Da Zumbusch den Nationalsozialismus ablehnte, wurde er 1935 entlassen, dabei verdankte ihm das Haus einen ausgezeichneten Ruf. Aber auch unter seinen Nachfolgern wuchs das internationale Ansehen der Derma, vor allem dank der Professoren Alfred Marchionini und Otto Braun-Falco. Heute leitet Prof. Thomas Ruzicka die Klinik.

2.35 Weißbierbrauerei Schramm

Am Anfang war das Malz – die Familie Schramm war seit dem 17. Jh. bekannt für ihre hervorragende Malzproduktion. Man exportierte sogar nach Italien. Warum dann nicht auch selber Bier brauen? 1880 übernahm Johann Baptist Schramm eine Spirituosenfabrik an der Thalkirchner Straße 50–52/Ecke Waltherstraße und gründete die Weißbierbrauerei Schramm (die Abbildung stammt aus dem Jahr 1901). Die einst sehr beliebte, alte obergärige Biertradition hatte Ende des 19. Jh. kaum noch Anhänger in München. Weißbier galt als out. Die Brauerei produzierte jährlich rund 7.000 hl und war damit nach der Weißbierbrauerei Schneider & Sohn Münchens Nummer zwei. Nach Johann Schramm übernahmen verschiedene Nachkommen, deren Namen alle mit M begannen, die Brauerei. Mal hieß sie Mathias Schramm, dann Max Schramm, dann Matthäus Schramm. Was mit der Weißbierbrauerei Schramm letztendlich geschah, ist unklar. Einerseits soll sie 1928 vom Konkurrenten Schneider geschluckt worden sein, andererseits heißt es, dass sie in die Brauerei-Betriebsgesellschaft mbH (vorm. M. Schramm) umgewandelt worden sei.

La vie en rose?

Rund um den Gärtnerplatz ist es so warm, dass im Winter kein Schnee liegen bleibt – der früher so beliebte, je nah Zitierendem diskriminierend oder stolz gemeinte Spruch bringt es auf den Punkt: die Isarvorstadt ist das schwule Bermudadreieck Münchens. Entscheidende Meilensteine der Schwulenbewegung ereigneten sich in der bayerischen Landeshauptstadt – im Positiven wie im Negativen.

Das hatte der Deutsche Juristentag noch nicht erlebt: Eigentlich war das Thema der Tagung vom 29. August 1867 die Vereinheitlichung des Rechts in allen deutschen Ländern im Zuge der deutschen Reichseinigung – und dann stand da dieser Anwalt Karl-Heinrich Ulrichs am Rednerpult des Münchner Odeontheaters (heute steht hier das Bayerische Innenministerium) und forderte, die Versammlung müsse sich unbedingt mit dem Thema Strafbarkeit der mannmännlichen Liebe befassen. Ulrichs nannte es Uranismus (den Begriff »Homosexualität« prägte erst zwei Jahre später der Schriftsteller Karl Maria Kertbeny, der 1859 in München ein »inniges Verhältnis« mit dem Maler Wilhelm von Kaulbach gehabt haben soll). Schwule Männer bezeichnete Ulrichs als *Urninge* – nach der Göttin Aphrodite Urania, die aus abgetrennten Körperteilen ihres Vaters Uranus entstand und die eingeschlechtliche Liebe repräsentierte. Ulrichs, bekennender Urning, ging von einer natürlichen, nicht krankhaften Veranlagung aus und forderte daher die Straflosigkeit homosexueller Handlungen! Die Rede ging in einem Tumult unter. Heute gilt Ulrichs Münchner Rede von 1867 als Beginn der deutschen Schwulenbewegung. Wenige Jahre zuvor hatte Ulrichs seine ersten Schriften zu Forschungen über das *Räthsel der mannmännlichen Liebe* veröffentlicht. Letztlich scheiterte Ulrichs mutiger Vorstoß. Zwar galt in einigen Länder die »Unzucht zwischen männlichen Personen« als nicht strafbar – auch das liberale bayrische Strafgesetzbuch von 1813 sah in Sex unter Männern keinerlei Verbrechen –, doch das rigide preußische Strafgesetzbuch, aus dessen § 152 dann der berüchtigte § 175 hervorging, setzte sich überall durch. »Jede auf widernatürliche Befriedigung des Geschlechtstriebs gerichtete unzüchtige Handlung zwischen Personen männlichen Geschlechts« galt in Bayern fortan als strafbar. Männersex wurde auf eine Stufe wie Sex mit Tieren gestellt.

Die »Schwuhplattler«, die einzige schwule Schuhplattergruppe der Welt, tanzen beim Maibaumfest am Karl-Heinrich-Ulrichs-Platz 2012.

Nach den aufoktroyierten Berliner Moralvorstellungen mussten die Münchner umdenken. Schwulsein war zwar auch in der liberalen Zeit und trotz des schwulen Monarchen Ludwig II. keineswegs gesellschaftlich akzeptiert, dennoch konnten sich männerliebende Männer relativ ungestört bewegen. Natürlich gehörte auch die Prostitution dazu. Nicht wenige junge Rekruten aus den Kasernen (z. B. der Neuen Isarkaserne an der Zweibrückenstraße oder von den Kasernen der Kohleninsel, heute Museumsinsel) besserten sich durch Körpereinsatz in Gasthäusern und öffentlichen Anlagen ihren kärglichen Sold auf. Schon der Dichter August von Platen streunte um 1810 gerne bei den Wachen am Isartor herum. 1885 beklagt das *Münchner Fremdenblatt* die Straßenprostitution und das »Louisthum« in der Müllerstraße. Ein Zeitungsbericht vom 2. November 1898 über die Verurteilung des Duisburger Staatsanwalts Alexander Max Schulz wegen »unzüchtiger Handlungen« an dem 21-jährigen Soldaten Franz Haugg im Hofbräuhaus wurde kommentiert mit: »Übrigens komme derlei im Hofbräuhaus fast jede Woche vor!«.

Die Einführung des § 175 hatte einen radikalen Schnitt gebracht. Fortan wurde die Homosexualität praktisch ausschließlich als kriminelles Treiben durch Polizeieinsätze der Öffentlichkeit bekannt. Die Halbwelt und das Strichermilieu malten das Bild, das die Allgemeinheit vom schwulen Leben vor Augen hatte (und größtenteils bis heute hat). Noch existierten Szenetreffs wie das *Café Alfred* am Isartor, doch Razzien machten Schwulen das Leben schwer. Proteste prominenter Sexualforscher wie Magnus Hirschfeld verhallten ungehört. Hirschfeld beklagte das harte Durchgreifen der Münchner Polizei, deren Razzien in einschlägigen Lokalen dazu führten, dass sich der »Prostitutionsbetrieb auf den Straßen und Plätzen abspielen muss. Die weitere Folge ist, dass relativ häufig Erpressungen vorkommen, die nur in den seltensten Fällen zur Kenntnis der Polizei gelangen.«

Auch der Münchner Verleger August Wilhelm Fleisch-

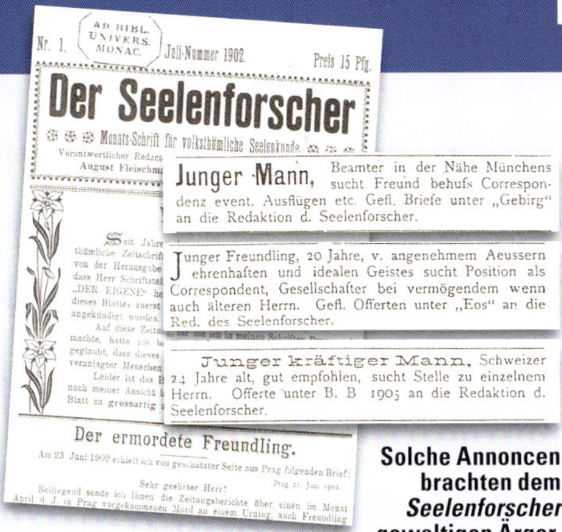
Nr. 1. AD BIBL. UNIVERS. MONAC. Juli-Nummer 1902. Preis 15 Pfg.

Der Seelenforscher

Monats-Schrift für volksthümliche Seelenkunde.

Verantwortlicher Redact…
August Fleischm…

Junger Mann, Beamter in der Nähe Münchens sucht Freund behufs Correspondenz event. Ausflügen etc. Gefl. Briefe unter „Gebirg" an die Redaktion d. Seelenforscher.

Junger Freundling, 20 Jahre, v. angenehmem Aeussern ehrenhaften und idealen Geistes sucht Position als Correspondent, Gesellschafter bei vermögendem wenn auch älteren Herrn. Gefl. Offerten unter „Eos" an die Red. des Seelenforscher.

Junger kräftiger Mann, Schweizer 24 Jahre alt, gut empfohlen, sucht Stelle zu einzelnem Herrn. Offerte unter B. B 1905 an die Redaktion d. Seelenforscher.

Der ermordete Freundling.

Am 23. Juni 1902 erhielt ich von geschätzter Seite aus Prag folgenden Brief:

Prag 21. Juni 1902.

Sehr geehrter Herr!

Beiliegend sende ich Ihnen die Zeitungsberichte über einen im Monat April d. J. in Prag vorgekommenen Mord an einem Urning, auch Freundling

Solche Annoncen brachten dem *Seelenforscher* gewaltigen Ärger.

mann, der in der Isarvorstadt lebte, wetterte wiederholt gegen das szene-typische Erpressertum: »Leider sind oft die Herren aus der besten Gesellschaft auf die Straßenbekanntschaften angewiesen, weil ihnen der § 175 verbietet, ihre Lieblinge in anständigen Zirkeln zu suchen.« Fleischmann gab ab 1902 die Homosexuellenzeitschrift *Der Seelenforscher* heraus, die in der Druckerei Morgenstern in der Rumfordstraße 24 gedruckt wurde. Er wurde selbst 1899 nach § 175 verurteilt. Später gründete Fleischmann den *Erosophischen Club Plato* als Treffpunkt für Gleichgesinnte. Er musste 1904 seinen *Seelenforscher* einstellen, weil darin überregionale Kontaktanzeigen geschaltet wurden. München hatte da noch nicht das enorme wirtschaftliche Potenzial der Schwulen erkannt und wünschte damals im Gegensatz zu heute keinen schwulen Tourismus.

Szenetreff »Pissort«

Die Kontakte zwischen Polizei und Schwulen fanden nun hauptsächlich ganz stereotyp statt: durch Observation der »Pissorte«, szenetypisch als *Klappen* bezeichnet. Die *Münchner Neuesten Nachrichten* berichteten am 26. Juli 1911 ausführlich über das Thema »Strichjungen«, da die männliche Prostitution deutlich zugenommen habe, und schrieb u. a.: »Beachtenswert erscheint, dass nach den Erfahrungen in München die überwiegende Zahl dieser Strichjungen sich aus Hotelbediensteten zusammensetzt: Liftjungen, Pikkolos, Hausburschen, Pagen scheinen durch die Art ihres Dienens den Angriffen reicher Lüstlinge besonders ausgesetzt zu sein.«

In einem Polizeibericht von 1921 schreibt der Kriminalwachtmeister J. Weigand über die observierten Pissorte, zu denen auch die am Sendlinger-Tor-Platz und in der Blumenstraße gehörten: »Dabei zeigen sie ganz auffällig ihr Glied vor und nehmen daran Reibungen vor. Sie suchen aber auch in auffälliger Form das Glied der anderen Männer zu sehen. Es ist in einem Falle beobachtet worden, dass ein Homosexueller eine halbe Stunde im Pissort blieb, ohne ihn zu verlassen. In einem anderen Falle hat ein Homosexueller einem Beamten der Sittenpolizei-Abteilung, der zur Überwachung der Pissorte kam, in ganz auffälliger Weise sein Glied gezeigt und hat sich dann neben ihn gestellt. Er wurde festgenommen.«

Überhaupt verschärfte sich in der Zeit nach dem Ersten Weltkrieg die Lage der Schwulen in München dramatisch. Die Zahl der Festnahmen wegen »groben Unfugs« und »anstößigen Gebarens an öffentlichen Orten« erhöhte sich von 88 Fällen 1917 auf 305 Fälle 1920. Schwulenfreundliche Lokale, Hotels und Restaurants wie der *Kleine Kellergarten* in der Blumenstraße oder der *Eichthalgarten* in der Klenzestraße 12 bekamen gewaltigen Ärger oder wurden auf Druck der Sittenpolizei wegen Kuppelei unter Männern zwangsgeschlossen. Der extrem repressive Wind, der unter dem Generalstaatskommissar Ritter von Kahr durch das nachrevolutionäre München der 1920er Jahre wehte, führte für Homosexuelle mangels Lokalen oder Kontaktanzeigen endgültig in die anonyme Subkultur mit Klappen als Treffpunkten. Homosexualität galt als zielsicherer Weg ins Unglück, erregte höchstens Mitleid und Abscheu. Die Propaganda verschärfte sich gleichzeitig. In einer Broschüre pro § 175 und contra die »Berliner Judenbuben mit ihrem verseuchten Anhang« um Magnus Hirschfeld geiferte der Münchner Hitler-Spezi Hansjörg Maurer 1921: »Und unter das Gelichter gehört hineingefunkt, dass die Fetzen fliegen, kein Galgen wäre hoch genug, um sie nicht daran zu hängen.«

Im selben Jahr wagte der Student Richard Linsert einen erneuten Vorstoß für die versprengte Szene und wollte die Münchner Ortsgruppe des *Deutschen Freundschafts-*

Im Jahr 1998 wurde das Pissoir am Holzplatz, ein denkmalgeschütztes gusseisernes Oktogon aus dem Jahr 1900, für eine Ausstellung dekoriert.

La vie en rose?

Der *Arndthof*, Arndtstraße/Ecke Am Glockenbach, war 1933 eines der letzten Schwulenlokale.

verbands, des ersten offenen Homosexuellenvereins, gründen. Die Sittenpolizei schmetterte Linserts Vereinsgründungsantrag ab, und unterstellte, zu den Zielen des Vereins gehöre zwangsläufig »auch die geschlechtliche Annäherung der Eigenen«, welche dazu angetan sei »dem sexuellen Bedarf der Vereinsmitglieder neue Menschen, d. h. neue Opfer zuzuführen.«

Linserts Beschwerden fruchteten nicht, im Gegenteil: Seine Zimmerwirtin zeigte ihn an, weil der Maler Max Trauner mit ihm wiederholt in einem Bett schlief. Bei deren Verhaftung stellten die Beamten fest: »Jeder von ihnen hatte am Hals sogenannte Lutschflecken, wie sie auch bei Dirnen häufig zu sehen sind.« Doch außer »Lutschflecken« und Onanie konnte man den beiden Männern nichts nachweisen. Strafbar waren erst beischlafähnliche Handlungen. Linsert kämpfte weiter für seinen Verein, aber letztlich lehnte auch der Verwaltungsgerichtshof 1922 den Antrag ab und verwies auf die Argumente der Sittenpolizei. Im gleichen Jahr gab es in München offiziell kein einziges Schwulenlokal mehr. Natürlich muss es auch in den Folgejahren Szenekneipen gegeben haben, doch erst in der Nazizeit werden sie wieder nachweisbar, da aktenkundig!

Naziterror und KZ-Grauen

Willfährig gab sich die katholische Kirche in den Dienst der antischwulen Sache. Pater Erhard Schlund OFM leitete nicht nur das Erzbischöfliche Consilium, sondern stellte für die Polizei 1933 akribische Listen zusammen, die sämtliche »Schmutzverlage« enthielten, die es wagten, Akte abzubilden oder Kontaktanzeigen zu drucken. Mit dem Nationalsozialismus begann dann eine Zeit der Demütigung für Homosexuelle, die mit Ende des Zweiten Weltkriegs noch längst nicht beendet war. Bereits 1933 landeten die ersten im KZ Dachau, die von den dortigen politischen Gefangenen angefeindet wurden, da man ihnen unterstellte, als Spitzel für die SA zu arbeiten – schließlich war SA-Chef Ernst Röhm bekanntermaßen schwul. Am 30. Juni 1934 fiel Ernst Röhm unter dem falschen Vorwurf einen Putsch gegen Hitler geplant zu haben, einem internen Machtkampf zum Opfer, er wurde in Stadlheim erschossen.

Nun begann die großangelegte, organisierte Hatz auf Schwule. München als »Hauptstadt der Bewegung« sollte die Vorreiterrolle spielen. In der Nacht vom 20. auf den 21. Oktober 1934 fuhren vier Gefangenentransporte vor den beiden letzten Schwulenlokalen *Arndthof* Am Glockenbach/Ecke Arndtstraße und *Schwarzfischer* in der Dultstraße vor. Fast 100 Besucher wurden verhaftet, die meisten kamen wenige Stunden später wieder frei, einige landeten aber in Dachau. Gauleiter Adolf Wagner tobte vor Enttäuschung, dass die von ihm geplante Razzia so wenig Erfolg gebracht hatte. Fortan hielt man sich an die Rosa Listen aus dem Kaiserreich und der Weimarer Republik, die all jene enthielten, die jemals wegen Verstöße gegen § 175 aufgefallen waren. Das Unrechtregime änderte 1935 den entsprechenden Paragraphen so, dass nun jegliche Form der »Unzucht« strafbar war, nicht mehr nur beischlafähnliche Handlungen. Fortan waren Denunziantentum und Unterstellungen Tür und Tor geöffnet. Richter durften nach »gesundem Volksempfinden« entscheiden. Dieser Paragraph überlebte in der Naziform den Krieg und hielt bis 1969.

In Dachau lebten Schwule, durch einen rosa Winkel an der Kleidung gekennzeichnet, in einer gesonderten Baracke, die auch nachts hell erleuchtet war, damit »die Häftlinge während der Nacht sich einander nicht nähern können.« Schwerste körperliche Arbeit, Hungerrationen

Aktivisten protestierten ab 1985 dagegen, dass in Dachau kein Gedenkstein für die homosexuellen KZ-Opfer angebracht werden durfte. Erst seit 2002 werden schwulen Opfer gleichberechtigt neben politisch und religiös Verfolgten genannt.

und komplette Überwachung sollten die Männer zu »gesunden« Heteros umerziehen. Blanker Terror und Gewaltexzesse gehörten zum Alltag. Leopold Obermayer, schwuler Jude aus Würzburg mit Schweizer Pass, beschrieb seine Haft in Dachau: »Kein Bad und keine Brause vom 12. Januar bis 10. August« (...) »Hier wurde ich von Lang und Dessloch in Gegenwart vom Verwalter Kantschuster aufs gemeinste mit Fäusten verprügelt, so dass ich in den nächsten Tagen am Oberkörper grüne und gelbe Flecken, Stechen auf der Lunge, Rippenschmerzen bekam und mir jede Bewegung weh tat. Lang drosselte mich am Hals, Dessloch zog dabei den Revolver, um mich niederzuschießen, wenn ich die geringste Miene gemacht hätte, Widerstand zu leisten.« Den Prozess gegen Obermayer nutzte die Propaganda weidlich aus. »Satan vor Gericht – Der Prozeß gegen den jüdischen Männerverderber Obermayer – Schauerliche Schandtaten eines echten Talmudjuden«, hetzte das faschistische Zentralorgan *Der Stürmer* in seiner 52. Ausgabe vom Dezember 1936.
Obermayer und viele andere Schwule überlebten den KZ-Terror nicht, so auch August Gänswein aus der Müllerstraße 34 oder Max Ursprung aus der Dreimühlenstraße 28.

Von wegen Freiheit

Nach diesem Terror blieben alle, die aus Dachau entlassen wurden oder die Befreiung des KZ 1945 erlebten, nicht nur traumatisiert, sie blieben zudem stigmatisiert. Freunde und Familien wandten sich ab – auch und gerade nach Kriegsende. Von den 143 in Dachau durch Alliierte befreiten Schwulen landeten viele schnell wieder im Gefängnis. Der verschärfte § 175 galt nach wie vor. 1959 saßen fast 9.000 »Hunderfünfundsiebziger« in Gefängnissen, beinahe genauso viele wie 1938.
Kein Wunder, dass die schwule Nachkriegsszene nur im Verborgenen existierte und Klappen bevorzugte. Weiterhin spielte die Gegend um den Schlachthof eine große Rolle. Auch die Tatsache, dass nach dem Krieg in der Sendlinger Straße und der Müllerstraße der Straßenstrich blühte, verlagerte das, was es nicht geben durfte, Richtung Isarvorstadt. In den 1950er Jahren traf man sich privat, gründete Cliquen, ging an Herrentagen ins Müllersche Volksbad. Nur wenige Bars wie die *Schlangengrube* in der Reisingerstraße, die *Jockey-Bar* am Kolosseum oder das *Mosquito* in der Corneliusstraße 2 warteten mit verhangenen Fenstern auf einschlägige Gäste. Das Travestielokal *Spinne* in der Ringseisstraße hingegen war nicht für echte Transen gedacht, es richtete sich an amüsierfreudige Heteros. Von damals überlebte nur die 1957 in der Hans-Sachs-Straße eröffnete *Teddy Bar* bis ins 21. Jahrhundert. Dann vertrieb Luxussanierung die *Teddy Bar* von der

Augusta Wirsing – hier beim CSD 2000 – machte aus dem Rotlichtschuppen *Ochsengarten* Deutschlands erste schwule Lederbar.

Hans-Sachs- in die Pestalozzistraße. Schließlich schloss Wirt Friedl Steinhauser 2011 endgültig die Pforten.
1966 forderte die CSU die Schließung aller homosexuellen Kneipen, was Polizeipräsident Manfred Schreiber aber ablehnte. Ein Jahr später begann eine Münchner Schwulenlegende: Die Kellnerin Augusta Wirsing übernahm von ihrem Chef den Nuttentreff *Ochsengarten* in der Müllerstraße. Inspiriert von einer USA-Reise beschloss sie, etwas Neues zu wagen: So entstand aus dem einstigen Rotlichtschuppen Deutschlands erste Lederbar. Der *Ochsengarten* und auch das traditionsreiche, seit dem 19. Jh. existierende Wirtshaus *Deutsche Eiche* in der Reichenbachstraße trugen entscheidend dazu bei, dass die Isarvorstadt das Szeneviertel wurde. In der Eiche war Schwulsein schon normal, als noch die verschärfte Nazifassung des § 175 galt.

Eine Straßenschlacht mit Folgen

1969 änderte sich das schwule Leben schlagartig aus zwei Gründen: Erstens liberalisierte der Bundestag im Mai endlich den § 175, und freiwillige sexuelle Handlungen unter Männern ab 21 Jahren blieben straffrei (ab

Regisseur Rainer Werner Fassbinder (Mi.) mit seiner großen Liebe Armin Meier (l.) und einer sehr fröhlichen Dame bei einer Faschingsfeier in der *Deutschen Eiche* Mitte der 1970er Jahre.

La vie en rose?

In der *Teestube* der Homosexuellen Aktion München Am Glockenbach 10 trafen sich ab 1974 Schwule, die sich politisch engagieren wollten .

Von der HAM spaltete sich bald der VSG ab, hier die Mitglieder bei einem Treffen 1987 (u.).

1973: 18 Jahre). Zweitens stürmte in der Nacht zum 28. Juni des Jahres die New Yorker Polizei die Gaybar *Stonewall Inn* in der Christopher Street – wo skandalöserweise halbnackte Go-Go-Boys tanzten –, und drängte die Gäste auf die Straße. Zum ersten Mal wagte es die Szene nun, sich körperlich gegen die mutwilligen Razzien zu wehren, die außer der Demütigung keinem Zweck dienten – statt wie gewohnt zu kuschen, flogen Flaschen, Steine und Fäuste. Schwule, Lesben und Anwohner lieferten sich eine tagelange Straßenschlacht mit der Ordnungsmacht. Die moderne Homosexuellenbewegung war geboren. In Gedenken an die mutigen New Yorker feiert man seitdem weltweit den Christopher-Street-Day.

Überall gründeten sich nun Gruppen, die sich für die Rechte der Schwulen einsetzten. Auch in München. In der Deutschen Eiche tagte am 9. November 1971 erstmals die Homosexuelle-Aktions-Gruppe (HAG), die sich bald in Homosexuelle Aktion München (HAM) umbenennen musste, weil der Kaffeekonzern Hag klagte. Ab Juni 1974 traf sich die Gruppe um den engagierten Publizisten Gustl Angstmann im *ex-a-theater* in der Pestalozzistraße 20, bis dann im Dezember des gleichen Jahres die *Teestube* Am Glockenbach 10 eröffnete. Diese *Teestube* der studentisch geprägten, revolutionären HAM wurde die erste Anlaufstelle für politisch engagierte Schwule. Für viele ging die HAM aber zu weit, 1974 gründete sich daher der Verein für sexuelle Gleichberechtigung (VSG), der von 1978 bis 1985 ebenfalls ein Schwulenzentrum unterhielt (erst in Haidhausen, dann in der Dachauerstraße). Wieder gab es etliche, die mit der Arbeit des VSG unzufrieden waren. Die studentische Homosexuelle Alternative (HALT) und die Rosa Freizeit formierten sich. Die Rosa Freizeit unterhielt in den 1980ern eigene Räume. Auch in der Auenstraße 31 existiere ein Informationszentrum.

1980 entstand die Gruppe Homosexuelle und Kirche (HuK) und am 28. Juni des Jahres erlebte München seinen ersten Christopher-Street-Day, bei dem sich nur ein versprengtes Häuflein Menschen am Viktualienmarkt versammelte – viele aus Angst vor Repression vermummt. Von der heute so lauten und bunten Parade, die Tausende anzieht und 2007 als Mega-Event erstmals an zwei Tagen stattfand, wagte man nicht einmal zu träumen. Aber die Mutigen der ersten Stunde gaben nicht auf, erlebten auf der Höhe der Aids-Hysterie, dass die begleitenden Polizeibeamten permanent Gummihandschuhe trugen. Und 1994 vertraute der CSD ganz auf Frauenpower. Als nämlich Neonazis angekündigt hatten, die Party zu sprengen, setzte sich das Ordnerteam beinahe komplett aus Lesben zusammen. Sonst immer an vorderster Front, wenn es darum geht, Gewalt gegen Schwächere als Heldentum zu verkaufen, kniff der braune Mob dann doch, denn als Frauenschläger wollte keiner dastehen.

Gauweilers eiserner Besen

In den frühen 1980er Jahren zählte München mit San Francisco, New York und Amsterdam zu den vier schwuls-

Die neu gegründete Partei »Rosa Liste« zog 1990 bei den Kommunalwahlen in vier Bezirksausschüsse ein. Mit dabei: der spätere Stadtrat Thomas Niederbühl (4. v. l.).

ten Metropolen der Welt – deutschlandweit sowieso ohne jegliche Konkurrenz. Man brauchte keine Klappen und Hinterzimmer mehr, man hatte ja die Isarvorstadt, damals »Äquator« genannt. Wer einen Kerl aufreißen wollte, konnte das nun öffentlich tun. In jener Zeit eröffnete in der Ecke Müller-/Thalkirchner Straße der legendäre Schwulenclub *New York*, der später in die Sonnenstraße umzog. In den Ex-*New-York*-Räumen hielten sich danach lange Jahre Schwulendiskos (*Alcatraz, M-Pire, The Stud*), bevor sich in den 2000er Jahren mit der *Ersten Liga* (heute *Yip Yab*) die Hetero-Clubszene breit machte.
Mit der Blüte begann aber der zwischenzeitliche Untergang. Das Aufkommen der Immunschwächekrankheit Aids stellte die völlig zersplitterte Münchner Schwulenszene vor enorme Herausforderungen. Die größte hatte einen Namen: Dr. Peter Gauweiler (CSU), Kreisverwaltungsreferent. Er wollte mit eisernem Besen die schwule Infrastruktur aus der Stadt fegen. Er forderte Zwangstests, namentliche Meldepflicht und Isolation für HIV-Infizierte. Wegen der regelmäßigen Razzien traute sich nachts kaum noch jemand in die beliebte Klappe am Sendlinger Tor. Die Szene schottete sich in Clubs mit »Einlass vorbehalten« ab. Der politische Ton erinnerte an vergangene Zeiten. Sprüche wie »Homosexuelle sind krankhaft und contra naturam, und somit dem Randbereich der Entartung zuzuordnen. Dieser Rand muss ausgedünnt werden.« des bayerischen Kultusministers Hans Zehetmair (*Der Spiegel*, Nr. 12/1987) trugen nicht zur Entspannung der Lage bei. Die ganze Welt schaute geschockt auf München. Viele Schwule verließen die Isarmetropole Richtung Berlin, Hamburg und Köln und trugen dazu bei, dass sich bis heute hartnäckig die Mär hält, man könne als Schwuler in der Pionierstadt der deutschen Schwulenbewegung einfach nicht leben.
Dabei gab es einen prominenten Zeitgenossen, der genau zu dieser Zeit das Gegenteil bewies: Freddie Mercury, Leadsänger der Gruppe Queen, hatte sich in München und vor allem einen Münchner verliebt, lebte zeitweise in der Hans-Sachs-Straße 22 und verkehrte im *Ochsengarten*, im *Frisco* (heute *Padres*, Blumenstraße) oder auch in der *Teddy Bar*, Hans-Sachs-Straße. Legendär wurde seine »Mutter aller Partys« (O-Ton BBC) im *Mrs. Hendersen* (heute *Paradiso*, Müllerstraße). Übrigens gehörte auch David Bowie, der immer nur mit Berlin in Zusammenhang gebracht wird, zu den regelmäßigen München- und Szenebesuchern.

Gemeinsam stark

Gauweiler & Co. hatte trotz allem etwas sehr Positives: Letztlich trugen sie dazu bei, dass sich die Szene einte und ihre Kräfte auf den gemeinsamen Feind konzentrierte, dass es für eine funktionierende Schwulenszene viel Wichtigeres gab als eine möglichst hohe Darkroomdichte. VSG, HuK und der Münchner Löwenclub (MLC) gründeten 1984 die Münchner Aids-Hilfe – die erste regionale Einrichtung dieser Art in Deutschland, die zunächst in der Müller-, dann in der Cornelius- und seit 1994 in der Lindwurmstraße residiert. Ebenfalls 1984 bot ein Stadtrat der Gauweilerschen Politik Paroli, indem er sich öffentlich outete: Gerd Wolter, für die Grünen von 1984 bis 1990 im Münchner Rathaus, musste daraufhin mit Morddrohungen leben.
Aus den Erfahrungen mit Gauweiler & Co. hatte die engagierte Schwulenszene gelernt. Als gruppenübergreifende Einrichtung wurde 1986 das Schwule Kommunikations- und Kulturzentrum (SchwuKK) gegründet, das zwei Jahre später in der Müllerstraße 44 Räume bezog und dort das Zentrum »Sub, Infoladen für schwule Männer« eröffnete. Der Verein – heute offiziell nur noch Sub e. V. – zog ein paar Mal innerhalb der Müllerstraße um, zuletzt im Frühjahr 2012 in die Hausnummer 14, wo er umfangreiche Workshops, Beratungen, Freizeit- und Selbsthilfegruppen anbietet oder betreut.
1989 konnte München erneut eine Deutschlandpremiere verzeichnen: Am 2. September beschlossen Schwule und Lesben bei einem Treffen im Sub, zur Stadtratswahl 1990 mit einer eigenen Liste anzutreten. Die Rosa Liste war geboren und zog auf Anhieb in vier Bezirksausschüsse ein. 1996 wurde mit Thomas Niederbühl der europaweit erste Stadtrat einer schwul-lesbischen

Freddie Mercury feierte gerne in Münchner Szeneläden, wie hier in der *Deutschen Eiche* mit Schauspielerin Barbara Valentin.

La vie en rose?

Das »Pumps-Race« fand ursprünglich im kleinen Rahmen ab 1998 am Holzplatz statt. Heute ist es ein Massenspektakel auf dem Marienplatz.

Wählerinitiative vereidigt. Auch aufgrund der Erfolge von Sub und Rosa Liste lösten sich 1991 die Rosa Freizeit und 1998 der VSG auf. Mit der Streichung des § 175 im Jahr 1994 endete ein wichtiger Aspekt im Kampf um mehr Rechte für Homosexuelle. 2002 errichtete München das deutschlandweit erste Aids-Memorial am Sendlinger Tor.

Heute ist die Isarvorstadt längst weltweit als das Schwulenviertel Münchens bekannt. Hier sind die Infozentren – das erwähnte Sub baut ständig sein Angebot aus, die lesbische Beratungsstelle LeTra befindet sich in der Angertorstraße und die städtische Koordinierungsstelle für gleichgeschlechtliche Lebensweisen gleich ums Eck in der Müllerstraße –, hier sind die meisten Clubs, Bars, Cafés, Läden und Sexshops. Zu den Eurogames (den »Europäischen Schwulen Olympischen Spielen«) platzte 2004 die Kneipenszene zwischen Gärtnerplatz und Sendlinger Tor aus allen Nähten. 5.300 Sportler und über 20.000 Gäste, so viele wie bei keinen Eurogames bisher, tummelten sich hier.

Doch schon seit etlichen Jahren beklagt die Szene, die die Isarvorstadt zum Hotspot gemacht hat, dass das Viertel vollkommen verhetet. Wo immer ein schwuler Laden dicht macht, eröffnet umgehend ein schnuckeliges Tagescafé, das ganz auf die neue Zielgruppe der Berufsmütter (von bösen Zungen in Anlehnung an den Viertelnamen mittlerweile »Glocken-Bache« genannt) samt kreischender Bälger ausgelegt ist. Schwangere statt Schwule bestimmen längst das Straßenbild. Dabei muss sich die Szene auch selbstkritisch an die Nase fassen, denn ihr konsumorientiertes Kennenlernverhalten hat sich stark auf das Internet verlagert. Wenn ein Wirt keinen Umsatz mehr macht, muss er eben schließen. Auch der traditionsreiche Schwulenbuchladen *Max & Milian* in der Ickstattstraße musste Ende 2011 das Geschäft aufgeben – die Kunden blieben aus.

Aber letztlich vermischen sich heute die Szenen, vermutlich schrumpft die Schwulenszene nach der auffällig starken Expansion in den 1990ern nur auf ein normales Maß zusammen. Natürlich ist nicht zu übersehen, dass im Gefolge der toleranten Heteros, die es cool finden, schwule Nachbarn zu haben, nach und nach diejenigen ins Viertel ziehen, die über die mühsam erkämpften schwulen Freiräume im günstigsten Fall nur die Nase rümpfen, im ungünstigsten die neue Intoleranz fordern. Die Zahl der Überfälle auf Schwule soll in den vergangen Jahren jedenfalls zugenommen haben.

Doch ein neues schwules Viertel ist in München nicht in Sicht, also bleibt die Isarvorstadt das Bermudadreieck. Und spätestens zu den zahlreichen Straßenfesten des Viertels, vor allem auf dem 1991 vom Sub ins Leben gerufenen schwulen Hans-Sachs-Straßenfest oder der Wahl der »Maikönigin«, besteht kaum ein Zweifel, dass Schwule und Lesben hier ihre Heimat haben.

Körperkult und Transen – schwule Klischees, aber auch beliebte Fotomotive bei den CSDs.

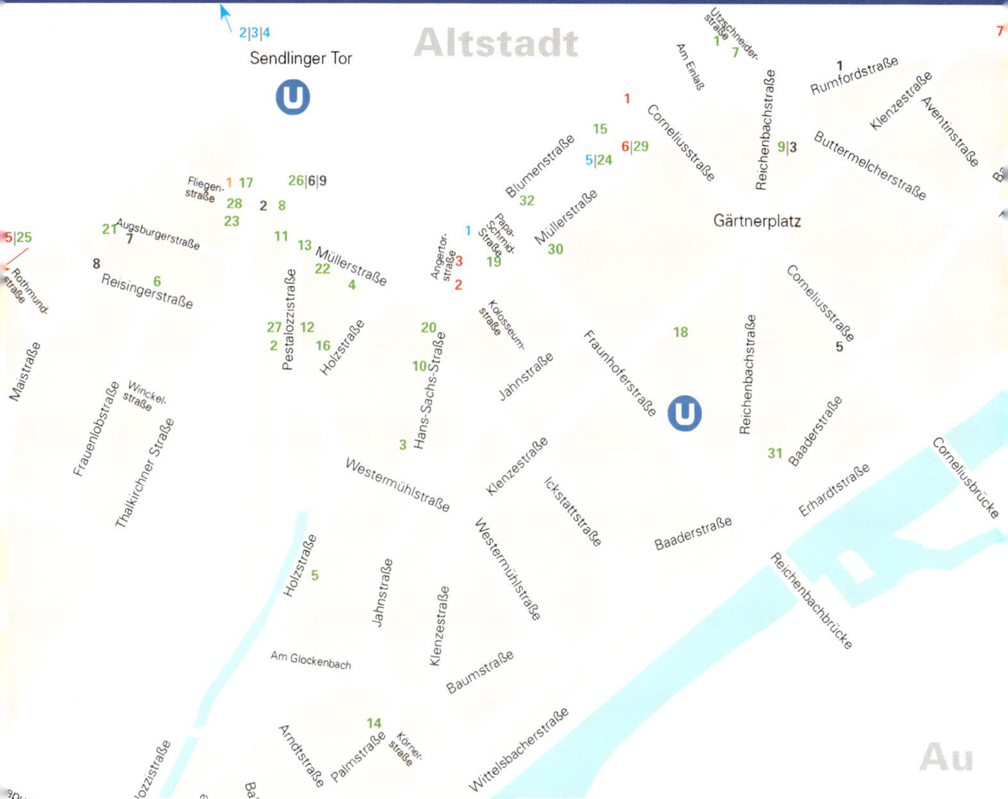

Isarvorstadt ist gay – eine kleine Auswahl an Adressen ohne Anspruch auf Vollständigkeit :

Info, Beratung, Community

1 Diversity, LesBiSchwules Jugendzentrum, Blumenstr. 11
2 Koordinierungsstelle für gleichgeschlechtliche Lebensweisen, Angertorstr. 7 (Eingang Müllerstraße)
3 LeTRa, Lesbentelefon, Angertorstr. 3
4 Marikas, Beratung für Callboys, Dreimühlenstr. 1
5 Münchner Aids-Hilfe e. V. + Beratungsstelle rosaALTER, Lindwurmstr. 71
6 Sub, Schwules Kommunikations- und Kulturzentrum München, Müllerstr. 14
7 Team München, *schwul-lesbischer Sportverein*, Rumfordstr. 39

Bars, Cafés und Restaurants

(manche »Men Only«, andere mit sehr gemischtem Publikum)

1 Alexander's Café, *Bar*, Utzschneiderstr. 4
2 Aroma, *Café*, Pestalozzistr. 22
3 Auroom, *Bar*, Hans-Sachs-Str. 20
4 Bau, *Bar*, Müllerstr. 41
5 Beim Franz, *Resto*, Holzstr. 41
6 Camp, *Bar/Darklight-Zone*, Reisingerstr. 15
7 Colibri, *Bar*, Utzschneiderstr. 8
8 Corso, *Bar/Café*, Müllerstr. 51
9 Deutsche Eiche, *Resto/Hotel*, Reichenbachstr. 13
10 Drei Glöcklein, *Bar*, Hans-Sachs-Str. 8
11 Edelheiss, *Bar*, Pestalozzistr. 6
12 Eismeer, *Eiscafé*, Pestalozzistr. 21
13 Glockenbach, *Café/Resto*, Müllerstr. 49
14 Glück, *Café/Resto*, Palmstr. 4
15 Jeans, *Bar*, Blumenstr. 15
16 Jennifer Parks, *Bar/Club*, Holzstr. 14
17 Kraftakt, *Café/Resto*, Thalkirchner Str. 4
18 Lotter-Leben, *Bar*, Klenzestr. 43
19 Moro, *Resto*, Müllerstr. 30
20 Nil, *Bar*, Hans-Sachs-Str. 2
21 Noxx, *Bar*, Augsburgerstr. 21
22 Ochsengarten, *Bar/Fetisch*, Müllerstr. 47
23 Pop As, *Bar*, Thalkirchner Str. 12
24 Prosecco, *Bar*, Theklastr. 1
25 Regenbogen, *Café/Resto*, Lindwurmstr. 71
26 Rendezvous, *Bar*, Müllerstr. 54
27 Rostiger Pudel, *Bar/Resto*, Pestalozzistr. 20
28 Rubin, *Café/Resto*, Thalkirchner Str. 10
29 Sub Café, *Café/Resto*, Müllerstr. 14
30 Sunshine Pub, *Bar*, Müllerstr. 17
31 Tom & Mike's, *Bar*, Baaderstr. 68
32 Zur Feuerwache, *Bar*, Blumenstr. 21

Club, Party

1 Café am Hochhaus, *Bar/Club*, Blumenstr. 29
2 Eden Bar, *Club*, Sonnenstr. 25
3 Garry Klein, *Mittwochs im* Harry Klein, Sonnenstr. 8
4 New York, *Club*, Sonnenstr. 25
5 Hanoi, *Bar/Club*, Theklastr. 1

Shop

1 Brunos, *Gay-Media-Store*, Thalkirchner Str. 4

Erotik

1 Buddy, *Sexshop/Kino*, Rumfordstr. 11a
2 Diburnium, *Sexshop*, Thalkirchner Str. 5
3 Deutsche Eiche, *Saunaclub*, Reichenbachstr. 13
4 Energie Fkk-Club, *Gay-Naked-Bar*, Maistr. 63
5 Follow Me, *Sexshop*, Corneliusstr. 32
6 M 54, *Herrensauna*, Müllerstr. 54
7 Parus, *Sexshop/Leder*, Augsburgerstr. 19
8 Savage Leather, *Leder*, Reisingerstr. 5
9 Spexter, *Sexshop/Kino*, Müllerstr. 54

2.36 Altes Arbeitsamt/»Yoo«

Um die Energien zu bündeln, beschloss der Magistrat 1911, dass statt mehrerer über die Stadt verteilter kleiner Arbeitsämter ein Neubau vonnöten sei. Drei Jahre später wurde das neue Arbeitsamt in der Thalkirchner Straße 54 eröffnet. Wegen der hohen Arbeitslosigkeit wurden schnell Zweigstellen in anderen Stadtteilen eingerichtet. 1921 kam eine Berufsberatungsstelle für schulentlassene Jugendliche hinzu. 1927 trat dann das Gesetz über Arbeitsvermittlung und Arbeitslosenversicherung in Kraft, damit schied das Arbeitsamt nach 33 Jahren aus der Münchner Kommunalverwaltung aus. Prominentester Mitarbeiter des Arbeitsamts zu jener Zeit war der Münchner SPD-Vorsitzende Thomas Wimmer (später von 1948 bis 1960 Münchner Oberbürgermeister). Ein weiterer bedeutender Sozialdemokrat, Eduard Schmid (von 1919 bis 1924 Erster Bürgermeister Münchens) lebte übrigens in der Jahnstraße 46.

Kurz vor der Machtergreifung Hitlers war die Zahl der Arbeitslosen so dramatisch gestiegen, dass es vor dem Haus in der Thalkirchner Straße regelmäßig zu gewalttätigen Unruhen und Ausschreitungen kam. Die SA mischte sich unter die aufgewühlte Masse und kaufte sich das Wohlwollen der Verzweifelten mit kostenloser Verpflegung. Im März 1933 besetzten zwei Abteilungen der SA das Arbeitsamt. Der *Völkische Beobachter* blökte, endlich kehre »der nationalsozialistische Besen im Arbeitsamt. Die marxistische Clique festgenommen. Im Rahmen der großen Säuberungsaktion in München wurde auch der marxistischen Bonzenherrlichkeit im Münchner Arbeitsamt ein jähes Ende bereitet«. Die Bomben des Zweiten Weltkriegs trafen das Gebäude 1943 und 1944 schwer, der Westtrakt lag komplett in Schutt und Asche. Doch kaum hatte der Krieg ein Ende, nahm das Amt seine Tätigkeit in dem zu gut zwei Dritteln zerstörten Haus wieder auf. Gute fünf Jahre zog sich der Wiederaufbau hin. 1952 wurde die Bundesanstalt für Arbeitsvermittlung und Arbeitslosenversicherung errichtet, das Arbeitsamt München war fortan Bundesbehörde. Ständig wuchsen die Aufgaben – der Platz im Haus an der Thalkirchner Straße reichte bald nicht mehr aus. Man lagerte aus, was nur ging. Zuletzt arbeiteten mehr Mitarbeiter in den neun ausgelagerten Standorten als an der Thalkirchner Straße. 1987 erfolgte der Umzug in das neue Arbeitsamt in der Kapuzinerstraße.

Aus dem alten, einst blutig umkämpften Arbeiterhaus mit großer Vergangenheit wurde die von dem Star-Designer Philip Starck dekorierte Luxusherberge »Yoo« für Bestverdiener und Berufserben (bei Verkaufsstart kostete der Quadratmeter 7.000 Euro). Wir wollen an dieser Stelle selbstverständlich tunlichst vermeiden, ausgerechnet den *Völkischen Beobachter* von wegen »Bonzenherrlichkeit« zu zitieren.

2.37 Halle 7

Ein außergewöhnliches, damals bundesweit einzigartiges Projekt für Theaterberufe riefen die Regisseure Claus Peter Seifert und Dirk Engler im Februar 2001 ins Leben: Sie gründeten den inkunst e. V. Sie wollten Schauspielern und anderen, die professionell im Bereich Darstellende Kunst arbeiten, die Möglichkeit geben, auch in Zeiten der Arbeitslosigkeit weiter ihren Beruf ausüben zu können. In der Waltherstraße 7a konnten sie ein leerstehendes Gebäude der Stadtwerke München anmieten und als Proberäume für eigene Inszenierungen nutzen. Als Partner gewannen die Macher die Bundesagentur für Arbeit, die die Inszenierungen als Weiterbildungsprogramm finanziell unterstützt. Schon bald wurden die Probenräume zum Spielort ausgebaut: die Halle 7 war geboren. Für die Arbeitsagentur lohnt sich das Engagement, denn viele Schauspieler, die in der Halle 7 arbeiteten, bekamen anschließend neue Engagements und waren nicht weiter auf Arbeitslosengeld angewiesen. Mit dem Umbau des alten Arbeitsamts, Thalkirchner Straße, und der ehemaligen AOK, Maistraße, musste die Halle 7 sich neue Räume suchen und zog in die Kultfabrik am Ostbahnhof.

Die AOK im Jahr 1910

2.38 »Isarstadtpalais«

Hinter der prächtigen Fassade des Gebäudes Maistraße 43-47 residierte einst die Allgemeine Ortskrankenkasse in München. Das AOK-Haus entstand 1912 nach Plänen des Architekten Carl Vent, seine Fassade ist denkmalgeschützt. 2005 verließ die AOK die Isarvorstadt und zog in die sogenannte Persil-Schule nach Neuhausen. Das historische Anwesen wurde von JK Wohnbau übernommen und zu einem Wohnhaus der gehobensten Preisklasse umgebaut mit zweigeschossiger Vorhalle und 171 Wohnungen auf sechs Etagen. Direkt anschließend, Maistraße 41 und Waltherstraße 7 entstand ein Neubaukomplex, dessen bunkerartige Optik sich beim besten Willen nicht wirklich in die Umgebung eingliedert.

2.39 Tumblingerschule

Pädagogen und vor allem Eltern würden heute die Hände über dem Kopf zusammenschlagen, aber 1892, nur ein Jahr nach der Eröffnung, sah es an der Tumblingerschule so aus: 1.800 Kinder drängten sich in den Klassenräumen, es gab 30 Klassen mit je 60 Schülern. Noch heftiger wurde es dann während des Ersten Weltkriegs. Wegen Lehrermangel pfercht man bis zu 92 Kinder in einer Klasse zusammen. Übrigens diente das Lehrmittelzimmer in jenen Jahren auch als Lager für Gewehre … Im Winter 1917, es herrschten –20 °C, musste die Schule dann für einige Wochen schließen, denn Kohlen waren rar und beim Lehren bzw. Lernen sollte niemand erfrieren.

Kalt war es auch im ersten Winter nach dem Zweiten Weltkrieg. Die Räume dienen nun als Flüchtlingsnotquartiere. Der Schulbetrieb findet in der Klenzeschule statt und viele Kinder müssen erbärmlich frieren. Von den rund 600 Schülern, so heißt es in der Chronik, hatten 122 keinen Mantel. 1946 wurde das Flüchtlingsheim aufgelöst, dafür richtete die Caritas ein Asyl für verwahrloste Mädchen im Gebäude ein. Erst nach und nach wurde aus dem alten Gebäude wieder das, weshalb es erbaut wurde, eine Schule. Seit 1967 ist die Tumblingerschule eine reine Grundschule für die Klassen 1 bis 4. Die Gebäude wurden in den Jahren 1977 bis 1981 saniert. Seit dem Schuljahr 2011 bietet die Schule auch eine Ganztagesklasse an.

2.40 Thomasbräu und Paulaner Bräuhaus

Wo, wenn nicht in Pilsen, konnte man im 19. Jh. am Besten das Bierbrauerhandwerk lernen? Juwelier Carl Thomaß, der an der Gründung der Löwenbräu Ag beteiligt gewesen war, schickte seinen Sohn Eugen also zur Braumeister-Ausbildung nach Pilsen. In München kauften die Thomaß-Brüder Eugen und Ludwig 1889 das *Münchner Bräuhaus* von Ludwig Massenbach. Massenbach selbst hatte die Brauerei sechs Jahre zuvor von Josef Hubinger erworben, der das Haus als *Zum kleinen Hofbräuhaus* 1881 am Kapuzinerplatz gegründet hatte. Die neue Brauerei hieß nun »Gebrüder Thomaß Bierbrauerei zum Thomasbräu München OHG«. Um ihrem Unternehmen den traditionsreichen Anstrich einer alten Klosterbrauerei zu geben, strichen sie das »ß« im Namen und schrieben den Brauereinamen in Anlehnung an den Hl. Thomas nur mit »s«. Eugen Thomaß setzte um, was er in Böhmen gelernt hatte und braute ein neuartiges, helles Bier. Das Helle kam so gut an, dass die Brauerei stetig wuchs, bis sie sich über das gesamte Areal vom Kapuzinerplatz bis zur Maistraße ausdehnte. 1923 verbändelten sich Thomasbräu und die Paulaner-Salvator-Brauerei AG zu einer Interessengemeinschaft, woraus fünf Jahre später eine Fusion wurde. Die Zerstörungen des Zweiten Weltkriegs trafen Paulaner weniger hart als Thomasbräu. Paulaner konnte mehr investieren – und übernahm schließlich Thomas komplett. Das Anwesen am Kapuzinerplatz wurde zum *Paulaner Bräuhaus.*

Zum hundertjährigen Jubiläum 1989 wurde das Haus nach historischen Aufnahmen renoviert und wieder vom reinen Gasthaus in eine Brauerei mit Gastwirtschaft umgewandelt. Gleich links neben dem Eingang stehen nun die großen kupfernen Braukessel, Interessierte können Führungen durch die Brauerei buchen. Seit 2005 ist Ulrich Schindler Braumeister im Haus. Das Bier heißt in Erinnerung an die Firmengründer immer noch Thomas Zwickl (Zwickl ist ein spezieller Schlüssel, mit dem der Hahn des Biertanks geöffnet wird). Zum Bräuhaus gehört auch ein Biergarten an der Kapuzinerstraße.

Thomasbräu 1906 von der Maistraße aus gesehen

2.41 Untere Lände

siehe Feature »Europas größter Floßhafen«, S. 22

2.42 KuBu

Kinder haben in der Isarvorstadt eine coole Anlaufstelle: das KuBu Am Glockenbach 14. Das Projekt hat seine Wurzeln in den 1970ern, als Studenten und Dozenten der Katholischen Stiftungsfachhochschule ein Projekt zur besseren Integration von Gastarbeiterkindern ins Leben riefen. Bald wandelte sich der Arbeitsschwerpunkt von der reinen Gastarbeiterhilfe zur Einrichtung Kunterbunt, in der soziale Kompetenz durch Lernen und Spielen gefördert werden. 1975 wurde die Caritas Träger des Projekts, gleichzeitig stellte die Pfarrei St. Maximi-

lian Räume zur Verfügung. Das Angebot erweiterte sich ständig, neben Hausaufgabenhilfe und Jugendarbeit konnte bald ein Mittagstisch angeboten werden. 2000 fand das KuBu seine heutige Bleibe in dem idyllisch gelegenen Häuschen direkt am Westermühlbach. Als die Bäche einst noch von wirtschaftlicher Bedeutung waren, wurde es als Eichamt erbaut. Zuletzt diente das Haus der Stadtgärtnerei. Nach umfangreichen Umbaumaßnahmen 2005 gibt es nun viel Platz für ein Kinder- und Jugendcafé, Disco, separate Mädchen- und Jungenräume, Kurse, Sportanlagen, Ferienprogramme und vieles mehr. Das KuBu betreut zudem die Schüler der Grundschule Implerstraße mit Hausaufgabenhilfe und Mittagessen.

2.43 Pulvermühle, Untere

siehe S. 138

2.44 St. Martin

Beinahe winzig klein schmiegt sich das schlichte, in den 1960er Jahren gebaute Backsteinkirchlein St. Martin an einen Hinterhof der Arndtstraße. Es gehört zur evangelischen Pfarrei St. Lukas im Lehel und bietet seit 2004 seine Dienste als spirituelles Zentrum unter dem Motto »Schweigen – Reden – Handeln« an. Es sieht sich als Heimat für »Grenzgänger« und Suchende, die nichts mehr mit der Institution Kirche anfangen können, und ist das einzige evangelische Meditationszentrum in der Millionenmetropole. Ganz im Sinn der Ökumene bietet St. Martin als Münchner Pilgerherberge allen eine kostenfreie Übernachtungsmöglichkeit an, die sich auf dem Jakobsweg befinden.

2.45 Pechwinkel

Reste der Kleinbebauung im Pechwinkel: die Palmstraße 11 im Jahr 1907

Pechwinkel – so nannte man noch Anfang des 20. Jh. das Glockenbachviertel. Das Gebiet an der Palmstraße – sie heißt auf alten Stadtplänen noch Pechwinkel – ist eine der ältesten Siedlungen im Viertel. Es verdankte seinen Namen den Pechsiedern, die man einst weit draußen vor der Stadt ansiedelte, um die Geruchsbelästigung für die Städter zu minimieren. Später erinnerte die Wirtschaft *Zum Pechgarten* (dann: *Körnergarten*) an den alten Namen. Auf dem Gebiet der heutigen Körnerstraße befand sich im 14. Jh. der Übungsplatz der Stachelschützen (= Armbrustschützen). 1391 ließ der Rat der Stadt den Schießplatz erneuern.

2.46 Toni Neuber Stahlgroßhandel

Es war einmal ... Anfang 2011 verschwand sang- und klanglos auch der letzte Industriebetrieb aus dem boomenden Glockenbachviertel. Das Fabrikgelände an der Jahnstraße 24 wurde abgerissen und ein neues Wohnhaus hingestellt. Die Geschichte von Neuber begann

Die Firma Neuber in der Jahnstraße

1911, als der Kaufmann Toni Neuber seine Therese heiratete, die Tochter von Josef Wallner, der eine gutgehende Werkzeugfabrik und eine Lohnhärterei in der Holzstraße 11 betrieb. In einer Lohnhärterei werden gegen Bezahlung (Lohn) Wärmebehandlungsaufgaben (Härten, Glühen, Anlassen, Vergüten usw.) vorgenommen.. Wallner war zwar kein Immobilienspekulant, aber er legte sein Geld gerne in Grund und Boden an. So konnte er seinem Schwiegersohn 1921 das Grundstück an der Jahnstraße 24 zur Verfügung stellen, wo Toni Neuber eine Vertretung für Stahl und branchenverwandte Produkte gründete. Die Betriebe von Schwiegersohn und Schwiegervater florierten, 1937 übernahm Neuber von Wallner die gut gehende Lohnhärterei. Toni Neuber verstarb zwei Jahre später überraschend. Seine Witwe Therese führte die Firma durch die Wirren des Zweiten Weltkriegs. Nach dem Krieg stieg Sohn Kurt in die Firma ein und baute Vertrieb sowie Härterei konsequent aus. Weil die Kapazitäten in der Holzstraße nicht mehr ausreichten, in der Jahnstraße aber noch genügend Platz zur Verfügung stand, legte man 1954 beide Firmen zusammen. In den 1960er Jahren begann die Firma Wallner mit dem Vakuumhärten. Zuletzt besaß die Härterei fünf moderne Vakuumanlagen und konnte

Der Abriss 2011

jeden Wunsch der anspruchsvollen High-Tech-Kunden erfüllen. Ab 1978 leitete Toni Neuber jr. beide Firmen. Doch der Standort erwiese sich als zunehmend schwierig. Die Lkw rangierten nur sehr mühsam durch die engen Straßen. So kam 2011 das Aus. Neuber verkaufte das Grundstück im Erbpachtrecht an einen Investor.

2.47 Pössenbacher

Das muss ein rechter, äh, Schreiner sein, dem niemals fiel das wandern ein ... Anton Pössenbacher jedenfalls hatte Fernweh, nachdem er 1860 die Kunstgewerbeschule München beendet hatte. Er ging drei Jahre auf Wanderschaft und arbeitete in Wien, Berlin, Köln, Paris und London. 1866 kaufte er seinem Vater für 10.000 Gulden die Schreiner-Gerechtsame ab. Sein Geschäft florierte so, dass er 1873 von dem Zimmermeister Reifenstuel ein 2 Tagwerk großes Anwesen mit Wasserkraft in der Baumstraße 3 (heute Jahnstraße 45) für 70.000 Gulden abkaufte, das er zu einer Möbelfabrik ausbaute. Pössenbacher stieg zum europaweit führenden Hersteller von exquisiten Luxusmöbeln auf. König Ludwig II. ließ von Pössenbacher nicht nur die Münchner Residenz, sondern auch seine neuen Schlösser Linderhof, Herrenchiemsee und Neuschwanstein ausstatten. Die Entwürfe stammten teils von seiner Majestät, teils von Pössenbacher. Allein am neugotischen Schlafzimmer von Neuschwanstein schnitzten 60 Arbeiter eineinhalb Jahre lang. Regenten, Fabrikanten und Großindustrielle bestellten sich bei der Firma im Glockenbachviertel ganze Raumausstattungen für ihre Villen. Anton Pössenbacher erhielt den Titel eines Kgl. Hofmöbelfabrikanten und Kommerzienrates. Sohn Heinrich Pössenbacher übernahm die Möbelfabrik im Jahr 1902. Auch er bediente weiterhin eine sehr exklusive Kundschaft, ent-

Die Firma Pössenbacher fertigte auch die Möbel für die Märchenschlösser Ludwigs II.

warf und fertigte beispielsweise ganze Schiffseinrichtungen. 1927 vergrößerte er sein Unternehmen und baute eine Maschinenhalle und eine weitere Werkstatt auf dem Gelände. Dann kam der Zweite Weltkrieg und mit ihm die Bombenteppiche über München, die auch die Firma Pössenbacher schwer trafen. Teile der Fabrik und das ganze Holzlager wurden zerstört. Doch Pössenbacher baute neu auf und produzierte weiter. Allerdings war der Markt für exklusive Luxusmöbel komplett zusammengebrochen. Mit der günstigen Serienfabrikation konnte sich Pössenbacher nicht anfreunden. Also beschlossen er und seine am Geschäft beteiligten Söhne Fritz und Otto 1951 den Verkauf der Fabrikanlage an die Elektrotechnische Fabrik Alois Zettler GmbH.

Nur der Altbau an der Jahnstraße ist heute noch erhalten.

2.48 Zettler

Es war ein Mittwoch, jener 18. April 1877, als der gerade einmal 23 Jahre junge Alois Zettler sein Kleinmechanikergewerbe beim Magistrat der Stadt München anmeldete. Zettler, der aus einer Müllerfamilie stammte, hatte eine Lehre bei einem Optiker- und Mechanikermeister abgeschlossen, studierte nebenbei noch Maschinenbau, Mathematik, Chemie und Physik – und als ob das nicht genügen würde, finanzierte ihm der stolze Vater auch noch Privatunterricht bei Prof. Zottmeyer. Als fertiger Geselle ging Alois vier Jahre auf die Walz, die ihn u. a. nach Frankreich, England und sogar in die USA führte, wo er die Elektrotechnik kennen lernte. Zettler war fasziniert: Was für Möglichkeiten diese neuartige Technik bot! Zurück in München eröffnete er 1877 seine Feinmechanischen Präzisionswerkstätten in der Zweibrückenstr. 3. Damit er nebenbei weiterhin studieren konnte, nahm er nur ausgesuchte Einzelaufträge an – und musste schnell Personal einstellen. Der studierende Jungunternehmer bot Nivellierinstrumente, Kippregler, Distanzmesser, Luftpumpen, Telefone nach Bell-Technik und vieles mehr an. Sein großer Durchbruch wurde die Erfindung des brauchbaren Spannungsreglers, denn die schwankende Spannung der Stromversorgung sorgte immer noch für große Probleme.

1881 begegneten sich Zettler und Oskar von Miller. Miller regte eine große internationale Elektrizitäts-Ausstellung an, an der sich Zettler begeistert beteiligte. Nach der Ausstellung nannte er seine Firma: Münchner elektrische Beleuchtungsanstalt und mechanische Werkstätte Alois Zettler. Nun wurden das Königshaus, das Militär und die Post seine Kunden. Ludwig II. machte ihn zum »Ersten Hofilluminator«. Und Zettler erfand und erfand: Die erste elektrische Kassensicherung, den selbstregistrierenden Wasserstandsanzeiger, Feuermeldeapparate und und und. Als sich 1891 der Geheime Kommerzienrat Roeckl als einer der ersten Privatpersonen elektrische Beleuchtung leistete und die Elektrizität fortan die Münchner Haushalte eroberte, boomte die Firma Zettler wie nie zuvor. Doch Zettler wollte erfinden,

Die Firma Zettler im Jahr 1952

nicht verwalten. Er wollte eine elektrische Eisenbahn von Gmund nach Westerham bauen. Also verkaufte er seine Firma 1899 an die Sächsischen Elektrizitätswerke, mit der er eine Aktiengesellschaft gründete, aus der die elektrotechnische Fabrik Alois Zettler hervorging.

1904 stiegen die Sächsischen Elektrizitätswerke aus der AG aus. Der Schweizer Ingenieur Leo Benz übernahm die Leitung und erwarb die Westermühle, wo er auf dem Gelände zwischen Holzstraße und Pestalozzistraße das neue Werk bauen ließ. Für den Betrieb nutzte man die Wasserkraft des Westermühlbachs. Vor dem Ersten Weltkrieg fanden rund 200 Menschen Arbeit bei Zettler. Man produzierte u. a. Motoren, Dynamos, Staubsauger, Heizkörper uvm. Absoluter Verkaufschlager waren die von Zettler entwickelten Lichtrufanlagen, mit denen z. B. Kranke die Schwester rufen konnten. Dazu kamen laufend neue Erfindungen. Die Beschäftigtenzahl stieg bis 1939 auf 400. Während des Kriegs hielten vor allem ukrainische Fremdarbeiterinnen den Betrieb aufrecht. Nach dem Zweiten Weltkrieg mussten die Zettleraner erst die teilweise zerstörten Produktionsanlagen an der Holzstraße neu aufbauen. Doch die Firma florierte schnell wieder, baute Niederlassungen in mehreren deutschen Städten. Umsatz brachten die Relais, der Lichtruf und der Anlagenbau. Auch in München expandierte Zettler. Leo Benz kaufte 1951 die Möbelfabrik Pössenbacher in der Jahnstraße 45 und errichtete dort das Werk II. Bald produzierte Zettler einen neuen Hit: Anrufbeantworter. Nach einem Großauftrag von Siemens eröffnete Zettler 1971 noch ein Werk in der Maistraße 14.

1977 zum hundertjährigen Betriebsjubiläum zeigte sich die Firma Zettler extrem großzügig: Sie übernahm die Kosten für die Renovierung einer der berühmtesten Barockkirchen Bayerns, der Asamkirche in der Sendlinger Straße. Nach dem Tod von Leo Benz jr. 1998 verkauften die Erben die Firma Zettler an einen amerikanischen Konzern. Die Zettler-Gebäude, die jahrzehntelang die Isarvorstadt geprägt hatten, wurden verkauft. An der Jahnstraße befindet sich heute das **Seniorenheim Tertianum** für die gehobene Klientel. Das Gebäude in der Holzstraße wurde Ende 2007 zum **Medienhaus** umgebaut.

2.49 Isarvorstadt-Schule

Gibt es einen ungünstigeren Standort für eine Schulneugründung als die Lage zwischen ehemaligem Pesthaus und dem Pechwinkel? Wohl kaum. Doch das Ehepaar Stephan und Bennonina Josepha Kirchmayr hatte keine große Wahl, sie mussten nehmen, was es gab. Also gründeten sie 1787 im Haus Nr. 159 (heute die Baumstraße 17) die erste Schule der Isarvorstadt; die Schule vor dem Sendlinger Tor. Rund 100 Kinder drängten sich in den einzigen, kleinen Unterrichtsraum. Während Herr Kirchmayr den Buben Lesen und Schreiben einbläute, leitete seine Frau synchron die »Industrieschule« für die Mädchen. Das bedeutete nichts anderes als Handarbeits- und Hauswirtschaftsunterricht. Weil die Isarvorstadt wuchs und die Einraumschule aus allen Nähten platzte, wurden 1823 zwei zusätzliche Etagen aufgestockt. Zwanzig Jahre später kam dann doch das aus für die völlig unzureichende Schule. Die Stadt bot das Gebäude 1845 zu Versteigerung an, es fand sich aber kein Käufer. So nutzte man die Räume als Notherberge für Tagelöhner, deren Unterkünfte abgebrannt waren. Bald danach zog ein Teil der Garnisonsinvalidenkompanie ein. Und dann wurde das Haus ab 1849 doch wieder als Schule genutzt. Als im Oktober 1876 dann die Klenzeschule eröffnete, endete endgültig die Zeit der alten Schule vor dem Sendlinger Tor. 1879 übernahm der Rekonvaleszentenverein das alte Schulgebäude, ließ es abreißen und durch einen Neubau ersetzten.

2.50 Rekonvaleszentenastalt

Die Rekonvaleszentenanstalt zählte zu den fortschrittlichsten Einrichtungen der Krankennachsorge. Bayern verfügte im Gegensatz zu den anderen deutschen Staaten um 1860 bereits über eine Krankenhaushilfe. Arbeiter und Dienstboten hatten Anrecht auf freie Krankenhausbehandlung, dafür mussten die Dienstherren dem Staat eine Gebühr entrichten: pro Person und Monat einen halben Gulden. Doch das galt eben nur für den Krankenhausaufenthalt, die Nachversorgung der weiterhin Arbeitsunfähigen blieb ungeregelt. Hier sprang der Rekonvaleszentenunterstützungsverein ein. Die Notwendigkeit dieser Einrichtung beschrieb Geheimrat von Ziemßen 1895, denn er beobachtete, dass direkte finanzielle Zuwendungen an die Genesenden nichts bringen: »Bei den Verheiratheten werden die Mittel größtentheils durch die Anforderungen der Familie absorbiert, während die Ledigen, durch die Unwirthlichkeit ihrer Schlafstellen und durch ihre Beschäftigungslosig-

keit verführt, die Tage im Wirtshause zubringen.«
Die Rekonvaleszentenanstalt wurde 1879 im Gebäude der ehemaligen Isarvorstadtschule eingerichtet (Baumstraße 17/Ecke Klenzestraße). Zehn Jahre später schenkte die Stadt München dem Trägerverein das Gebäude samt Garten, woraufhin das alte Haus abgerissen und 1891 der Neubau eingeweiht wurde. Das Haus in der Baumstraße wurde im Ersten Weltkrieg in ein Lazarett umgewandelt. 1942 beschloss der Trägerverein, sich aufzulösen, die moderne Sozialgesetzgebung hatte ihn längst überflüssig gemacht. Die Stadt München übernahm das Haus, das jedoch am 17. Dezember 1944 von Fliegerbomben zerstört wurde.

2.51 Atelierhaus

Die goldenen Tage, als die *Zeit* der Isarvorstadt Parallelen zu Paris attestierte, denn Kunst gäbe es hier »vor allem rund um den Gärtnerplatz in einem Galerieviertel mit Marais-Flair«, sind längst vorbei. Damals, 1994, schlossen sich die zahlreichen Galerien des Viertels zur Interessengemeinschaft »Galerien am Gärtnerplatz« zusammen – und erklärten das Grün des Gärtnerplatzes kurzerhand zum Nabel Münchens. Vorbei! Die Galerien sind fast alle in die Maxvorstadt weitergewandert.
Doch damals entschloss man sich zu einer ungewöhnlichen Aktion, um die Stadt auf den Kunststandort aufmerksam zu machen. Die Stadträte wurden aufgefordert, sich in den Galerien ein »Lieblingsexponat« auszusuchen. Mit diesen Exponaten organisierte man in den Räumen einer ehemaligen Strickwarenfabrik zwischen Klenze- und Baumstraße eine Ausstellung. Die Stadt München hatte schon 1986, nachdem die Fabrik stillgelegt worden war, versucht, das Anwesen als städtische Atelierräume anzukaufen. Doch Sponsoren sprangen ab, nachdem sich ein neues Konzept der Raumnutzung durchgesetzt hatte: Neben Künstlern sollten auch soziale Einrichtungen ihren Platz finden. Um das Gebäude in der Zwischenzeit, in der die Finanzfragen geklärt werden mussten, nicht leerstehen zu lassen, mieteten sich die Elterninitiative »Schüler-Frei-Raum« und der Werkbund e. V., ein Verbund von Innenarchitekten und Designern, ein. Die Renovierung der Fabrik zog sich einige Jahre hin. Schließlich stiegen die Kosten von geplanten 2 Mio. DM auf rund 3,7 Mio. DM. Nach Abschluss der Arbeiten 1994 stellte die Stadt das Atelierhaus Baum-/Klenzestraße unter die Trägerschaft der Glockenbachwerkstatt. 23 Räume von 20 bis 127 m² werden vom Kulturreferat als Arbeitsateliers an bildende Künstler vermietet. Die Mietdauer ist auf fünf Jahre beschränkt. Die letzte Neubelegung fand 2011 statt.

2.52 Brechhaus/Pesthaus

Wohin mit den Infektiösen, den Siechen und mit »anklebigem oder hitzigem« Fieber Behafteten? Weg, weit weg vor die Stadt! Am besten isoliert auf eine Insel in reißendem Wasser, wo sich so schnell niemand hinverirrt und ansteckt. Also zum Beispiel auf eine Insel zwischen Isar und Pesenbach. Hier entstand das Münchner Brechhaus (Brechen bezeichnete eine akute Krankheit im Gegensatz zu Siechen für chronische Erkrankungen). Das genaue Baujahr ist unbekannt, die erste Erwähnung stammt jedenfalls aus dem Jahr 1573 auf einer Baderrechnung: »Wennyne Ludwigin hadt ain schaden am schenckel unnd am arm ist aus dem prechhaus iwerkummen und bevelch des Mornnkopfh auf die zötel zu schreiben war vir sich selber zahlt.«

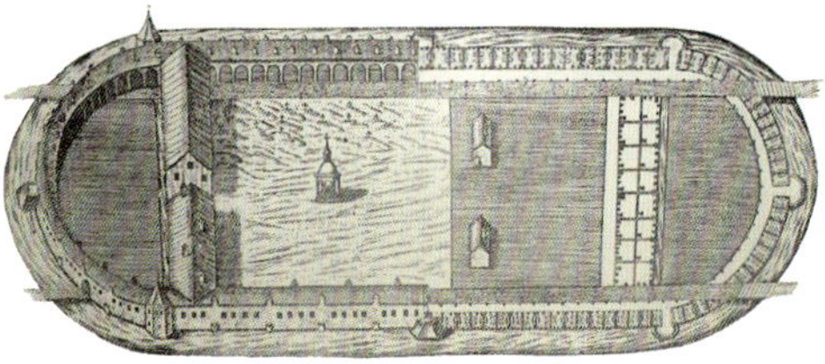

Vom Wasser umflossen: Wie man sich ein ideales Brechhaus zur Isolierung Infektiöser vorstellte, illustrierte Malachias Geiger 1649.

Drei Jahre später findet sich der erste Grundbucheintrag. Das Brechhaus war eingeschossig und verfügte über eine der Hl. Thekla geweihten Kapelle. Den ärztlichen Dienst im Infektionshaus versah der Brechenbader oder Lazarettarzt. Als erster Brechenbader ist 1615 ein gewisser Melchior Bruckhberger erwähnt. 1649 sah Kurfürst Ferdinand Maria die Stadt durch Ausdünstungen des Brechhauses gefährdet und forderte ein Gutachten. Dies kam zu dem Schluss, »daß solches Prechhaus an einem solchen bequemen orth gelegen ist.« Es kam zu keinem Neubau. Im 17. Jh. muss es außerdem noch ein zweites Brechhaus in der Isarvorstadt gegeben haben, das während der großen Pestepidemien als Notlazarett an der Erhardtstraße gegenüber der Museumsinsel errichtet wurde.

1683 entschied die Stadt, dass man das Brechhaus nicht mehr benötigte und verkaufte das Anwesen an die Militärtuchfabrik in der Au. Das Brechhaus wurde zur Spinnerei, in der Soldatenwitwen und Kinder Lohn und Brot fanden. Schon 20 Jahre später wandelte die Armee das Anwesen zum Militärlazarett um. Hier hielt ab 1752 der Ingolstädter Professor Leonhard Obermayer anatomische Kurse ab – übrigens gaben die damals sensationellen anatomischen Forschungen der Universität Ingolstadt der blutjungen Engländerin Mary Shelley 1816 die Idee zu ihrem Horror-Klassiker *Frankenstein oder der neue Prometheus*.

Im Jahr 1777 eröffnete schließlich das Militärlazarett an der Müllerstraße 7 und das Brechhaus fand neue Besitzer. Es stand unter dem Namen Altes Militärlazarett noch bis 1828. Die Lage von Brechhaus und Peststadel entsprechen heute dem Gebiet zwischen Baumstraße 5–7 und Auenstraße 34–36.

2.53 Mittelschule an der Wittelsbacherstraße

Für ältere Semester ist der Begriff Mittelschule heute etwas verwirrend: Früher nannte man so Realschulen. Seit dem Schuljahr 2010/11 heißen in Bayern aber Hauptschulen mit einem Mittlere-Reife-Zweig (M-Zweig) so. Die Geschichte der Schule begann 1888 als ganz normale Volksschule. Der Schulbau war notwendig geworden, weil die Isarvorstadt boomte und die Klenzeschule schon kurz nach ihrer Eröffnung aus allen Nähten platzte. Die Schule lag damals noch zwischen Feldern und Wiesen an der Isar. Nur der Turn- und Sportverein 1860 München hatte nebenan seine Turn- und Trainingseinrichtungen. Die Schülerzahlen erreichten schnell Rekordmarken, 1902 füllten 912 Buben und 1.054 Mädchen die Klassen, drei Jahre später war die Schule an der Wittelsbacherstraße mit 2.149 Kindern die größte Schule Münchens.

Auch heute noch ist die Schule rekordverdächtig, sie ist eine der größten Mittelschulen Bayerns. Hier können Schüler nun bis zur 10. Klasse den Unterricht besuchen

und die Mittlere Reife ablegen, ohne auf eine Realschule wechseln zu müssen. Auch ein Eintritt in die 10. Klasse ohne M-Zug ist möglich, die Schule hat spezielle Klassen für Quereinsteiger. Und man geht hier auch neue Wege. 2005 wurde z. B. der Eatclub geründet, eine Schülerfirma, die aus Schülern der 8. und 9. Klasse besteht. Der Eatclub kümmert sich um die Mittagsverpflegung für die rund 100 Schüler der Ganztagsklassen.

2.54 1860 München

Die Löwen sind Isarvorstädter: Am 17. Juli 1848 trafen sich an der Müllerstraße hinter dem Gasthof *Zu den drei Linden* die ersten Turnfreunde. Schon zwei Jahre später ließ die Obrigkeit den Betrieb einstellen, denn Turnvater Jahn galt, obwohl seit 1842 in Preußen offiziell rehabilitiert, weiterhin als Revoluzzer der schlimmsten Sorte. Soldaten mussten sich körperlich ertüchtigen, aber keinesfalls Privatleute! Freiwillige Leibesübungen schienen mehr als verdächtig. Wozu sollten Männer körperlich fit sein, wenn nicht zur Revolution?! Es dauerte, bis sich die Zeiten änderten. Erst am 17. Mai 1860 gründete sich der Sportverein neu und bezog seinen Sportplatz auf dem Gelände der damals noch nicht existenten Hans-Sachs-Straße. An der Jahnstraße wurde eine Turnhalle erbaut. 1889 zog der TSV 1860 an die Auenstraße um, zehn Jahre später wurde die Fußballabteilung gegründet. Also stammen die Löwen, stammt der »Giesinger« Traditionsverein 1860 München somit aus dem Glockenbachviertel. Ab 1908 trainierten die Fußballer in Giesing und 1911 zog der Verein an die Grünwalder Straße. Die Verwaltung blieb aber bis in die 1980er Jahre in der Isarvorstadt. Noch heute steht das einstige Verwaltungsgebäude an der Auenstraße und beherbergt die Boxschule des TSV 1860.

Die Postkarte zeigt das Gelände von 1860 München an der Auenstraße 19 im Jahre 1899. Im Hintergrund sieht man die Isar, weil die Wittelsbacherstraße noch nicht bebaut war.

2.55 Wittelsbacherbrücke

Die südlichste Brücke der Isarvorstadt für Autos und Menschen ist die Wittelsbacherbrücke, die den Baldeplatz mit Untergiesing verbindet. Sie wurde 1903 bis 1905 nach den Plänen des Thiersch-Schülers Theodor Fischer gebaut, nachdem die alte gusseiserne Brücke beim Hochwasser von 1899 beschädigt worden war, deren Eisenkonstruktion aus dem Jahr 1875 von dem Architekten August Voigt stammte (siehe Abb. aus dem Jahr 1900). Das markante Reiterstandbild des Otto von Wittelsbach schuf Bildhauer Georg Wrba. Es erinnert an den Stammvater des bayrischen Adelsgeschlechts, das neben bayrischen Königen auch zwei deutsche Kaiser hervorbrachte. Die Bögen der Wittelsbacherbrücke haben die gleiche Form und Spannweite (44/28/27/26 m) wie die der Reichenbachbrücke, nur durch standardisierte Gerüste konnte die bei beiden Brückenbauten ausführende Firma Sager & Woerner überhaupt so günstig massive Brücken anbieten. Lange war die Wittelsbacherbrücke bekannt wegen der Obdachlosen, die unter ihren Bögen komplett möbliert lebten.

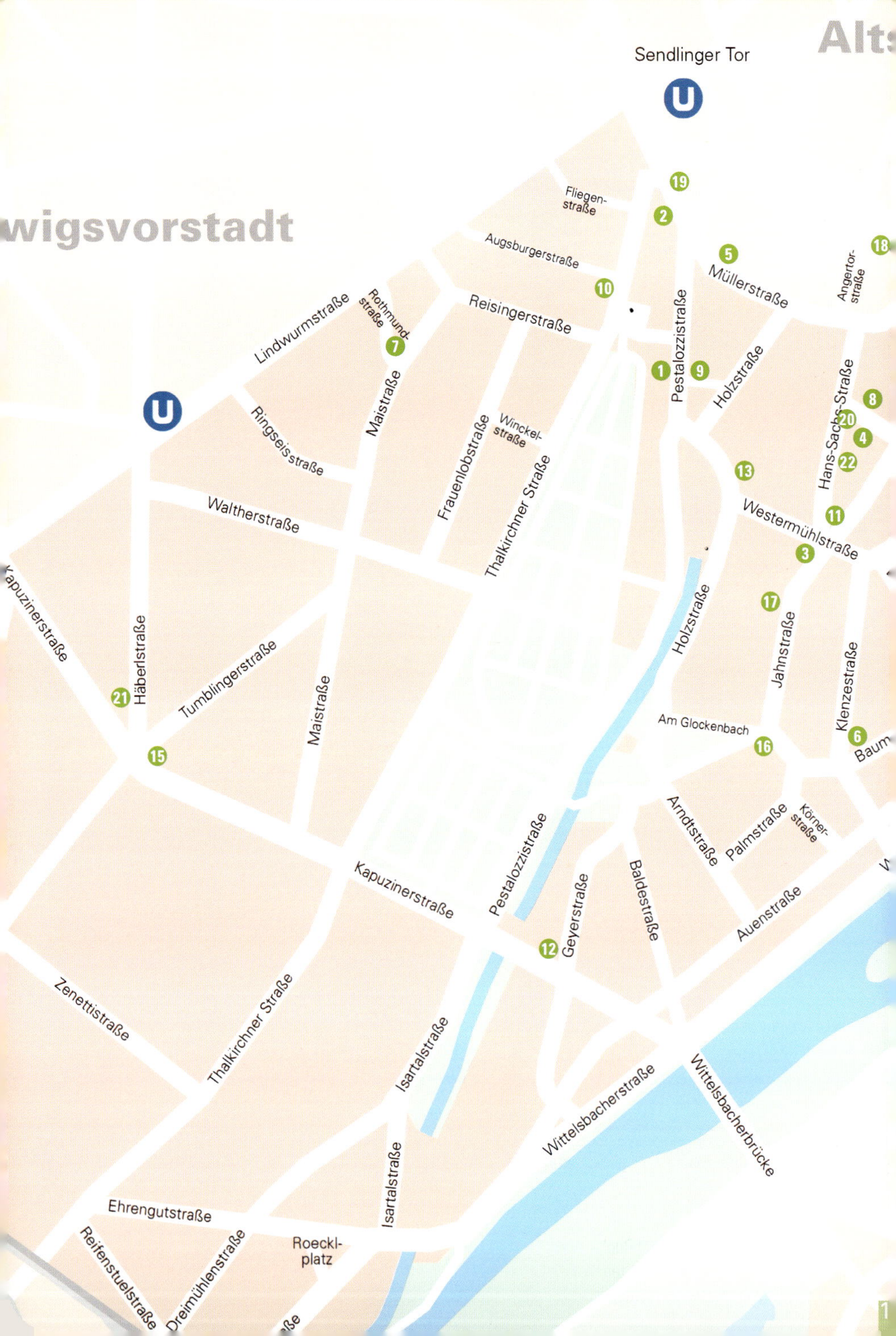
Sendlinger Tor
wigsvorstadt
Fliegenstraße
Augsburgerstraße
Müllerstraße
Angertorstraße
Reisingerstraße
Lindwurmstraße
Rothmundstraße
Pestalozzistraße
Holzstraße
Hans-Sachs-Straße
Maistraße
Ringseisstraße
Frauenlobstraße
Winckelstraße
Thalkirchner Straße
Waltherstraße
Westermühlstraße
Kapuzinerstraße
Häberlstraße
Tumblingerstraße
Holzstraße
Jahnstraße
Klenzestraße
Am Glockenbach
Arndtstraße
Palmstraße
Körnerstraße
Pestalozzistraße
Geyerstraße
Baldestraße
Auenstraße
Kapuzinerstraße
Zenettistraße
Thalkirchner Straße
Isartalstraße
Wittelsbacherstraße
Wittelsbacherbrücke
Isartalstraße
Ehrengutstraße
Roecklplatz
Reifenstuelstraße
Dreimühlenstraße
1
2
3
4
5
6
7
8
9
10
11
12
13
15
16
17
18
19
20
21
22

Das Glockenbachviertel hat sich in den letzten Jahren zu DEM Ausgehviertel Münchens gemausert. Die Hauptschlagadern sind Müller- und Hans-Sachs-Straße, Teile von Pestalozzi-, Klenze- und Westermühlstraße. Hier eine unverbindliche Auswahl an Adressen, ohne Anspruch auf Vollständigkeit und ohne Gewähr auf Aktualität:

Cafés • Kneipen

Alof
Hans-Sachs-Str. 12
Café, Konditorei

1 Aroma Kaffeebar
Pestalozzistr. 24
seit Jahren immer noch sehr angesagtes Tagescafé

Auroom
Hans-Sachs-Str. 20
Bar

2 Corso
Müllerstr. 51
klein und trendig, Bar, Café

Couch Club
Klenzestr. 89
Sofabar mit Kicker

Glockenbach
Müllerstr. 49
Restaurant, Café und Bar

Glück
Palmstr. 4
*gemütliches Resto, besonders bei Lesben und Schwulen beliebt**

3 Götterspeise
Jahnstr. 30
Café-Tee-Schoko-Laden

4 Hoover & Floyd
Ickstattstr. 2
kleines Tagescafé, Bar

Hungriges Herz
Fraunhoferstr. 42
Cafè und Kiosk

Jessas
Klenzestr. 97
kleine Eisdiele mit Balla-Beni-Eis

Kaiser Otto
Westermühlstr. 8
kindergerechtes Café (weißte Bescheid)

Kraftakt
Thalkirchner Str. 4
*beliebte Schwulenkneipe**

5 Loretta-Bar
Müllerstr. 50
immer gut besuchtes Tagescafé

M. C. Müller
Fraunhoferstr. 2
Bar, Club und Burger-Restaurant

6 Maria
Klenzestr. 97
Tagescafé und Restaurant mit internationaler Küche

Padres
Blumenstr. 43
Bar

Rennsalon
Baldestr. 13
entspannte Bar mit Retrodeko

Rostiger Pudel
Pestalozzistr. 20
*stylische, sympathische, kleine Schwulenbar**

7 Rothmund
Rothmundstr. 5
Cafe-Restaurant mit wechselnder Mittags- und Abendkarte

Die Bank
Müllerstr. 42
Bar, Club

Dukatz
Klenzestr. 69
Tartes, Petit Fours und andere süße Delikatessen

Eismeer
Pestalozzistr. 21
*Eiscafé**

Frenzy
Fraunhoferstr. 20
kleine Café-Bar nahe der U-Bahn Fraunhoferstraße

Kranz
Hans-Sachs-Str. 12
stylisches Café-Restaurant mit Theater

Ksar
Müllerstr. 31
Bar

Little Wonder
Am Glockenbach 12
Tagescafé

Lola Bar
Ickstattstr. 2a
nicht-schwuler Nachfolger des kultigen »Mylord«, einem der ältesten Münchner Lesben- und Schwulenlokale, das 2011 schließen musste

8 Sax
Hans-Sachs-Str. 5
beliebte Nachbarschaftskneipe mit großem Biergarten

Schneewittchen
Am Glockenbach 8
Tagescafé mit Fair-Trade-Shop

9 Tabula Rasa
Holzstr. 18
kleines, sympathisches Tagescafé direkt am Holzplatz

Tushita Teehaus
Klenzestr. 53
kleine Teestube

Unantastbar
Thalkirchner Str. 16
Bar, Café

*mehr Adressen für Lesben und Schwule siehe S. 93

Zooziez
Wittelsbacherstr. 15
Urgestein unter den Kneipen des Viertels; sehr große Terrasse

Zum Wolf
Pestalozzistr. 22
Drinks & Blues

Essen

Alpen Imbiss
Thalkirchner Str. 2
Dönerbude, die seeeehr lange geöffnet hat

Andy's Krabblergarten
Thalkirchner Str. 2
bayrisch

AnNam
Pestalozzistr. 32
vietnamesisch

Bamyam Narges
Hans-Sachs-Str.
afghanisch

Beim Franz
Holzstr. 41
*bayrisch**

Bistro Bruno
Pestalozzistr. 16
italienisch

Chang Noi
Kapuzinerstr. 23
thailändisch

10 **DuDu**
Augsburgerstr. 1
vietnamesisch

11 **Faun**
Hans-Sachs-Str. 17
bayrisch, gemütliche Kneipe mit Jugendstil-Flair

Fei scho
Kolosseumstr. 6
bayrisch-asiatisch

Freiraum
Pestalozzistr. 8
argentinisch

Hey Luigi
Holzstr. 29
international

12 **Hong Kong Bar**
Kapuzinerstr. 39
asiatisch, gute Cocktails

J-Bar
Maistr. 28
japanisch

13 **Jean de St. Malo**
Holzstr. 2
französisch, spezialisiert auf Fisch

Kilim
Ickstattstr. 13
türkisch

Kirschblüte
Ickstattstr. 26
thailändisch, vietnamesisch

14 **Kreuzberger**
Westermühlstr. 32
bayerisch

L'Amar
Pestalozzistr. 28
»L'amar« bedeutet im Italienischen den Zustand des sich geliebt fühlens ... aha; Bio-Restaurant

La Bouche
Jahnstr. 30
französisch-mediterran

Lotus Lounge
Hans-Sachs-Str. 10
thailändisch

Monsoon
Hans-Sachs-Str. 9
cuisine vietnamienne

Moro
Müllerstr. 30
bayrisch, beliebt bei Schwulen

Olé Madrid
Häberlstr. 15
spanisch

Orangha
Klenzestr. 62
international, mediterran, alpenländisch

Palast der Winde
Hans-Sachs-Str. 8
indisch

15 **Paulaner Bräuhaus**
Kapuzinerplatz 5
bayerisch, eigene Brauerei, siehe auch S. 96

Rive Gauche
Thalkirchner Str. 11
französisch

16 **Rumpler**
Baumstr. 21
bayrisch

Savanna
Maistr. 63
südafrikanisch

Schnelle Liebe
Thalkirchner Str. 12
angesagtes, winziges und stylisches Fast-Food-Resto, am WoE bis 3 Uhr nachts

Shane's Restaurant
Geyerstr. 52
Spitzengastronomie des irisch-österreichischen Spitzenkochs Shane McMahon

Sushi & Soul
Klenzestr. 71
japanisch

Taverna Molos
Maistr. 26
griechisch

17 **Taverne Anti**
Jahnstr. 36
winziges griechisches Lokal; eine der letzten alten Boazn, die dem Schischi-Wahn des Viertels trotzen

Tumblinger
Maistr. 26
bayrisch

Unico
Maistr. 63
Gourmetküche von Spitzenkoch Herbert Eineichner

Nachtleben

aksniBuk
Thalkirchner Str. 16
Musikbar: »Es wird gehört, was auf den Teller kommt«

18 **Café am Hochhaus**
Blumenstr. 29
*sehr angesagte Nachtlocation, nicht nur für Jungs**

*mehr Adressen für Lesben und Schwule siehe S. 93

Jennifer Parks
Holzstr. 14
*Bar, am Wochenende Tanzclub im schrillen 80er Look, für Jungs …**

Das Konsulat
Klenzestr. 51
loungige, kleine Bar mit großer Gin-Auswahl

19 **Pimpernel**
Müllerstr. 56
Club, siehe auch S. 73

Sunshine Pub
Müllerstr. 14
*für die einen das Wohnzimmer, für die anderen der Totalabsturz, ist jedenfalls winzig und hat fast immer auf …**

23 **Isarflimmern**
Auenstr. 2
hell und groß mit Bücher und Geschenke

Kunst/Kultur

Galerie Andreas Höhne
Am Glockenbach 6

Kunstraum München
Holzstr. 10

Milla
Holzstr. 28
das ehemalige Bett des Westermühlbachs dient als Veranstaltungsort

Kino

20 **Neues Arena**
Hans-Sachs-Str. 7
Programmkino, das 2012 seinen 100. Geburtstag feiern konnte.

Specials

24 **Optimal Record Shop**
Kolosseumstr. 6
Wer auf Vinyl steht, ist hier richtig. Deutschlands bestsortierter Plattenladen feierte 2012 seinen 30. Geburtstag.

25 **Schrauben Mutter**
Ickstattstr. 12
Eine Senkschraube mit Innensechsrund, zwei Zylinderkopfschrauben mit Längsschlitz, eine Ansatzschraube M3? Bei Wilhelmine Mutter gabs alles. Und noch heute ist der Name Programm: Hier gibt es noch alle Schrauben einzeln zu kaufen.

Yip Yab
Thalkirchner Str. 2
»Club Yip Yab heißt unser neuer Laden und steht für Tanzen – Punkt.«

Bücher

Brunos
Thalkirchner Str. 4
*schwuler Buchladen**

21 **Buch & Bohne**
Kapuzinerplatz 4
netter, verwinkelter Buchladen mit Café

22 **Buchhandlung am Glockenbach**
Hans-Sachs-Str. 11
klein, aber fein mit ausgewähltem Programm

Die Gmiastandlerin

Wenn Irene Tendel Mittwochmorgen mit ihrem grauen Mini-Lkw an einem ihrer Verkaufsplätze im Glockenbachviertel steht, läuft sie immer eine kleine Runde durch die Straße und die Hinterhöfe – laut bimmelnd mit ihrer Glocke. Spätestens jetzt reißts die letzten Langschläfer aus den Federn. Seit über 50 Jahren schon versorgt der mobile Verkaufsstand des in Daglfing beheimateten Familienbetriebs das Viertel. Früher waren Onkel und Tante in Sachen Gemüse unterwegs. Vor 14 Jahren hat Irene mit ihrer Cousine den Lkw übernommen. Das Geschäft ist mühsam geworden; die Cousine stieg wieder aus. Aber eine ernährt der Verkauf von kontrolliert angebautem Obst und Gemüse aus der Region weiterhin eher schlecht und recht. Die Haltestellen ihrer Tour: Tumblingerstraße/Ecke Kapuzinerplatz, Balde-/Ecke Geyerstraße, Arndt-/Ecke Palmstraße, Baum-/Ecke Westermühlstraße, Klenze-/Ecke Auenstraße.

3 Schlachthof-/Dreimühlenviertel

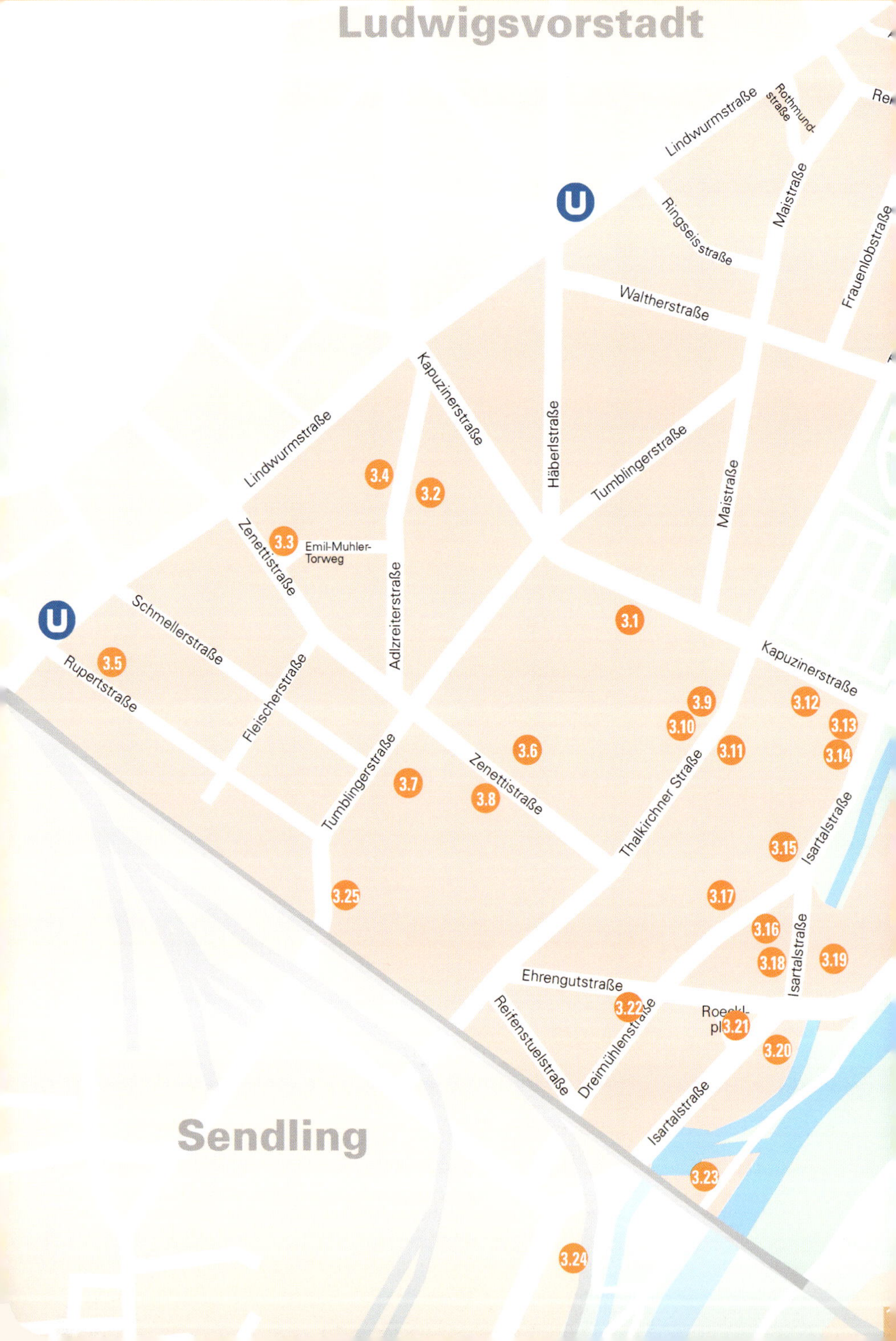

3.1 Agentur für Arbeit

Sämtliche Münchner Arbeitsämter befanden sich in dem alten Arbeiterviertel Isarvorstadt: das erste auf der heutigen Museumsinsel, das zweite in der Thalkirchnerstraße und das dritte in der Kapuzinerstraße. Denn nach dem Zweiten Weltkrieg reichte der Platz im Haus an der Thalkirchner Straße bald nicht mehr aus. Man lagerte aus, was nur ging. Zuletzt arbeiteten mehr Mitarbeiter in den neun ausgelagerten Standorten, als an der Thalkirchner Straße. Die Behörde suchte händeringend nach einem Standort für ein neues Dienstgebäude. 1975 kaufte man von der Stadt München einen 2,1 ha großen Teil des Schlachthofgrundstücks an der Kapuzinerstraße für 15.570.000 DM. Sechs Jahre später begannen die Bagger mit dem Aushub der Baugrube. 1987 feierte das neue Arbeitsamt, das nach Plänen des Architekturbüros GKK & Partner entstand, offizielle Eröffnung. In 838 Räumen bietet die Behörde seitdem ihr umfangreiches Angebot an. Ein Teil des Gebäudes wurde an die Stadtbücherei vermietet. Nach Presseberichten sind die Tage der Agentur in der Kapuzinerstraße allerdings gezählt, denn es gibt eine Verordnung, die genau festlegt, wie viele Quadratmeter Arbeitsraum einem Agenturangestellten zur Verfügung stehen darf – und in der Arbeitsagentur haben die Mitarbeiter doch glatt zu viel Platz …

3.2 St. Andreas/ Alhambra

Das *Alhambra* in der Adlzreiterstraße genoss einen denkbar schlechten Ruf. Die Aufführungen in dem großen Tanzsaal, der zu dem gleichnamigen Hotel gehörte, waren mehr berüchtigt, denn berühmt. Anfang 1892 hatte das Blatt *Münchener Ratsch-Kathl Nr.3* noch vollmundig über die Neueröffnung des Alhambra folgendes geschrieben: »Ein großes Vergnügungsetablissement ist unter dem Namen ›Alhambra‹ in der Adlzreiterstraße Nr. 11 nächst der Lindwurmstraße (Pferdebahnhaltestelle) entstanden und wird am kommenden Dienstag, den 5. Januar, dem allgemeinen Verkehr übergeben werden. Das Etablissement ist nach den Entwürfen von Architekt Müller von Herrn Georg Lersch in maurischem Styl erbaut und besteht aus zwei großartigen Sälen und einem Tagesrestaurant. Die Säle sind mit den reichsten orientalischen Malereien versehen und machen einen ungemein schönen Eindruck. Der Hauptsaal besitzt eine sehr hübsche Bühne und sollen dort in dieser Saison Konzerte, Redouten und Bälle abgehalten werden. (…) Der ganze mit allem Komfort der Neuzeit ausgestattete Bau kostete 600,000 Mk.« Auf der »sehr hübschen Bühne« räkelten sich längst leicht bekleidete Mädchen. Ein denkbar unwürdiger Ort für ein Treffen des Katholischen Weiblichen Jugendvereins. Doch als dessen Präsidentin Freifrau von und zu Bodmann, 1913 einen Jugendverein für München-Süd gründen wollte, bot sich für die ge-

Aus dem Varieté *Alhambra* in der Adlzreiterstraße wurde eine Kirche.

3 Schlachthof-/Dreimühlenviertel

Die Isarvorstadt im Jahr 1826

plante Großveranstaltung nur das *Alhambra* an. Die Dame erinnerte sich: »Mein erster Gedanke war bei den großartigen räumlichen Verhältnissen dieses Saales – ich könnte hier eine Sühnekirche einrichten …«
Die Gelegenheit kam schneller, als erwartet. 1917 verkauften die *Alhambra*-Erben das Gelände an den Jugendverein. Fünf Jahre später veräußerte der Verein das Anwesen an die Pfarre St. Peter unter der Bedingung, dass dort eine Kirche errichtet werden soll. Der hochbetagte Pfarrer von St. Peter, Monsignore Becker, ging daraufhin betteln: Er klingelte an jeder Tür, um Geldspenden zu sammeln, und überredete seine Kolle-

gen, aus ihren Pfarreien ausrangierte Einrichtungsgegenstände zu spenden. Der Hochaltar stand ursprünglich in der Heilig-Geist-Kirche, auch ein Seitenaltar, der Taufstein, die Kanzel und die zwölf Apostelfiguren stammten aus Spenden. Schnell war der Saal zu einer hellen Notkirche für rund 2.000 Besucher umgewandelt, die Kardinal Faulhaber am 25. November 1923 weihte. Ein Jahr später wurde die Stadtpfarrei St. Andreas errichtet und Dr. Emil Muhler ihr erster Hausherr. Noch ein Jahr später konnten zwei Glocken in dem neu errichteten Turm eingeweiht werden. Pfarrer Muhler geriet während der Nazizeit immer wieder mit den Machthabern aneinander, landete mehrfach in Haft, dennoch trieb er den Ausbau seiner Kirche voran. Zuletzt landete der Pfarrer im KZ Dachau. Im Mai 1945 gelang ihm bei Starnberg die Flucht aus dem »Todesmarsch« der KZ-Insassen. Als er zu seiner Gemeinde zurückkehrte, gab es die Kirche nicht mehr. Fliegerbomben hatten St. Andreas samt Schwesternheim und Kindergarten im Juli 1944 komplett zerstört.

3.3 St. Andreas

Wieder hatte das Schlachthofviertel nur eine Notkirche (siehe 3.2). 1950 konnten dann vier Ruinengrundstücke an der Zenettistraße als Bauplatz für eine neue Kirche erworben werden. Hier entstand Münchens erster moderner Kirchenbau nach dem Zweiten Weltkrieg nach Plänen des Architekten Ernst Maria Lang. Am 25. November 1953 nahm Kardinal Josef Wendel die Konsekration der neuen Kirche vor. Ernst Maria Lang entwarf auch den neuen Kindergarten und das Pfarrheim an der Adlzreiterstraße, die zwischen 1966 und 1969 erbaut wurden. Heute kooperiert St. Andreas seit 1991 mit der Italienischsprachigen Katholischen Mission München, hat einen italienischen Seelsorger und veranstaltet italienischsprachige Gottesdienste.

3.4 Albert Einstein

Im Münchner Stadtteil Sendling, so liest man allenthalben in Einstein-Biografien, hätten die Brüder Hermann und Jacob Einstein 1880 ihren kleinen Betrieb für Gas- und Wasserinstallation gegründet. Genauer gesagt in der Adlzreiterstraße 12 – und die liegt und lag noch nie in Sendling! Albert Einstein, der wohl berühmteste Gast-Isarvorstädter, kam im zarten Altern von einem Jahr mit seiner Familie nach München. Vater und Onkel formten ihre Firma unterdessen zu einem High-Tech-Unternehmen für Dynamos und elektrische Beleuchtung: Sie gründeten 1885 die »Electrodynamische Fabrik J. Einstein & Ci.«. Auf dem Grundstück in der Adlzreiterstraße standen nicht nur die Betriebsräume, sondern auch das Wohnhaus der Einsteins. Die Firma Einstein elektrifizierte das erste Oktoberfestbierzelt und ganz Schwabing. Denn die damals unabhängige Stadt Schwabing leistete sich noch vor München die Extravaganz der elektri-

Einstein verbrachte seine Jugend in der Isarvorstadt; Gedenktafel am Haus Adlzreiterstraße 12

schen Straßenbeleuchtung. Das Dienstmädchen nannte Albert stets den »Depperten«, weil er erst mit drei Jahren richtig zu sprechen begann.
1885 wurde Albert in der katholischen Petersschule am Sendlinger Tor eingeschult. Entgegen der Legende war Einstein kein schlechter Schüler. In der Grundschule war er mit »einem glänzenden Zeugnis« Klassenbester. Er hasste den Sportunterricht genauso wie das beliebte Soldatenspielen. »Wenn ich einmal groß bin, dann will ich nicht zu diesen armen Leuten gehören«, sagte der Bub angesichts einer Militärparade. 1888 bestand er die Aufnahmeprüfung und besuchte nun das Luitpolds-Gymnasium in der Müllerstraße. An seine Münchner Schulzeit hatte Einstein keine sonderlich guten Erinnerungen: »Die Lehrer in der Elementarschule kamen mir wie Feldwebel vor und die Lehrer am Gymnasium wie Leutnants.« Eigentlich sollte Einstein am Luitpolds-Gymnasium das Abitur machen. Doch die Firma von Onkel und Vater, die immerhin bis zu 200 Arbeiter beschäftigte, konnte sich nicht lange gegen die Konkurrenz von Siemens und AEG halten. 1894 verlegten die Brüder daher ihren Firmensitz nach Pavia bei Mailand. Albert blieb zunächst in München, doch da er sich zu gerne mit dem Lehrkörper anlegte, wurde ihm schließlich nahe gelegt, er möge doch bitte irgendwo anders Abitur machen, bloß nicht in München. Also folgte Einstein seiner Familie noch im selben Jahr nach Italien.

3.5 Substanz

Wie viel Substanz steckt im *Substanz*? Massig! Die Erfolgsstory begann mit einer inoffiziellen Punk-Fete am 10. März 1990, kurz vor der offiziellen Eröffnung. Die Party sorgte für Wirbel und das richtige Image. Seitdem rockten über 700 Bands – darunter die Sportfreunde Stiller oder Jesus Lizard – den Laden von Jürgen Franke, der zunächst zusammen mit seinem Studienfreund Frank Bergmeier das *Substanz* in der Ruppertstraße leitete. Ein literarischer Kult-Event ist der Poetry Slam, der jeden zweiten Sonntag im Monat über die Bühne geht. Der

Zündfunker Karl Bruckmaier brachte die poetische Schlacht 1994 aus New York mit nach München. Seit 1996 leiten Rayl Patzak und Ko Bylanzky (Planet Slam) den Kampf der Wörter, Silben und Buchstaben. Neuestes Erfolgsrezept des *Substanz*: The English Comedy Club, den Dagmar Brocksema seit Ende 2004 organisiert. Inspiriert durch Londons angesagte Stand-Up-Comedy-Szene präsentiert sie jeden ersten Sonntag im Monat Comedians von jenseits des Ärmelkanals und des großen Ozeans. Witzig, bissig und ohne jegliche Tabus, aber ausschließlich auf Englisch.

3.6 Der Schlachthof

siehe S. 116

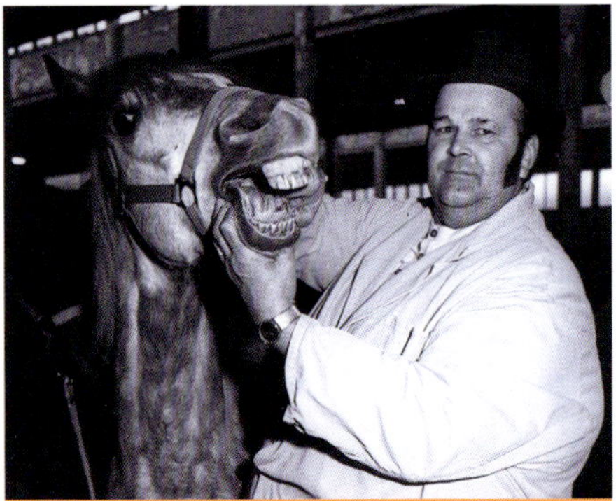

3.7 Der Pferdemarkt

Dezember 2006 fand eine traditionsreiche Einrichtung des Schlachthofviertels ein jähes Ende: In diesem Monat fand der letzte Pferdemarkt mitten in München statt. Der Pferdemarkt zog sang- und klanglos nach Miesbach um, nachdem zunächst Ingolstadt als neuer Standort anvisiert war. Seit 1876 hatte es den von der Metzgerinnung veranstalteten Rossmarkt gegeben, früher sogar zweimal wöchentlich, als Pferde eine größere wirtschaftliche Bedeutung hatten, nicht nur als Nutztiere sondern auch als Fleischlieferanten. Damals gab es auch einen eigenen Pferdemarktplatz zwischen Ruppert- und Schmellerstraße. Und früher soll es zum Pferdemarkt auch noch einen richtigen kleinen Rummel gegeben haben. Da gab es Kamele und Elefanten – auch zu kaufen. Zuletzt fand der Pferdemarkt jeden ersten Samstag im Monat in der Großviehhalle statt. Doch diese Halle ist marode und steht zudem auf wertvollem Baugrund (noch dazu in der heiß begehrten Isarvorstadt!). Wobei wertvoll auch relativ ist, denn wenn der Schlachtbetrieb nebenan weitergeht, wird es auch in Zukunft immer wieder bei bestimmten Wetterlagen zu weiträumigen Geruchsbelästigungen kommen. Die Anwohner der umliegenden Straßen kennen nur zu gut den schweren süßlichen Geruch von Blut und frischem Fleisch.

3.8 Wirtshaus im Schlachthof

Eigentlich war es nur eine Wirtschaft – eine richtig deftige mit ebenso deftiger Kundschaft: Metzger und Viehhändler gehörten von Anfang an zur Hauptkundschaft im *Wirtshaus im Schlachthof*, das die Stadt München gemeinsam mit dem neuen Schlachthof 1875 mitten auf die Felder zwischen der Isarvorstadt und dem Dorf Sendling bauen ließ. Hier fanden die Viehauktionen noch mit Handschlag statt, hier besiegelte man die Geschäfte mit einem Bier und einer zünftigen Mahlzeit.

Fast hundert Jahre dämmerte der Backsteinbau vor sich hin und wäre wohl nie zu der bundesweit bekannten Institution geworden, die es heute ist. Doch dann kam der Regisseur Franz Xaver Bogner und drehte ab 1986 für den BR seine Serie *Zur Freiheit*. 44 Folgen lang konnten die Zuschauer die kleinen und großen Probleme von Wirtin Paula (Ruth Drexl) und dem Kometen-Sepp (Toni Berger) in dem fiktiven Gasthaus *Zur Freiheit* verfolgen. Der Erfolg war überwältigend, *Zur Freiheit* wurde Kult und erlebte zahllose Wiederholungen. Und auch der Drehort war plötzlich berühmt und avancierte zum Szenetreff. Die Bühne etablierte sich zum Top-Veranstaltungsort. Rock- und Popkonzerte lockten das Publikum ebenso an wie Kabarettveranstaltungen und Off-Theaterproduktionen. Ab 1994 übernahm Günter Knoll, der schon mit dem Hinterhoftheater jahrzehntelang für kulturelle Highlights im Münchner Norden gesorgt hatte, die Leitung des Kulturbetriebs. Im kleinen Nebenraum Ox feierten die Prollblödler Erkan und Stefan erste Erfolge, in der Sportbar flimmerte auf Bildschirmen DSF, und im Biergarten gabs an lauen Sommerabenden praktisch keine Sperrstunde, denn »Rinderhälften«, so freute sich Knoll über seine Nachbarn, »beschweren sich nicht über Lärm«.

Und auch der BR blieb dem Wirtshaus treu, er nutzte den großen Saal als Übertragungsort für Sendungen wie *Schlachthof in Concert*, *Schmidbauer's* oder *Ottis Schlachthof* und natürlich *Live aus dem Schlachthof*. 638 Ausgaben der Jugendsendung *Live aus dem Alabama* sendete der BR zwischen 1984 und 1994. Als die Alabamahalle abgerissen wurde, zog die Sendung von 1988 bis 1991 ins Wirtshaus und hieß folgerichtig *Live aus dem Schlachthof*. Das Format sorgte regelmäßig für Aufreger und entpuppte sich als Talentschmiede für TV-Stars. Es moderierten u. a. Günter Jauch, Amelie Fried, Giovanni di Lorenzo und Sandra Maischberger.

Seit Oktober 2006 ist das Wirtshaus unter neuer Leitung des Wirtsehepaars Norbert und Evi Kraft. Monatelang wurde umgebaut und renoviert. Löwenbräu spendierte original alte Lampen aus dem Jahr 1890, die den Charme der Gaststätte noch verstärken. Aus dem *Theater im Schlachthof* wurde *Kultur im Schlachthof*, deren Programmgestaltung nun in den Händen von Claudia Theurer liegt.

Im BR lief die Serie *Zur Freiheit* erstmals 1987/88. Die Stars: der Solo (Ernst Hannawald), die Radl-Anne (Michaela May), die Paula Weingartner (Ruth Drexl) und der Kometen-Sepp (Toni Berger).

3.9 Tröpferlbad

Direkt hinter der Schweineschlachthalle durften die Metzger baden. Denn das 1892 für 23.500 Reichsmark erbaute Brausebad in der nahegelegenen Tumblingerstraße mit den elf Männer- und vier Frauenbrausen war längst überlastet, 67.000 Brausebäder verkaufte es jährlich (1901). Also richtete die Stadt in ungenutzten Räumen der Schlachthofschlosserei den Beschäftigten des Schlacht- und Viehhofs eine Brausen- und Wannenanstalt ein. Am 1. Juni 1903 war Eröffnung. Die drei Wannen und fünf Brausen konnten die Angestellten und deren Frauen kostenfrei nutzen, alle übrigen Personen hatten für ein Wannenbad 30 Pfennig, für ein Brausebad 10 Pfennig und für ein Handtuch oder Seife 5 Pfennig zu entrichten (die Kaufkraft von 1 Mark lag um 1900 bei ca. 6 Euro). Baden konnte man von 7 bis 19 Uhr. Montags, mittwochs, freitags und samstags war Männerbadetag, dienstags und donnerstags durften die Frauen rein. 1912/13 entstand schließlich der neoklassizistische Klinkerbau nach Plänen von Adolf Schwiening und Richard Schachner an der Thalkirchner Straße, der nicht nur die Schweineschlachthalle sondern auch ein neues Wannen- und Brausebad beherbergte – letzteres nun offen für alle Anwohner.

Lange gehörte das Tröpferlbad ganz selbstverständlich zum Schlachthofviertel. Doch immer mehr Wohnungen bekamen eigene Bäder, langsam blieben die Kunden weg. 1973 badeten oder duschten noch 40.000 Menschen im Tröpferlbad, 1983 nur noch 25.000. Da kostete einmal Brausen 2,50 DM, einmal Baden 4 DM. Für Ehepaare, die beim ersten Besuch einen Trauschein vorweisen mussten, gab es sogar Doppelkabinen mit zwei Duschen. Längst deckten die Eintrittsgelder nur noch 20 % der Kosten. Ein reines soziales Zuschussgeschäft.

Das Aus für die öffentliche Badeanstalt kam 1986. Doch es fanden sich schon im Niedergang neue Nutzer: Um die Jugendlichen aus der Isarvorstadt von der Straße zu holen, die starke Bandenkriminalität im Viertel zu bekämpfen und gegen die soziale Verwahrlosung anzutreten, gründete der Jugendpolizeibeamte Sepp Triebenbacher 1976 die Freizeitliga Isarvorstadt e. V., in der zeitweise 24 Jugendmannschaften in zwei Ligen zu Fußballturnieren antraten. Als Geschäftsführer der Liga setzte Triebenbacher den Boss einer Rockergruppe ein – und fand so Akzeptanz bei den schwierigen Jugendgruppen. Was fehlte, waren Räume, um neben der sportlichen Betreuung auch sozialpädagogische Arbeit bieten zu können. Ungenutzte Räume im zweiten Stock des Tröpferlbads boten sich an. Die Jugendlichen renovierten das Gebäude selbst und 1983 konnte der Jugendtreff Tröpferlbad eröffnen. Täglich steht das Tröpferlbad ab 16 Uhr Kindern und Jugendlichen offen. Neben Tischtennis, Kicker, Billard und einem großen Sportangebot bietet der Verein auch Einzelbetreuung oder Gruppenarbeit an.

3.10 Bürgerhaus Tröpferlbad

In den vergangenen Jahren geriet das Tröpferlbad immer wieder in die Schlagzeilen, weil die Polizei während der G8-Gipfel oder Nato-Sicherheitskonferenzen das Bürgerhaus und das *Kafe Marat* mit Razzien überzog. Ein Problem für die Freizeitliga Isarvorstadt, denn das Bürgerhaus hat nichts mit dem Jugendtreff zu tun. Die Adresse und der Name Tröpferlbad sind zwar gleich, doch der Jugendtreff hat im rechten Gebäudeteil einen eigenen Eingang, das Bürgerhaus im linken. Das Bürgerhaus wird von dem 1996 gegründeten Verein »Zeit, Schlacht und Raum e.V.« betrieben, der sich der Förderung von Kultur im Münchner Schlachthofviertel verschrieben hat. Der Verein besteht aus 14 bis 15 wechselnden Nutzergruppen, die nach basisdemokratischem Prinzip über Vergabe der Räume, monatliches Programm und thematische Ausrichtung entscheiden.

3.11 Erzbischof neben Striplokal

Religiöse Vielfalt hat in der Isarvorstadt Tradition. Es war und ist das Judenviertel Münchens. In der Frauenlobstraße sind seit 1905 die **Methodisten** ansässig (zuvor bis 1895 in der Müllerstraße) und in der Pestalozzistraße war bis 2011 die **Heilsarmee** zu Hause. Die **Altkatholische Kirche**, die sich 1872 von Rom trennte, befindet sich in der Blumenstraße gleich hinter Papa Schmids Marionettentheater.

Eine kirchliche Besonderheit beherbergt die Isarvorstadt zudem: Ein Erzbischöfliches Ordinariat direkt neben einem Striplokal. 1972 mietete der **freikatholische Erzbischof** Karl-Heinz »Hilarios« Ungerer ein Ladenlokal in der Thalkirchner Straße 25 an und verlegte damit den Bischofsitz der deutschen Gemeinde von Köln nach München. Nur von Spenden baute die rührige Gemeinde

ihr Ordinariat und das Gotteshaus St. Peter und Paul stetig aus. 1992 konnte das Ladenlokal dann gekauft werden. Dass nebenan ein Nachtclub mit blanken Busen wirbt, hat den Bischof noch nie gestört.

Auch die Geschichte der **Baptisten** in Bayern ist untrennbar mit der Isarvorstadt verbunden. Nachdem die Baptisten sich zunächst in Privaträumen Am Glockenbach 21 getroffen hatten, zog man 1903 in die Holzstraße 4 in einen schäbigen Hinterhof um. Nach wechselvollen Jahren unter verschiedenen Adressen in der Schwanthalerstraße kam die Gemeinde 1922 in die Isarvorstadt zurück – in das ehemalige *Eldorado*, eine für derbe Volksstücke bekannte Kleinkunstbühne, die zum beliebten *Wirtshaus Lacke*, Holzstraße 9, gehörte. Das Vorderhaus und der Seitenbau mit 250 Sitzmöglichkeiten sowie der rückwärtige Saalbau mit 500 Sitzplätzen kosteten 1,4 Mio. Reichsmark. Hier fand die nomadisierende baptistische Gemeinde endgültig ein Zuhause.

Biergarten des *Wirtshaus Lacke* im Jahr 1899

3.12 St. Anton

Imposant ruht die Kirche gegenüber dem Eingang zum neuen Teil des Alten Südfriedhofs an der Kapuzinerstraße. Ihre Geschichte ist weniger bewegt als die von St. Andreas. Ursprünglich stand an dieser Stelle nur die kleine Schmerzhafte Kapelle, ein beliebter Wallfahrtsort. Doch 1846 kamen die Kapuziner, die 1802 im Zuge der Säkularisation ihren Orden hatten auflösen müssen und 1826 sich durch Ludwig I. neu gründen durften, und errichteten neben der Kapelle ein Hospiz.

Mit der Expansion der Isarvorstadt und dem neuen Schlacht- und Viehhof platzte die Kapelle bei Gottesdiensten bald aus allen Nähten. Ein Kirchenneubau war unbedingt erforderlich. Dem Zeitgeschmack entsprechend wählte man die neoromanische Optik. 1893 kam es zur Grundsteinlegung, zwei Jahre später zur Weihe. 1936 wurde St. Anton zur Pfarrkirche erhoben. Die Kirche erlitt einige Kriegsschäden, wurde 1946 und 1951 renoviert – und 1966/67 vollkommen entstellt. Völlig in der modernistischen Auffassung gefangen, dass es sich bei den Wandmalereien und Altären um keine Erzeugnisse von hohem künstlerischem Wert handle, und frei von Skrupeln gegenüber den Erbauern, ließ der die Renovierung leitende Architekt Michael Steinbrecher einfach alles weiß übertünchen. Das künstlerische Gesamtkonzept – die spähistoristische Ausstattung, teilweise von Ordensbrüdern gefertigt, ging damit verloren.

Zu den bedeutendsten Kunstwerken, die die Kirche heute beherbergt, gehört das Gnadenbild *Elisabeth und Johannes d. T. bei der Heiligen Familie*, das Peter Candid 1602 schuf und das ursprünglich in der Gruft des

ersten Kapuzinerklosters beim Lenbachplatz hing. Das Kloster St. Anton, wegen der Armenspeisung Anziehungspunkt für viele Obdachlose, wurde zuletzt renoviert und umgebaut. Seit 2008 bildet hier das **Institut zur Förderung publizistischen Nachwuchses**, die katholische Journalistenschule, junge Journalisten aus. Ein Seitenflügel der Schmerzhaften Kapelle beheimatet nun ein TV-Studio für die Fernsehausbildung. Zwei Lehrsäle mit je 17 Computerarbeitsplätzen,

ein professionell eingerichtetes Fernseh- und Hörfunkstudio mit digitalen Schnittplätzen ermöglichen die praxisnahe Ausbildung. Den Kursteilnehmern stehen 24 Einzelzimmer als Unterkünfte zur Verfügung.

3.6 Der Schlachthof

Einst ging das Schlachthofgelände bis zur Kapuzinerstraße (vorne). Wo das große Eingangsportal stand, befindet sich heute die Agentur für Arbeit.

Erst nach dramatischen Seuchenepidemien mit unzähligen Toten sah die Stadt München ein, dass ein zentrales Schlachthaus mit hygienischen Verhältnissen nötig war, und baute es in der Isarvorstadt.

Geschlachtet wurde in München fast überall, im Stall, im Hinterhof. Metzger und Gastwirte schlachteten da, wo sie ihren Betrieb hatten. Die beiden öffentlichen Schlachthäuser, die am Färbergraben und am Viktualienmarkt standen, nutzten vornehmlich die »Bankmetzger«, die ihre Ware direkt am Viktualienmarkt verkauften. Die lebende Ware kaufte und verkaufte man in der Herrnstraße. Um die Tiere zum Viehmarkt zu bringen, trieb man sie einfach mitten durch die Stadt, was nicht nur ein massives Verkehrshindernis darstellte, die Straßen wurden zudem stark verunreinigt. Die Bürger der Stadt sahen sich in vielerlei Hinsicht belästigt. Dazu kamen neueste Erkenntnisse in der Hygieneforschung. Kranke Tiere sowie Schlachtabfälle und Abwässer, die immer noch über die Stadtbäche entsorgt wurden, bildeten eine ständige Gefahrenquelle.

Mitten in die Prärie baute man den Schlachthof, der Bebauungsplan stammt von 1878.

Langsam dämmerte es auch dem größten Zweifler, dass die Cholera- und Typhusepidemien, die München regelmäßig beutelten, kein Zufall waren. 1866 hatte die Cholera besonders viele Todesopfer gefordert. Auch die Arbeit des Hygienikers Max von Pettenkofer trug dazu bei, dass man die Schaffung eines zentralen kommunalen Schlacht- und Viehhofs beschloss – am besten draußen vor der Stadt, in der Isarvorstadt zwischen Kapuzinerstraße und Bahngleisen. Die Standortvoraussetzungen waren optimal, die bestmögliche Verkehrsanbindung an Straße und Eisenbahn war gegeben. Auf dem nahen Südbahnhof, von dem man Gleise in den Schlachthof legte, konnte Vieh direkt angeliefert werden. Nach den Entwürfen von Stadtbaurat Arnold Zenetti wurde 1876 der Schlacht- und Viehhof München errichtet.

Ursprünglich standen 101.059 m² für den Schlachthof zur Verfügung, um aber Platz für Erweiterungen zu haben, wurde das Gelände auf 157.975 m² vergrößert. In den zwei Jahren Bauzeit entstanden: 3 Großviehschlachthallen, 2 Kälberschlachthallen, 1 Schweineschlachthalle, die Sanitätsanstalt, die Kuttelei, 2 Reservestallungen, 2 Markthallen für Großvieh, 1 Markthalle für lebende Kälber, geschlachtete Kälber und Schweine sowie die Gaststätte.

Raus aus der Stadt oder bleiben?

Bis zum Beginn des Zweiten Weltkriegs kamen ein Kühlhaus, ein Bank- und Bürogebäude sowie die Betriebswerkstätte hinzu. Bauarbeiten, die man sich hätte sparen können, denn nachdem ab 1943 die alliierten Luftangriffe heftiger wurden, fielen ca. 65 % der bebauten Fläche des Schlacht- und Viehhofs in Schutt und Asche. Der Betrieb ging trotzdem weiter. Nach dem Krieg baute die Stadt zuerst den Viehhof wieder auf, neben den Markthallen entstand auch eine Wagenwaschanlage mit Desinfektionsmöglichkeit, denn der Viehtransport verlagerte sich zunehmend von der Bahn auf die Straße. Neu hinzu kamen die Sanitätsanstalt (Seuchenschlachthof) und die bakteriologische Fleischuntersuchungsstelle.

Lange Jahre gab es hitzige Diskusionen, ob der Schlachthof überhaupt an der alten Stelle wieder aufgebaut werden solle. 1964 entschied sich der Stadtrat dafür und gegen eine Verlagerung an den Stadtrand. In den 1970er Jahren wurden u. a. die Rinderschlachthalle mit Fließbandsystem, eine Kuttelei, je ein Rinder- und Schweinekühlhaus, zwei Tiefbrunnen mit Wasseraufbereitungsanlage und ein Fleischmarktgebäude neu errichtet. Die Kälber-, Schaf- und Schweineschlachthalle wurde modernisiert. Durchschnittlich kamen in den 1970ern jährlich 195.000 Rinder, 38.000 Kälber, 277.000 Schweine, 16.000 Schafe im Viehzentrum zum Verkauf, im Schlachthof kamen 115.000 Rinder, 37.000 Kälber, 261.000 Schweine und 16.000 Schafe unters Messer. Ende der 1980er, Anfang der 1990er Jahre brachte die Stadt die Schweine- und Großviehschlachtung auf den aktuellen Stand von Technik und Hygiene, der Fleischmarkt folgte 1995/96.

Längst ist der Schlacht- und Viehhof geschrumpft. Ein großes Areal an der Kapuzinerstraße, auf dem sich einst der Eingangsbereich befand, wich dem Neubau des Arbeitsamts. 1996 wurde die Direktion des städtischen Veterinärwesens aufgelöst, der Betrieb Schlacht- und Viehhof, die Abteilung Amtlicher Tierarzt, die Aufgaben der Tierkörperbeseitigung und Speiseabfallentsorgung sowie die Kreisverwaltungs- und Kreisaufgaben bezüglich des Tierschutz- und Tierseuchengesetzes blieben als »Städtischer Schlacht- und Viehhof« zusammengefasst, das Veterinäramt wurde eine eigene Dienststelle.

Jeweils zum 1. April der Jahre 2000 und 2004 erfolgte die Privatisierung der Rinder- und der Schweineschlachtung. Mit dem Jahr 2005 endete die Geschichte des Städtischen Schlacht- und Viehhofs und die des Eigenbetriebs Schlachthof München begann. Den Schlacht- und Viehhof gibt es heute nicht mehr wirklich. 2007 fusionierte er mit der benachbarten Großmarkthalle München zu dem gemeinsamen Eigenbetrieb namens »Markthallen München«. Heute beherbergt der Schlachthof viele branchenverwandte Handels- und Handwerksbetriebe mit multikulturellem Angebot.

Erinnerungsfoto von der Eröffnung am 31. August 1878

Auf einen Blick: DER SCHLACHTHOF

- 1876 Baubeginn für den Schlacht- und Viehhof
- 1943 Luftangriffe der Alliierten zerstören 65 % der Schlachthofanlagen
- 1964 Der Stadtrat beschließt, dass der Schlachthof im Viertel bleibt
- 1969 Inbetriebnahme der im Fließbandsystem arbeitenden Rinderschlachthalle
- 1978 Abschluss der Aus- und Umbauarbeiten für Schlachtbetrieb nach modernen Standards
- 1987 Modernisierung der Schweineschlachtung
- 1990 Sanierung der Großviehschlachtung
- 1995 Sanierung des Fleischmarkts zur Sicherung der EU-Zulassung als Zerlegebetrieb für den innergemeinschaftl. Handelsverkehr
- 1997 Verpachtung des Großviehmarkts an die Münchner Viehmarkt GmbH
- 2000 Vergabe des Großviehschlachtbereichs an die Münchner Schlachthof Betriebs GmbH
- 2005 Aus dem Städtischen Schlacht- und Viehhof München wird der Eigenbetrieb Schlachthof München
- 2006 Im Dezember findet der letzte Pferdemarkt in München statt
- 2007 Der Schlachthof fusioniert mit der Großmarkthalle zum *Eigenbetrieb Markthallen München.* Schlachtfrequenz Großvieh: ca. 75.000/Jahr; Schweine und Ferkel: ca. 267.000/Jahr

3.13 Schmerzhafte Kapelle

Nach Ende des 30-jährigen Kriegs errichteten Gläubige eine kleine Gebetsstätte an einem mächtigen Baum beim Steig nach Thalkirchen (heute Kapuzinerstraße). 1670 zimmerte der Abdecker M. Bartholomäus Deibler aus rohen Brettern eine Feldkapelle (die Schinder-Kapelle) und schmückte sie mit der Kopie des Gemäldes *Heiland an der Geißelsäule* aus dem Kloster Andechs. Das Kapellchen zog sofort Wallfahrer an, schon zwei Jahre später baute man eine steinerne Kapelle, die um 1702 durch eine Rotunde mit Kuppel und Laterne ersetzt wurde – gestiftet vom Bayrischen Hofkammerrat Johann Baptist Ruffini, der sich um die Ecke gleich noch ein Schlösschen zur Sommerfrische bauen ließ. 1705 wurde die Kapelle den »Leiden Christi und der Schmerzhaften Mutter Maria« geweiht. In den 1730er Jahren kamen Mesnerhaus, Türmchen und ein eigener Altarraum hinzu. Nachdem sich die Kapuziner 1846 hier niederließen, bauten sie die Schmerzhafte Kapelle sukzessive um und aus. Der heutige neue rechteckige Bau lässt die einstige Rotunde zwar noch erahnen, bringt dem Gebäude aber einen völlig anderen Charakter.

3.14 Ausgabestelle der Münchner Tafel

Direkt an der Mauer zur Schmerzhaften Kapelle befindet sich die Ausgabestelle der Münchner Tafel für die Isarvorstadt. Jeden Freitag liefern die Transporter der Tafel die gespendeten Lebensmittel an und freiwillige Helfer bauen die Ausgabetische auf. Die Bedürftigen bekommen Waren nur gegen einen speziellen Ausweis. Jeder muss bei der Tafel erst seine Notlage nachweisen, dann erhält er einen Ausweis, mit dem er zu den Ausgabestellen kommen kann. Jeden Monat wird geprüft, ob die Ausweisinhaber alle da waren. Wer viermal unentschuldigt fehlt, gilt als nicht mehr bedürftig und muss für einen anderen Platz machen.

3.15 Altenstift Kreszentia

Einst diente das Ruffinischlössl in der Staubstraße 15 (heute Isartalstraße 6) Münchner Adeligen zur Sommerfrische. Doch als Gräfin Viktorine von Butler-Haimhausen (1811–1902) es im Jahr 1859 erwarb, hatte sie ganz andere Pläne mit der Immobilie. Die Gräfin war aktives Mitglied des »St. Johannis-Verein für freiwillige Armenpflege« und wollte die Versorgung von alleinstehenden alten Menschen und die Pflege von gebrechlichen und behinderten Personen sicherstellen. Gräfin Viktorine übertrug die Leitung der neuen Anstalt am 24. April 1860 an Kreszenz Schmitter (1817–1890). Zwei (Laien-)Schwestern standen ihr bei der Arbeit in der »Kreszenz Schmitter'schen Pflege- und Versorgungsanstalt für weibliche Personen« zur Seite. Eine Klostergemeinschaft zu gründen wurde den Frauen aber (noch) verwehrt.

Erst ab 1889 durften die 19 Schwestern gemeinsam mit Oberin Kreszenz Schmitter mit oberhirtlicher Genehmigung das Ordenskleid tragen. Trotzdem fehlte weiterhin die offizielle Anerkennung als eigenständige Ordensgemeinschaft. Die Schwestern beschlossen dennoch den Bau eines neuen Hauses, das am 1. Juli 1915 eröffnet werden konnte. Fünf Jahre später erfolgte durch Erzbischof Michael von Faulhaber endlich die kirchliche Anerkennung als »Kongregation der Kreszentia-Schwestern vom Dritten Orden des Hl. Franziskus in der Schmitter'schen Anstalt zu München«. Bis 1935 expandierte die Kongregation. 152 Mitglieder betreuten 10 Filialen. Im Jahr 1957 wurde die »Schmitter'sche Anstalt« schließlich in »Kreszentia-Stift« umbenannt.

Um die Wohnkapazität zu erhöhen, wurde 1960 der Erweiterungsbau Haus II eingeweiht, nun fanden 330 betagte Frauen einen Platz. Drei Jahre später wurde ein neues Schwesternwohnhaus gebaut. Wie in anderen Ordensgemeinschaften gingen die Zahlen der Neueintritte drastisch zurück, darum wurden ab 1988 auch weltliche Pflegekräfte eingestellt. Die Einrichtung öffnete sich auch männlichen und nichtkatholischen Bedürftigen. Umfangreiche Renovierungsarbeiten und moderne Pflegebetten schufen in den 1990er Jahren zeitgemäße Bedingungen für die Versorgung pflegebedürftiger alter Menschen.

3.16 Mimikry und Marikas

Huren und Stricher gehörten einst zum Straßenbild der Isarvorstadt. Vielleicht hat das Evangelische Hilfswerk München gerade deshalb im Schlachthofviertel, Dreimühlenstraße 1, seine beiden Beratungsstellen für Sexarbeiter beiderlei Geschlechts eingerichtet. Mimikry kümmert sich um weibliche Prostituierte, Marikas um junge Männer, die auf den Strich gehen. Marikas hat sich dabei in den letzten Jahren zunehmend auch für minderjährige Mädchen geöffnet. Marikas ist bayernweit die einzige Beratungsstelle für Jugendliche, die sich prostituieren. Den jungen Männern stehen Schlafplätze, Waschmaschinen, eine große Küche, sanitäre Einrichtungen und Aufenthaltsräume zur Verfügung, es gibt zudem Beratungsangebote in Türkisch und Englisch. Die Berater beider Hilfsgruppen machen außerdem Streetwork und betreiben in einschlägigen Kneipen und auf Straßenfesten Prävention, verteilen Kondome, Gleitgel und Infobroschüren.

3.17 Dreimühlenblock

Die Wohnanlage zwischen Dreimühlen- und Thalkirchner Straße entstand 1909/10. Der Verein für Volkswohnungen ließ die Anlage von der Firma Heilmann & Littmann erbauen. Die Wohnungen verfügten bereits über eigene WC. Im Keller gab es ein Zentralbad, das die Mieter gegen Gebühr benutzen konnten.

3.18 Die letzte Gartenvilla

Das letzte seiner Art: Ein kleiner Abstecher in den Hinterhof der Isartalstraße 20 lohnt sich, denn hier steht das letzte Haus, das einst als Landsitz mitten in die grüne Wiese gebaut wurde. Der Fachwerkbau mit der Ziegelfassade stammt aus dem Jahr 1883, die unteren Räume dienten einst als Stallungen, unterm Dach befand sich der Heuboden. Seit 1891 das Vorderhaus entstand, ist auch das alte Häuschen ein reines Wohnhaus.

3.19 Rodenstock

Schon als 14-jähriger Bub musste Josef Rodenstock, 1845 in Thüringen geboren, als Handlungsreisender zum Familienunterhalt beitragen. Er war dabei so erfolgreich, dass sein Vater sich die Verkaufstricks zeigen ließ. Einer seiner Verkaufsschlager: Brillen. Die konnte man unabhängig von der Witterung immer losschlagen. Aber Josef war auch vom Gerät selbst fasziniert und beschäftigte sich mit Augenheilkunde. 1877 beschloss er, sesshaft zu werden und eine Firma zu gründen. Er wählte Würzburg als Standort. Ein Jahr später verkaufte Rodenstock in seiner Feinmechanischen Werkstatt neben Brillengläsern und -fassungen auch Barometer, Präzisionswaagen und Messinstrumente. 1880 entwickelte er seine ersten eigenen Brillengläser, die »Diaphragma-Brillengläser«, die zum Bestseller wurden.

1883 zog Rodenstock nach München um und eröffnete einen Laden am Karlstor. Die Produktion blieb noch 1886 in Würzburg, dann zog auch die Fertigung nach München. Dazu hatte Rodenstock ein Anwesen an der Staubstraße (heute Isartalsraße) erworben. Für die nö-

Rodenstock im Jahre 1898: Noch fließt der Bach offen neben dem Werk an der Isartalstraße, Reiter tränken ihre Pferde darin.

tige Energie sorgte der Westermühlbach. Das bestehende Wohngebäude ließ er zur Werkstatt umbauen. Bald bildeten auch Fotoobjektive und -linsen ein wichtiges Standbein des Unternehmens. In den Folgejahren wurde die Fabrik an der Isartalstraße stetig erweitert.
1905 trat Sohn Alexander in die Firmenleitung ein. Er baute seiner Familie ein Wohnhaus an der Ecke Ehrengut-/Isartalstraße. Er sah sich auch seinen Angestellten verpflichtet. So führte er z. B. eine Betriebskrankenkasse und den Achtstundentag ein.
Nach dem Ersten Weltkrieg verlor der Westermühlbach seine Bedeutung für das Unternehmen. Rodenstock bezog fortan seine Energie von den Stadtwerken. Während der Nazizeit konnte Rodenstock eine Übernahme der Firma durch die Rüstungsindustrie verhindern. Ab 1942 bestimmte allerdings das Kriegsministerium, was produziert werden musste: z. B. Panzerfernrohe. Die Kriegsbomben zerstörten rund 40 % des Werksgeländes. Da sich die Rodenstocks nie den Nazimachthabern angebiedert hatten, durften sie bereits vier Wochen nach Kriegsende als einziges großes Werk in der amerikanischen Zone die Brillenproduktion wieder aufnehmen.
Bereits 1940 war Alexanders Sohn Rolf in die Firma eingetreten. Er investierte kräftig. 1950 wurde ein vierstöckiger Neubau an der Isartalstraße 43 errichtet, 1973 entstand auf dem Gelände ein sechsstöckiger Bau mit fast 10.000 m² Produktionsfläche. 1968 hatte Rodenstock als erster europäischer Hersteller selbsttönende Brillengläser auf den Markt gebracht, zehn Jahre später folgten die ersten Kunststoffgläser. Doch nach dem Höhenflug kam der Einbruch: preiswerte Produkte aus Asien überschwemmten den Markt und die Gesundheitsreform von 1989 sorgte zudem für massive Umsatzeinbrüche. 40 Millionen D-Mark Verlust musste Rodenstock verkraften. Randolf Rodenstock, der 1990 zur Firma kam, baute den bislang produktionsorientierten Industriebetrieb in ein kundenorientiertes Dienstleistungsunternehmen um. Das bedeutete schwere Einbußen für die Mitarbeiter, den massiven Abbau von Arbeitsplätzen, das Abstoßen von unlukrativen Geschäftsfeldern und die Verlegung der Produktion ins kostengünstigere Ausland. 125 Jahre nach der Gründung wurde Rodenstock 2002 in eine GmbH umgewandelt. Rodenstock konzentriert sich heute wieder erfolgreich auf das einstige Kerngeschäft, die Brille. Dennoch kam 2011 das endgültige Aus für den alten Standort in der Isarvorstadt, der Firmensitz wurde nach Laim in die Elsenheimerstraße verlegt. Ein Jahr später rollten die Abrissbagger. Auf dem ca. 13.000 m² großen Gelände entsteht ein Luxuswohnquartier, das unter dem wohlklingenden Namen »Rodenstock-Gärten« vermarktet wird und 2015 fertig sein soll.

Dieses Wohnhaus kaufte Rodenstock 1886 und baute es zur Werkstatt um. Es wurde 1906 abgerissen.

Abriss des Rodenstockgeländes 2012

Das »Roeckl-Schlössl« an der Isartalstraße im Jahr 1900

3.20 Roeckl

Ein kleiner Laden mit eigener Werkstatt in der Kaufingerstraße 19 war die Keimzelle: Dort eröffnete 1839 der Handschuhmacher Jakob Roeckl sein erstes Geschäft. Bald kamen eine Gerberei und eine Färberei hinzu. Roeckl konzentrierte sich ganz auf ein Klientel mit gehobenen Ansprüchen und war damit höchst erfolgreich. Er wurde zum Königlich Bayrischen Hoflieferanten ernannt, selbst der Hochadel trug nun Roeckl-Handschuhe. König Ludwig II. und Kaiserin Sisi zählten zu der erlauchten Kundschaft. 1870 errichtete Jakobs Sohn Christian ein großes Fabrikgebäude an der Isartalstraße. Die Fabrik, erbaut nach Plänen des Stararchitekten Gabriel von Seidl, wurde im Volksmund »Roeckl-Schlössl« genannt. Hatte sein Vater noch 50 Beschäftigte, arbeiteten für Christian nun über 1.000 Menschen. Filialen in Berlin, Wiesbaden, Frankfurt, Köln und Bremen kamen hinzu. Nach dem frühen Tod seines Vaters 1890 musste die dritte Generation in Person von Heinrich Roeckl die Leitung übernehmen. Der erst 24 Jahre junge Heinrich gründete weitere Filialen und begann mit dem Export in die USA. Nach den Zerstörungen des Zweiten Weltkriegs baute der Urenkel des Firmengründers Dr. Heinrich Franz Roeckl die Produktionsstätten und das Filialnetz neu auf. 1966 stieg mit Stefan Roeckl die fünfte Generation ins Handschuhgeschäft ein. Er ließ die Zentrale an der Isartalstraße neu bauen. Mitte der 1970er Jahre schloss die Firma die alte Produktionsstätte an der Isartalstraße, nur der Hauptsitz blieb hier. Anstelle des Roeckl-Schlössls entstand ein moderner Hochhauskomplex. Erhalten blieb nur die Mauer und die Säule mit dem Münchner Kindl. Heute leiten Annette Roeckl, Geschäftsführerin für den Geschäftszweig Handschuhe und Accessoires, und ihr Bruder Stefan Roeckl jr., Geschäftsführer für den Produktbereich Sporthandschuhe, die Firma in sechster Generation.

Den Brunnen an der Kreuzung Ehrengut- und Isartalstraße stiftete Geheimrat Heinrich Roeckl 1908. Sieben Jahre später wurde der Standort in Roecklplatz umbenannt.

3.21 Pulvermühle, Obere

siehe S. 138

3.22 Kaiblmühle, Obere

siehe S. 136

3.23 Isarwerk 3

Das 1921–1923 erbaute Isarwerk 3 ist ein Laufwasserkraftwerk. Es wurde 1977/78 erneuert. Zwei je 1.650 kW starke Kaplan-Rohrturbinen sorgen für eine Leistung von 3,3 Megawatt. Das Isarwerk 3 liegt nicht direkt an der Isar, sondern erhält seinen Wasserzufluss von dem bei Buchenhain ausgeleiteten, zirka 12 km langen Isar-Werkkanal. Der Großteil des Wassers fließt beim Isarwerk direkt in die Isar zurück.

Ein kleiner Teil fließt jedoch durch die **Stadtbachstufe** weiter Richtung Innenstadt. Diese Stadtbachstufe ist das kleinste der zwölf Wasserkraftwerke Münchens und gehört zu den wenigen Anlagen, die ihre Energie mit einer Wasserkraftschnecke gewinnen. Im Jahr der Inbe-

triebnahme 2006 war diese Schnecke die größte der Welt. Die Anlage erzeugt rund 430.000 KWh pro Jahr und wurde übrigens von den Beziehern des Stromtarifs M-Natur finanziert, die einen etwas höheren Tarif zahlen, dessen Erlös die Stadtwerke für den Ausbau regenerativer Energieerzeugung verwenden. Nach der Stadtbachstufe fließt das Wasser am ehemaligen Roeckl-Gelände vorbei, unterquert dann das ehemalige Rodenstock-Areal und kommt als Westermühlbach ans Tageslicht.

3.24 Brudermühle

siehe S. 135

3.25 Street-Art-Mekka Tumblingerstraße

Dass München wenig bis nichts für jegliche Art von junger (Sub-)Kultur tut, ist kein Geheimnis. So gibt es zum Beispiel auch nur sehr sehr wenige Gebiete in der Stadt, an denen Sprayer legal ihre Street Art auf Mauern sprühen dürfen. Und das ausgerechnet in der Stadt, in der in den frühen 1980er Jahren die deutsche Graffiti-Bewegung ihren Anfang genommen hatte.

Das bekannteste und größte Gelände sind die Mauern hinter dem ehemaligen Viehhof in der Tumblingerstraße, südlich der Ruppertstraße. Hier tut sich immer was, tagtäglich verschwinden alte Graffiti unter neuen. Das ist mal äußerst gekonnt, wenn die Stars der Szene sich austoben, mal eher dürftig, wenn »Toys« (= Anfänger) ihre Arbeiten hinterlassen. Gerade deshalb bleibt jeder Besuch in der Tumblingerstraße spannend. Übrigens: Im Abbruchgelände des ehemaligen Viehhofs direkt hinter der Mauer an der Tumblingerstraße gibt es ebenfalls semilegale Sprühflächen, die zu entdecken sich lohnen.

STRIKE

NAZIS RAUS!

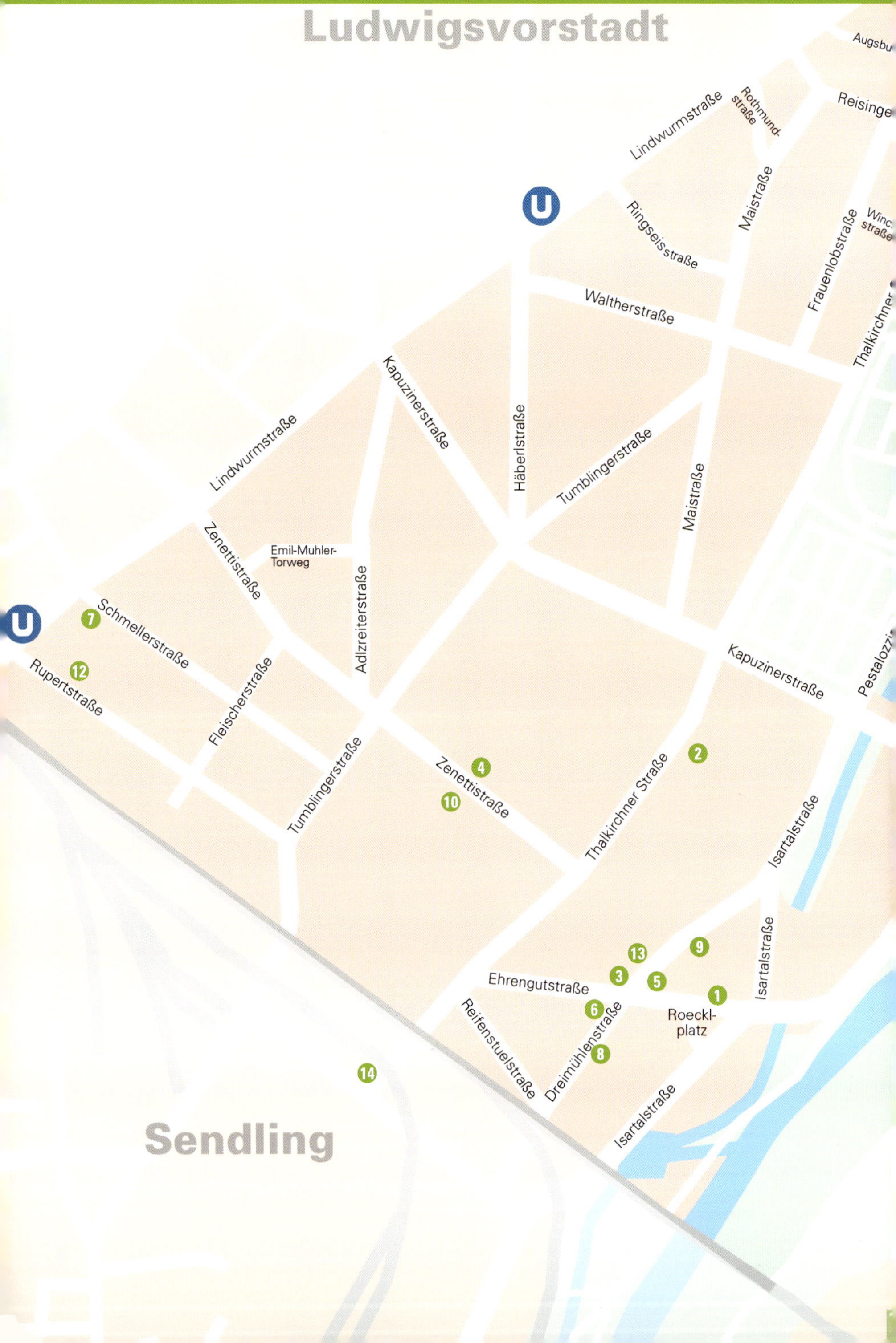
Ludwigsvorstadt
Augsbu
Reisinge
Lindwurmstraße
Rothmund-straße
Maistraße
Ringseisstraße
Frauenlobstraße
Winc straße
Waltherstraße
Thalkirchner
Kapuzinerstraße
Häberlstraße
Tumblingerstraße
Maistraße
Lindwurmstraße
Zenettistraße
Emil-Muhler-Torweg
Adlzreiterstraße
Schmellerstraße
Rupertstraße
Fleischerstraße
Kapuzinerstraße
Pestalozzi
Tumblingerstraße
Zenettistraße
Thalkirchner Straße
Isartalstraße
Ehrengutstraße
Isartalstraße
Roeckl-platz
Reifenstuelstraße
Dreimühlenstraße
Isartalstraße
Sendling
1
2
3
4
5
6
7
8
9
10
12
13
14

Im Schlachthof- oder Dreimühlenviertel, tobt nicht so sehr das Leben wie im Rest der Isarvorstadt. Der Schlachthof und das stillgelegte Gelände des ehemaligen Viehhofs nehmen immer noch einen Großteil der Fläche ein. Das Leben konzentriert sich hier im Wesentlichen auf das Gebiet um Roecklplatz und Dreimühlenstraße sowie Teile der Zenettistraße. Hier eine kleine Auswahl an Gastro- und sonstigen Tipps:

Cafés • Kneipen

1 Eiscafé Italia
Ehrengutstr. 23
Eisdiele, die (wie sollte es anders sein) das beste Eis Münchens haben soll …

Fiakerstüberl
Zenettistr. 30
Café, Kneipe

Kafe Marat
Thalkirchner Str. 102
Antifa-Café im autonomes Zentrum, siehe auch S. 114

2 Südstadt
Thalkirchner Str. 29
entspannte Kneipe mit alternativer Musik

Tagträumer
Dreimühlenstr. 17
Tagescafé

3 Zimt
Ehrengutstr. 9
gemütliches Café

Essen

4 Atlantik Fisch
Zenettistr. 12
Fischrestaurant mitten im Schlachthofgelände

Barysphär
Tumblingerstr. 36
loungiges Dinieren

5 Bavarese
Ehrengutstr. 15
italienisch-bayerisch

Cihan's
Ehrengutstr. 21
türkisch

6 Coco de Mer
Dreimühlenstr. 30
»Kizin Seychellois«, also kreolische Küche der Seychellen

Ennstaler Stub'n
Adlzreiterstr. 21
österreichisch

Friulana
Zenettistr. 43
italienisch

7 Goldmarie
Schmellerstr. 23
bayerisch

Italfisch
Zenettistr. 25
italienisch, Gourmet

8 Le Makassar
Dreimühlenstr. 25
französisch-kreolisch; war einst das Lieblingslokal von Brad Pitt, als der noch mit der Münchner Filmemacherin Katja von Garnier zusammen war …

Los Bandidos
Thalkirchner Str. 71
Tex-Mex

Maharani
Baldeplatz 1
indisch

Mittendrin
Ruppertstr. 22
international

9 Monsieur Hu
Dreimühlenstr. 11
stylischer Vietnamese

Papazof
Zenettistr. 11
international

Piccolo Principe
Kapuzinerstr. 48
italienisch, Gourmet

Roecklplatz – Das Ausbildungsrestaurant
Isartalstr. 2
hier werden benachteiligte Jugendliche in 12 Ausbildungsplätzen zum Restaurantfachmann ausgebildet

Schmeller's
Schmellerstr. 17
bayrisch

Shane's Restaurant
Geyerstr. 52
Resto des irisch-österreichischen Spitzenkochs Shane McMahon

Taverna Anesis
Schmellerstr. 14
griechisch

10 Wirtshaus im Schlachthof
Zenettistr. 9
bayerisch, Münchner Kultgaststätte, siehe auch S. 113

Zur wilden Sau
Reifenstuelstr. 1
bayrisch

Nachtleben

Pigalle
Thalkirchner Str. 23
Strip-Cabaret mit Table-Dance

12 Substanz
Ruppertstr. 28
alternativer Club mit Live-Konzerten und Deutschlands ältestem Poetry Slam, siehe auch S. 112

13 Valentin Stüberl
Dreimühlenstr. 28
subkulturelles Nachtlokal mit Boazn-Charme

14 Zur Gruam
Thalkirchner Str. 114
ein Minihäuschen am Bahndamm, einst berüchtigte Absturzstelle für die ganz Harten, seit der Renovierung schwer angesagte Absturzstelle fürs Szenevolk (liegt streng genommen schon in Sendling), bis 6 Uhr früh

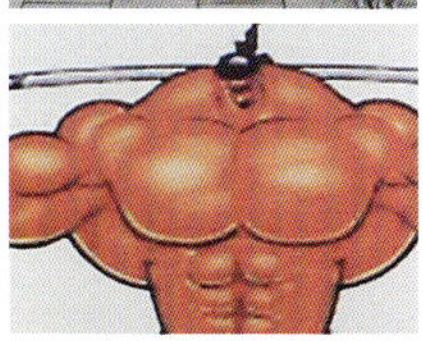

Die Viertel- und Straßennamen

Was war der Lindwurm nur für ein Drache? Wer bekam Einlass am Einlaß? Warum hat ein Gärtner einen eigenen Platz bekommen? Und wer zum Geier war Herr Geyer? Hier die Bedeutungen der Isarvorstädter Viertel- und Straßennamen.

Die Viertel

Isarvorstadt

Die ersten Stadtteile, die außerhalb der mittelalterlichen Stadtbefestigung entstanden, tragen alle den Zusatz »Vorstadt«, wie Max-, Ludwigs-, Schönfeld- und St.-Anna-Vorstadt. Wegen ihrer Lage zwischen Altstadt und Isar wird die Isarvorstadt als solche erstmals am 14. Dezember 1812 erwähnt, zuvor trug das Gebiet meist den Namen **Heilig-Geist-Anger** oder **Äußeres Anger-Viertel** und wurde dem Angerviertel (zwischen Sendlinger Tor und Viktualienmarkt) zugerechnet.

Gärtnerplatzviertel

Nach dem erfolgreichen Neubauprojekt Maxvorstadt sah der Erweiterungsplan von 1861 die Bebauung weiterer leerer Flächen mit Wohneinheiten vor – so auch dieses brach liegende Gebiet zwischen Fraunhoferstraße und Viktualienmarkt. Der Name Gärtnerplatzviertel setzte sich erst im 20. Jh. durch und trägt dem das Viertel prägenden Gärtnerplatz (heißt so seit 1863) mit seinem Theater Rechnung. Zuvor sprach man meist vom **Reichenbachviertel**, davor vom **Eichthal-Anger**, nach Baron Eichthal, dem Besitzer des Geländes.

Glockenbachviertel

Das Viertel zwischen Fraunhofer- und Kapuzinerstraße verdankt seinen Namen dem Glockenbach, der es durchfließt und dessen Name seit 1575 belegt ist. Offiziell ging »Glockenbachviertel« 1954 in den Namen des damaligen Stadtbezirks 11 ein: Isarvorstadt-Glockenbachviertel.

Die Baaderstraße 6 im Jahr 1905; hier steht heute ein Parkhaus.

Schlachthofviertel

Wie der Name verrät, beherbergt dieses Viertel den städtischen Schlachthof. Ab 1954 hieß der damalige Stadtbezirk 10 »Isarvorstadt-Schlachthausviertel«. Heute hat sich statt »Schlachthaus« der »Schlachthof« durchgesetzt.

Dreimühlenviertel

Teile des Schlachthofviertels südlich der Thalkirchner Straße pochen seit einigen Jahren darauf, das Dreimühlenviertel (nach der Dreimühlenstraße) zu sein. Dieser neue Viertelname ist durch den gleichnamigen Parklizenzbereich quasi offiziell.

Die Straßen

Adlzreiterstraße

(seit 1886) Der Jurist Johann Adlzreiter von Tettenweis (1596–1662) diente Kurfürst Maximilian I. ab 1625 als Hofkammerrat, Leiter des Geheimarchivs und Geheimer Rat. Nach dem Tod des Kurfürsten zählte er zu den Vormunden des Kronprinzen Ferdinand Maria. Auf dem Grundstück Adlzreiterstr. 12 stand einst die Villa, in der *Albert Einstein* von 1885 bis 1894 lebte.

Am Einlaß

(seit 1829) Nur durch das einst hier stehende Einlasstor konnte man nach Torschluss noch die befriedete Stadt betreten.

Am Glockenbach

(seit 1912) Die Glockengießerei, die ab 1476 in der Nähe des Alten Südlichen Friedhofs lag, gab dem Bach, der sie mit Energie versorgte, den Namen Glockenbach. Die heutige Adresse hat keinen direkten Bezug zum Glockenbach, der unterirdisch ab der Holzstraße fließt. Früher die **Pesenbachstraße**.

Arndtstraße

(seit 1888) Der Dichter Ernst Moritz Arndt (1769–1860) kämpfte als Sohn eines Leibeigenen vehement gegen die Leibeigenschaft von Bauern und gegen die napoleonische Herrschaft sowie für die deutsche Einigung, wozu er das deutsche Nationalgefühl mobilisierte. Die Nazis missbrauchten Arndt deshalb für ihre Propaganda. Die nach ihm benannte Straße hieß früher **Pechstraße**.

Auenstraße

(seit 1874) Hier dienten die Isarauen als Namensgeber.

Augsburgerstraße

(um 1823) Der Bote Josef Palmberger, von allen nach seiner Heimatstadt nur der »Augsburger« genannt, lebte Anfang des 19. Jh. in dem kleinen

Sträßlein vor dem Sendlinger Tor, das heute seinen Namen trägt.

Aventinstraße

(seit 1887) Johannes Aventinus (1477–1534) hieß eigentlich Johann Georg Turmair, nach seinem Heimatort »Abensberger« genannt, was er zu Aventinus latinisierte. Der Geschichtsschreiber gab die *Annales ducum Boiariae*, die *Baierische Chronik* und die erste *Gesamtkarte Bayerns* heraus.

Baaderplatz/-straße

(seit 1878) Tausendsassa Franz Xaver von Baader (1765–1841), studierter Mediziner und erfolgreicher Bergbauingenieur, verdiente später gutes Geld mit einem Glasschmelzverfahren und engagierte sich als Sozialreformer für das Proletariat, dozierte als Honorarprofessor über Philosophie und kämpfte gegen den kirchlichen Absolutismus. Hieß früher **Badstraße**.

Baldeplatz/-straße

(seit 1877) Der Jesuit Jakob Balde (1604–1668) galt lange als bedeutendster Dichter Bayerns, als bayrischer Horaz. Der Hofprediger gründete 1638 die Gesellschaft der Mageren (auch: Ritter vom dürren Orden), die in Zeiten des Schönheitsideals der rubensschen Üppigkeit gegen Übergewicht und Fettleibigkeit kämpfte.

Baumstraße

(seit 1894) Sie reichte früher bis an die Obere Floßlände am Westermühlbach heran (heute heißt das Teilstück Am Glockenbach), wo die Baumstämme aus dem Wasser geholt und gelagert wurden.

Blumenstraße

(seit 1874) Ab 1843 fand jährlich von Josefi (März) bis Theres (Oktober) der Blumenmarkt am östlichen Ende des Rosentals statt, was der langen Straße den endgültigen Namen gab. Vorher hieß sie ab 1585 ganz oder in Teilen: **Züchtigers Gassl, Scharfrichtergassl, Abdeckgassl, Henkergässchen, Dultständzwinger, Glockengasse.**

Boschbrücke

(seit 1959) Johann Bosch (1873–1932) leitete u. a. das Neubaubüro für das Deutsche Museum.

Buttermelcherstraße

(um 1823) Früher lebten viele Milchmänner in der Isarvorstadt und boten ihre Milchprodukte an, einer von ihnen soll der »Butter-Melchior« gewesen sein. Einer wahrscheinlicheren Deutung nach ist Buttermelcher durch Lautverschiebung von Buttermilch entstanden. Auf dem Stadtplan von 1812 ist der *Buttermilchgarten* eingetragen, ein beliebter Ausflugsort, der später *Buttermelchergarten* genannt wurde.

Corneliusbrücke/-straße

(seit 1903) Der Maler Peter von Cornelius (1783–1867) – nicht zu verwechseln mit seinen beiden nichtadeligen Namensvettern, dem Komponisten und Professor an der kgl. Musikhochschule München sowie dem österreichischen Liedermacher – leitete trotz enormer Querelen mit Ludwig I. zeitweise die Akademie der Bildenden Künste, bevor er sich mit dem Regenten ganz überwarf und nach Berlin zog.

Deutingerstraße

(seit 1927) Die beiden Martin Deutin-

Die Gaststätte *Rumpler* an der Baumstraße gibt es heute noch. Nur heißt die Pesenbachstraße (re.) heute unlogischerweise Am Glockenbach, dabei floss hier der Pesenbach.

gers (1789–1854 und 1815–1864) waren Onkel und Neffe und beide Theologen. Der ältere Deutinger erwarb sich Meriten als Domprobst und Historiker zur Geschichte des Erzbistums München-Freising. Der jüngere Deutinger bekam immer wieder Schwierigkeiten mit der Kirche durch seine kritische Haltung und machte sich König Ludwig I. zum Feind, weil er öffentlich die Beziehung des Monarchen zu Lola Montez brandmarkte.

Ehrengutstraße

(seit 1894) Der Zimmerermeister Anton Ehrengut (1840–1890) führte für Ludwig II. zahlreiche Zimmererarbeiten in den neuen königlichen Schlössern Neuschwanstein, Linderhof und Herrenchiemsee aus. Sein beträchtliches Vermögen stiftete er dann der Förderung der Kunst, denn er wollte die Lebensbedingungen von jungen Künstlern verbessern. Früher war es der **Oberkaiblmühlweg**.

Erhardtstraße

(seit 1891) Alois von Erhardt (1831–1888) leitete 17 Jahre lang als Erster Bürgermeister die Geschicke der Stadt München. In seine Amtszeit fiel u. a. der Ausbau des Kanalnetzes und die Errichtung des zentralen Schlacht- und Viehhofs. Die Straße hieß um 1613 **Bei den Sauställen**, danach **Wasserstraße** und auch **Magazinstraße** und war sogar Teil der **Auenstraße**.

In der Dreimühlenstraße lohnt sich ein Blick über die Türstürze der Hausnummern 16 bis 24, denn da schneiden einige Gipsköpfe wilde Grimassen.

Dreimühlenstraße

(vor 1833) Als noch der Dreimühlenbach durch die Isarvorstadt floss, trieb er die Mahlwerke von drei Mühlen an: die Bruder- oder Egfolfsmühle, die Au- oder Mittermühle sowie die Obere Kaibl- oder Schwalbensteinmühle. Sie hieß früher **Sandstraße**.

Emil-Muhler-Torweg

(seit 1969) Der Pfarrer Emil Muhler (1982–1963) der Gemeinde St. Andreas im Schlachthofviertel saß nicht nur vor und nach dem Zweiten Weltkrieg mehrfach im Münchner Stadtrat, er besaß auch genug Rückgrat, um sich gegen den Naziterror zu stellen. Dafür kam er mehrfach in Haft, zuletzt ins KZ Dachau.

Fleischerstraße

(seit 1877) Der Name erklärt sich durch die Lage am städtischen Schlacht- und Viehhof.

Blick über die Isarvorstadt 1914

Fliegenstraße

(um 1820) Einst existierte an der Straße die beliebte Gartenwirtschaft *Fliegengarten*.

Frauenlobstraße

(seit 1899) Der Dichter und neben Walter von der Vogelweide berühmteste Minnesänger Heinrich von Meißen (um 1250–1318) nutzte den Titel eines seiner Lieder gleich als Künstlernamen: Frouwenlop. Wobei die gelobte Frau natürlich die Jungfrau Maria war, der er sein berühmtestes Leich (= mittelalterliche Liedform) widmete.

Frauenstraße

(seit 1810) Sie verdankt ihren Namen vermutlich nur der ausgleichenden Gerechtigkeit, weil es auch eine Herrnstraße gab.

Fraunhoferstraße

(seit 1830) Der Optiker und Physiker Joseph von Fraunhofer (1787–1826) revolutionierte nicht nur den Fernrohrbau durch neue Linsen und Montagetechniken, er entdeckte die nach ihm benannten Linsen im Sonnenspektrum und die ebenfalls nach ihm benannte Beugung des Lichts an optischen Gittern und erfand das Spektroskop.

Gärtnerplatz

(seit 1863) Der Baumeister Friedrich von Gärtner (1792–1847) gab dem nördlichen Teil der Ludwigstraße ihr Gesicht, indem er Ludwigskirche, Staatsbibliothek, Universität, Feldherrenhalle und Siegestor im Auftrag Ludwigs I. erbaute. Auch der Palast des neuen griechischen Königs (Ludwigs I. Spross Otto I. saß 1832 bis 1862 als erster Regent auf dem griechischen Thron) entstand nach seinen Plänen.

Geyerstraße

(seit 1904) Der Hofchirurg Dominikus Geyer besaß im 18. Jh. ein Schlösschen mit großzügigem Park am Westermühlbach, etwa an der Stelle, an der sich heute die Tankstelle und die *Hong-Kong-Bar* befinden. Die Straße gehört zu den ersten Siedlungen des Viertels.

Goetheplatz

(seit 1865) Zu Deutschlands Dichterfürst Nr. 1 Johann Wolfgang von Goethe (1749–1832), der in allen Literaturgattungen schlafwandlerisch sicher zu Hause war, muss an dieser Stelle nichts mehr gesagt werden.

Häberlstraße

(seit 1876) Der Arzt Franz Xaver Häberl (1759–1846) leitete bis 1828 das neu gebaute Allgemeine Krankenhaus vor dem Sendlinger Tor.

Hans-Sachs-Straße

(seit 1897) Der Nürnberger Schuhmacher Hans Sachs (1494–1576) galt zu seiner Zeit als Meistersinger. Er verfasste mehr als 400 geistliche und weltliche Lieder, über 80 Fastnachtspiele sowie rund 130 Komödien und Tragödien. Zu seinen wichtigsten Werken zählt die *Wittenbergische Nachtigall*, in der er die Lehre Luthers populär aufbereitete.

Holzplatz/-straße

(seit Urzeiten) Wie die Baumstraße verdanken Holzstraße und -platz ih-

Die Viertel- und Straßennamen

Das Eckhaus Holz-/Baumstraße im Jahr 1905; im heutigen Bau, die Ecke heißt nun Holzstraße/ Am Glockenbach, befindet sich u. a. ein Bio-Supermarkt.

ren Namen der nahen Oberen Lände, an der die Flöße anlegten. Entlang der Holzstraße befanden sich die Holzlager. Sie gehört mit Müller-, Geyer- und Palmstraße zu den Ur-Ansiedlungen der Isarvorstadt.

Ickstattstraße

(seit 1897) Der Jurist Johann Adam von Ickstatt (1702–1776) erzog zunächst den Kurfürsten Maximilian III. Joseph, beriet dann Kaiser Karl VII. und leitete und reformierte ab 1746 die Universität Ingolstadt. Sein Hauptanliegen war eine grundlegende Reform des allgemeinen Schulwesens, vor allem zugunsten der Landbevölkerung.

Isartalstraße

(seit 1900) Sie liegt im und heißt nach dem Isartal. Früher war ihr Name **Staubstraße** und **Am Moor**.

Jahnstraße

(seit 1877) Der populär als Turnvater bekannte Friedrich Ludwig Jahn (1778–1852) gründete die deutsche Turnerbewegung und galt als Revolutionär, weil er sich gegen die napoleonische Fremdherrschaft und für die Einheit Deutschlands als Nationalstaat einsetzte. Turnen war für ihn ein Teil der »patriotischen Erziehung zur Vorbereitung auf den Befreiungskrieg«. Früher war das der **Fabrikweg**.

Kapuzinerplatz/ -straße

(seit 1867) Die Kapuziner, die sich während der Säkularisation auflösen mussten und sich 1826 mit königlicher Erlaubnis neu gründen durften, bauten ab 1846 ein neues Kloster direkt neben der Schmerzhaften Kapelle, die seit Jahrhunderten an der Straße nach Thalkirchen stand.

Karl-Heinrich-Ulrichs-Platz

(seit 1998) Der Jurist Karl Heinrich Ulrichs (1825–1895) forderte die Straffreiheit von gleichgeschlechtlichen Beziehungen unter Männern auf dem Deutschen Juristentag 1867 in München und legte damit den Grundstein für die deutsche Schwulenbewegung. Früher, als der Pesenbach noch offen floss, hießen Platz und die folgende Straße **Pesenbachstraße** (heute Am Glockenbach).

Klenzestraße

(seit 1830) Der Baumeister Leo von Klenze (1784–1864) prägte das Münchner Stadtbild mit seinen klassizistischen Bauten, u. a. verdankt ihm die Stadt den Königsplatz und die Glyptothek, den Odeonsplatz, Teile der Brienner- und der Ludwigstraße, die Alte Pinakothek, die Ruhmeshalle und die Propyläen.

Körnerstraße

(seit 1888) Der Schriftsteller Karl Theodor Körner (1791–1813) schuf zwar zahlreiche Dramen und Theaterstücke, machte sich aber vor allem einen Namen als bedeutendster Dichter der Befreiungskriege gegen Napoleon. Gemeinsam mit Friedrich »Turnvater« Jahn kämpfte er im Lützowschen Freikorps. Er fiel 1813 in Mecklenburg.

Kohlstraße

(um 1823) Früher befanden sich hier über die Badgasse (Baaderstraße) bis in den Pechwinkel (Palmstraße) hinein zahlreiche Gärtnereien, die u. a. auch Kohl anbauten.

Kolosseumstraße

(seit 1875) Franz Kil errichtete hier 1874 Münchens größtes und berühmtestes Varietétheater, *Kils Kolosseum*, das bis 1961 bestand.

Lindwurmstraße

(seit 1878) Sie hieß früher **Sendlinger Weg** bzw. **Sendlinger Hauptstraße**. Ihren heutigen Namen verdankt sie nicht einem Drachen, sondern dem erfolgreichen Bekämpfer von Typhus plus Syphilis und Direktor der Universitätsklinik für Innere Medizin Josef von Lindwurm (1824–1874).

Sonnenuntergang in der Kapuzinerstraße

Ludwigsbrücke

(seit 1828) Sie ist die Nachfolgerin der Isarbrücke, die 1158 zur Gründung des Stadt München führte. Ihren heutigen Name trägt sie zu Ehren von König Ludwig I. (1786–1868), der die Brücke nach schweren Hochwasserschäden neu aufbauen ließ.

Maistraße

(seit 1824) Sie soll ihren Namen tatsächlich dem Monat Mai verdanken, denn früher zogen die Jugendlichen zum Maifest durch diese Straße zum Flaucher.

Morassistraße

(um 1800) Der Gastwirt Johann Baptist Morassi betrieb bis 1767 hier seine Wirtschaft *Morassigarten*.

Müllerstraße

(seit ewigen Zeiten) Sie ist wohl die älteste Straße der Isarvorstadt und verdankt ihren Namen den zahlreichen Mühlen der Gegend.

Museumsinsel

(seit 1908) Früher war sie die **Kohleninsel**, heute heißt sie nach dem Deutschen Museum.

Palmstraße

(seit 1890) Der Buchhändler und Verleger Johann Philipp Palm (1786–1806) veröffentlichte 1806 die anonyme antifranzösische Flugschrift Deutschland in seiner tiefsten Erniedrigung, und zahlte dafür vor einem napoleonischen Militärgericht mit seinem Leben. Früher war diese Straße der **Pechwinkel**, eine der ältesten Siedlungen der Isarvorstadt.

Papa-Schmid-Straße

(seit 1950) Der Marionettenspieler Josef Leonhard Schmid (1822–1912) betrieb seit 1900 im heutigen Gebäude sein beliebtes Puppentheater, tatkräftig unterstützt und gefördert vom »Kasperlgraf« Franz von Pocci.

Pestalozzistraße

(seit 1897) Der Schweizer Pädagoge und Sozialreformer Johann Heinrich Pestalozzi (1746–1827) vertrat die zu seiner Zeit revolutionäre Auffassung: »Wenn die Persönlichkeitsentwicklung des Kindes gelingen soll, so müssen ihm seine Eltern Zeit, Zuwendung und Zärtlichkeit schenken.« Seine ganzheitliche Pädagogik nahm viele moderne Ansätze vorweg. Früher hieß die Straße **Am Glockenbach** oder **Glockengassl**.

Das kleine Haus von 1905 in der Palmstraße 7 muste 2008 einem Neubauprojekt weichen.

Die Viertel- und Straßennamen

An der ehemaligen Tankstelle in der Pestalozzistraße stehen Zapfsäulen aus grauer Vorzeit.

Pfarrer-Rosenberger-Straße

(seit 2000) Der Stadtpfarrer Josef Rosenberger (1910–1993) leitete von 1937 bis 1973 die Pfarrei St. Maximilian und kümmerte sich energisch um den Wiederaufbau der Kirche nach dem Krieg.

Reichenbachbrücke/-platz/-straße

(seit 1831/seit 1935/seit 1862) Entgegen der weit verbreiteten Meinung, die Straße verdanke ihren Namen den einstigen Wirtsleuten der Deutschen Eiche, den Reichenbachs, ist der Mechaniker und Ingenieur Georg von Reichenbach (1771–1826) der Namenspatron. Reichenbach entwickelte zusammen mit Fraunhofer optische Geräte und gründete mit Utzschneider das Mathematisch-Feinmechanische Institut. Er gilt als Wegbereiter der Dampfmaschine in Bayern.

Reifenstuelstraße

(seit 1890) Der herzogliche Hofbaumeister Hans Reif(f)enstuel (1548–1620) baute gemeinsam mit seinem Sohn Simon 1619 die Soleleitung mit sieben Brunnhäusern von Reichenhall bis Traunstein – quasi die erste Pipeline.

Reisingerstraße

(seit 1906) Der Mediziner Franz Reisinger (1787–1855) vermachte der Universität München 300.000 Gulden zur Ausbildung der Ärzteschaft. Die Uni dankte es ihm durch den Neubau der Poliklinik an der Sonnenstraße (im Zweiten Weltkrieg zerstört) und die Universitäts-Polikliniken an der Pettenkoferstraße.

Ringseisstraße

(seit 1887) Der Medizinprofessor Johann Nepomuk von Ringseis (1785–1880), Leibarzt von Kronprinz Ludwig, veranlasste 1826 die Verlegung der Universität von Landshut nach München.

Roecklplatz

(seit 1915) Die Familie Roeckl baute hier 1870 ihre Leder- und Handschuhfabrik auf.

Rothmundstraße

(seit 1897) Der Professor und Direktor der Chirurgischen Abteilung Franz Christoph von Rothmund (1801–1891) galt als Spezialist für Bruchoperationen.

Rumfordstraße

(um 1837) Der britisch-amerikanische Physiker Sir Benjamin Thompson, Graf von Rumford (1753–1814) untersuchte die Reibungswärme und erkannte, dass Wärme nicht stofflich ist. 1784 kam er nach München, förderte die Errichtung von Schulen, Armenhäusern und Suppenküchen und erfand hierzu extra die günstig herzustellende und besonders nahrhafte Rumford-Suppe, die von den Münchnern aber abgelehnt wurde. Nicht abgelehnt wurde sein Englischer Garten, den er ab 1789 anlegte.

Ruppertstraße

(seit 1897) Der städtische Magistratsrat Kaspar von Ruppert (1827–1893) gehörte als Abgeordneter der Zentrumspartei zeitweise dem Bayerischen Landtag und dem Berliner Reichstag an.

Schmellerstraße

(um 1881) Der Germanist Josef Andreas Schmeller (1785–1852) erforschte den bayrischen Dialekt und widmete ihm u. a. das vierbändige *Bayrische Wörterbuch*.

Sendlinger-Tor-Platz

(vor 1837) Das Sendlinger Tor, Teil der alten Münchner Stadtbefestigung, wurde 1319 erstmals als *Porta Sentlingeriorum* erwähnt.

Stephansplatz/-straße

(seit 1873) 1674 begannen die Bauarbeiten zu der Kirche am Alten Südfriedhof, die 1681 dem Heiligen Stephan geweiht wurde.

Thalkirchner Straße

(seit 1911) Die Straße von München nach Thalkirchen, einem beliebten Wallfahrtsort, der 1900 zu München eingemeindet wurde.

Theklastraße

(um 1881) Im damaligen Militärlazarett an der Müllerstraße gab es eine kleine, 1778 geweihte Theklakapelle. Die heilige Thekla von Iconium war der Legende nach die erste christliche Märtyrerin.

Tumblingerstraße

(seit 1877) Der Metzger und Zunftmeister Michael Tumblinger soll 1426 den Metzgersprung in München eingeführt haben. Dabei sprangen die ausgelernten Metzgergesellen symbolisch in die Freiheit und wurden in einen Brunnen (bis zum Zweiten Weltkrieg der Fischbrunnen am Marienplatz) getaucht.

Utzschneiderstraße

(seit 1844) Der einstige Direktor des kurfürstlichen Hauptsalzamtes Joseph von Utzschneider (1763–1840) gehörte zu den Mitbegründern des Optischen Instituts, er errichtete eine Brauerei, eine Lederfabrik sowie eine Tuchmanufaktur und diente der Stadt München drei Jahre als Zweiter Bürgermeister.

Waltherstraße

(seit 1877) Der Leibarzt Ludwigs I. und Leiter der Chirurgischen sowie der Augen-Klinik Philipp Franz von Walther (1782–1849) veröffentlichte zahlreiche medizinische Fachbücher.

Westermühlstraße

(seit langen, langen Jahren) Die Westamill oder Pecksteinmühle entstand 1345 ungefähr an der Stelle, an der heute die Westermühlstraße von der Holzstraße abzweigt.

Winckelstraße

(seit 1918) Der Geheime Medizinalrat Franz von Winckel (1837–1911) leitete als Direktor die Universitätsfrauenklinik und die Münchner Hebammenschule.

Wittelsbacherbrücke/-straße

(seit 1888) Das Adelsgeschlecht der Wittelsbacher stellte Herzöge von Bayern, Ungarn, Brandenburg, Pfalz, Tirol, Zweibrücken, Holland, Seeland und Hennegau sowie von Jülich und Berg; Kurfürsten von Bayern, Köln, von der Pfalz und Pfalz-Bayern; drei deutsch-römische Könige und Kaiser; Könige von Böhmen, Griechenland, Dänemark, Schweden und Norwegen; Pfalzgrafen bei Rhein – und natürlich Könige von Bayern. Seit 1996 ist Franz Bonaventura Adalbert Maria von Bayern Oberhaupt des Hauses Wittelsbach sowie des Hauses Stuart (die schottischen Jakobiten sehen in ihm den rechtmäßigen Inhaber des Throns, auf dem Queen Elisabeth II. sitzt).

Zenettiplatz/-straße

(seit 1894) Der städtische Oberbaurat Arnold von Zenetti (1824–1891) führte die flächendeckende Kanalisation in München ein, ließ u. a. den Alten Nördlichen Friedhof und den zentralen Schlacht- und Viehhof erbauen.

Zenneckbrücke

(seit 1959) Der Physiker Jonathan Zenneck (1871–1959) erfand u. a. den Wellenmesser und errichtete die erste deutsche Ionosphärenstation bei Kochel. Er war außerdem Vorsitzender des Vorstands des Deutschen Museums.

Zweibrückenstraße

(vor 1812) Die Straße führte vom Isartor zur Isarbrücke, die eigentlich zwei Brücken war, denn eine führte zur Insel, die andere von der Insel zur anderen Isarseite. Auch heute ist die Ludwigsbrücke offiziell noch zwei Brücken (Ludwigsbrücke und Innere Ludwigsbrücke).

Nicht realisierter Entwurf zum Umbau der Zweibrückenstraße von Friedrich Wilhelm Bollinger, ca. 1795

Bäche und Mühlen der Isarvorstadt

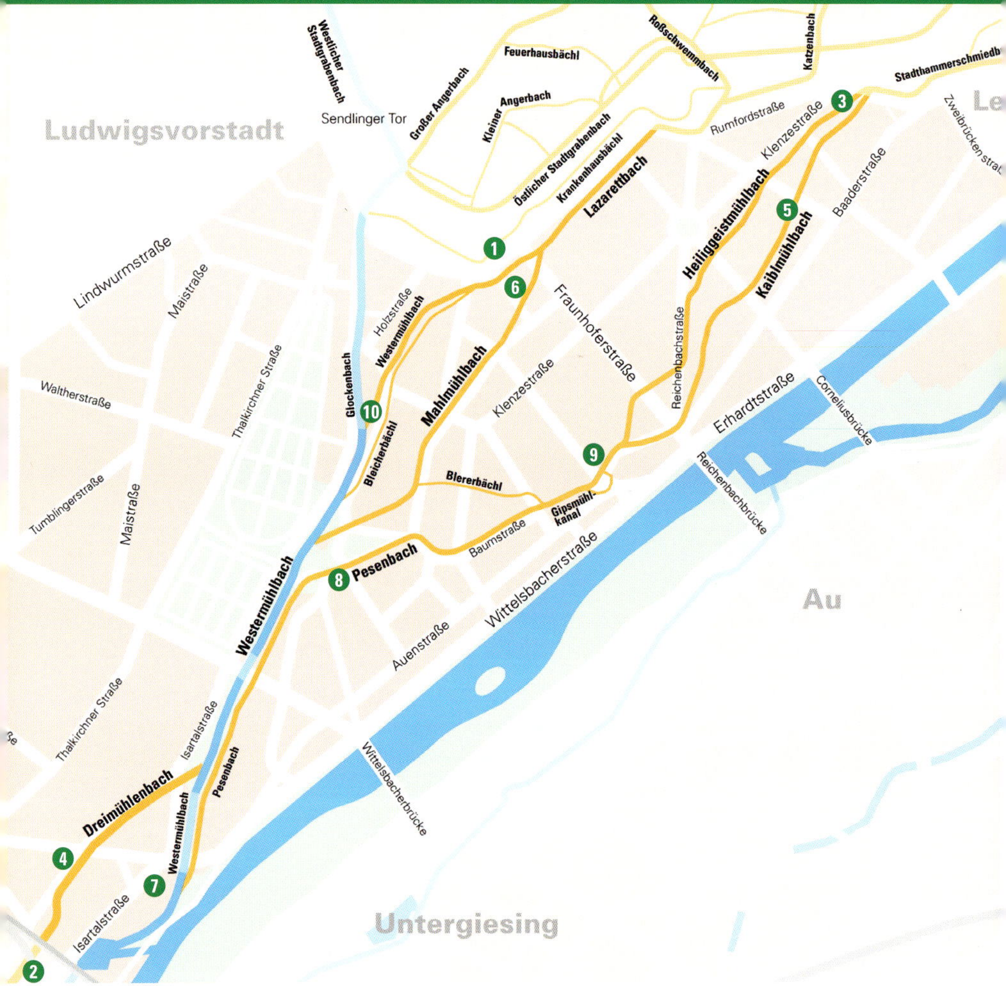

❶ Angermühle

Die *Angermul*, wohl zwischen Müller- und Blumenstraße am Angertor gelegen, wird neben drei weiteren Mühlen 1331 von Kaiser Ludwig dem Bayern gestiftet, anlässlich einer Seelenmesse für seine Gattin Beatrix. 1471 kauft die Stadt München die Mühle, reißt sie ab und verlegt sie wegen Befestigungsbauten. Caspar Freisinger wird ein Jahr später Müller der neuen *Angermul*. Doch 1639 wird die *Obere Stadt-* oder *Ahamer mühl*, damals betrieben durch die Müllerin Sabine von Ahamb, endgültig zum »fortificationsgepeu«, also für Befestigungsanlagen, abgebrochen.

Bleicherbächl

Das Bleicherbächl gab es zweimal an beinahe ein- und derselben Stelle. Seinen Namen verdankte das alte Bleicherbächl der Oberen Bleiche. Es floss vom Westermühl- in den Mahlmühlbach. Ab den 1730er Jahren taucht es auf Stadtplänen nicht mehr auf. 1807 findet man es dann frisch angelegt wieder. Es betrieb das Wasserrad einer neuen Bleiche. Diesmal wurde es in Höhe des »Totenstegs«, des Bachübergangs zum Alten Südfriedhof, aus dem Westermühlbach abgeleitet, speiste in der Hans-Sachs-Straße das Schaitlersche Bad und floss wieder zurück in den Westermühlbach. 1872 füllte man das Bleicherbächl auf.

Blererbächl

Das Blererbächl wurde vermutlich Anfang des 19. Jh. zur Verstärkung der Wasserkraft der **Mittleren Pulvermühle** am Pesenbach angelegt. Es zweigte bei der Jahnstraße 42 aus dem Mahlmühlbach und mündete bei der Pulvermühle in den Pesenbach (heute die Ecke Westermühl-/Baumstraße). Das Bächl wurde 1901 eingefüllt.

❷ Brudermühle

Die auch *Eggolfsmühle* genannte Mühle an der ***Isartalstraße 50*** ist seit 1289 als *Ekolzmul* bekannt gewesen. 1331 ist die *Ekkoltzmul* im Besitz des Angerklosters, ab 1517 wird sie als *Prudermull* bezeichnet, weil sie einer geistlichen Bruderschaft gehört. 50 Jahre später verkaufte das Angerkloster die Mühle an die Stadt München. Im 19. Jh. diente die Mühle als Blatternhaus. 1897 wütete ein Feuer im Gebäude, das daraufhin komplett abgerissen wurde.

Dreimühlenbach

Er gehörte nur zum Teil zur Isarvorstadt. 1331 noch *Mulpach*, ab 1735 *mill-bach der dreyen miller*. Ursprünglich ein Seitenarm der Isar, versorgte er drei große Mühlen (darunter die 1289 beurkundete **Brudermühle** sowie die Au- oder Mittermühle, Schäftlarnstraße 28), floss von Thalkirchen fast parallel zum Großen Stadtbach unter der Großmarkthalle und Bahndamm hinein ins Viertel, gab der heutigen Dreimühlenstraße Form und Verlauf und mündete schließlich an der Ecke Dreimühlen-/Isartalstraße in den Westermühlbach. 1670 war der Bach vollkommen verschüttet und die Isar musste neu angestochen werden. An der Ecke Ehrengut-/Dreimühlenstraße arbeiteten die fünf Mahlgänge der **Oberen Kaiblmühle**. 1921 ließ man den Dreimühlenbach auf und füllte ihn 1952 ein.

Glockenbach

Nein, der Bach, der heute im Viertel offen plätschert, ist nicht der Glockenbach, sondern der Westermühlbach. Der Glockenbach zweigt unter dem Haus Pestalozzistraße 35 vom Westermühlbach ab, läuft unterirdisch bis zur Blumenstraße und fließt in den Westlichen Stadtgrabenbach. Früher versorgte er über den Angerbach die Innenstadt mit Wasser. Den Namen verdankt er einer Glockengießerei, die hier von

Die Heiliggeistmühle an der Rumford-/Ecke Klenzestraße im Jahr 1933

1476 bis 1671 vermutlich an der Pestalozzistraße beim Gotzacker (Alter Südlicher Friedhof) in der Nähe des Kalkofens stand. Nach anderen Quellen befand sie sich vor dem Sendlinger Tor bei der heutigen Kreissparkasse.

❸ Hainmühle

Die bei der **Heiliggeistmühle** gelegene *Hainmühle* ist ab 1369 nachgewiesen. Ihr Name hat ursprünglich nichts mit einem Hain zu tun, sondern stammt von einem Müller namens Heimo. 1410 schenken die Herzöge Ernst und Wilhelm die im Krieg niedergebrannte *Haimmul* dem Heiliggeistspital. Sie muss, wie die **Angermühle**, 1638 den Befestigungsanlagen von Kurfürst Maximilian I. weichen.

❸ Heiliggeistmühle

Die zuletzt auch *Rumfordmühle* genannte wird 1321 erstmals als *Griesmuhl* erwähnt. Der Gries, also das sandige Kiesgelände an der Isar, gab den Namen. 1380 wird die Mühle dem Heiliggeistspital verkauft. Im Mühlbuch von 1538 ist die Mühle als *Lottmühle*, nach dem Müller Hans Lod, verzeichnet. Erst ab 1646 setzte sich auch der Name *Hl. Geistmill* durch. Die Mühle an der ***Rumfordstraße 32*** mit ihren zehn Rädern wurde 1944 bei einem Luftangriff zerstört.

Abbruch einer Mühle an der Dreimühlenstraße 55 im Jahr 1909.

Bäche und Mühlen der Isarvorstadt

Heiliggeistmühlbach

Der Namensgeber dürfte die Heiliggeistmühle (heute Rumfordstraße) gewesen sein. Davor kannte man ihn um 1377 als des *Strobels* und *des Peyssenwürffels Bach*. Er begann an der Ecke Ickstatt-/Baaderstraße, wo sich der Pesenbach in Heiliggeistmühl- und Kaiblmühlbach teilte, floss nordöstlich in Richtung Gärtnerplatz und vereinte sich an der Rumfordstraße wieder mit dem Kaiblmühlbach zum Stadthammerschmiedbach. 1966 ließ man ihn auf.

Kaiblmühlbach

Der Kaiblmühlbach begann wie der Heiliggeistmühlbach an der Ecke Ickstatt-/Baaderstraße, wo sich der Pesenbach teilte und begleitete den Heiliggeistmühlbach beinahe parallel bis zur Wiedervereinigung im Stadthammerschmiedbach. Den Namen bekam er um 1529 vom Müller Kälbl und dessen **Unterer Kaiblmühle** (Buttermelcherstraße 16). Um 1377 hieß der Bach noch Strobels Bach, weil ein Müller namens Strobel die Untere Kaiblmühle bewirtschaftete. Wie sein Parallellauf Heiliggeistmühlbach wurde er 1966 aufgelassen.

❹ Kaiblmühle, Obere

Kaiser Ludwig der Bayer erlaubte dem Kloster Schäftlarn 1343 eine Mühle auf den Schwalbenstein-Acker am Dreimühlenbach zu errichten. Schon drei Jahre später trägt sie zu Ehren des Schäftlarner Propsts Konrad Sachsenhauser den Namen *Sachsenmühle*. Ab 1422 ist sie als *Ruchsenmul* oder *Ruecksmul* bekannt. Als sie 1566 von Herzog Albrecht V. an die Stadt München verschenkt wird, geht man zurück zu den Wurzeln und nannte sie plötzlich wieder *Schwalbensteinmühle*. Michael Kälbl, Müller der **Unteren Kaiblmühle**, kann 1584 die Mühle übernehmen und ihr den endgültigen Namen geben. 1898 kauft die Stadt München die Mühle an der ***Dreimühlenstraße 30*** und lässt sie abbrechen. Angeblich soll Jakob Balde, der bayrische Horaz, dieser Mühle eine Ode gewidmet haben. (Anm.: Als Abrissdatum wird in fast allen Quellen 1890 angegeben, beurkundet im Stadtarchiv München ist aber 1898)

❺ Kaiblmühle, Untere

Die Mühle am Kaiblmühlbach an der ***Buttermelcherstraße 16*** findet erstmals 1353 in die Annalen, damals betreibt sie der Müller Ott, genannt der Neydegker. Weil sie nun *Neudeckmühle* heißt, kommt es in den folgenden Jahrhunderten immer zu Verwechslungen mit der Neudeckmühle in der Au. Das ändert sich auch nicht, als man sie ab 1458 zwischenzeitlich *Gäntersmühle* nennt. 1529 übernimmt Siegmund Kälbl die Mühle und gibt ihr den bis heute bekannten Namen. Versuche eine Neubenennung (1760 *Doßische Mühle*, 1773 *Neudeck*- oder *Huefnaglmühle*) scheitern. Nach Betriebsende der achträdrigen Mühle 1880 entsteht an der Stelle ein Wohnhaus.

Bei Bauarbeiten in der Müllerstraße wurde 2012 kurzfristig auch das alte Bachbett des Krankenhausbächls freigelegt.

Katzenbach

Wo sich der Lazarettbach an der Rumfordstraße teilte, begann neben dem Roßschwemmbach auch der Katzenbach. Er floss zwischen Rumford- und Frauenstraße, bevor er nach Norden abbog und die Altstadt mit Wasser versorgte. Seinem ursprünglichen Namen nach ist er der »kalte« Bach und kein Gewässer für Stubentiger. 1967 erfolgte die Auflassung. Seine Fortsetzung in Richtung Innenstadt hieß ursprünglich *Hochbruckmühlbach*, 1301 erstmals erwähnt, 1375 *Horpruckpach* genannt. *Horprugk* bedeutete im Mittelhochdeutschen »Schmutz, Kot«, da hier der Unrat in den Stadtbach geschüttet wurde.

Krankenhausbächl

Das Krankenhausbächl versorgte ursprünglich die Stadtbefestigungsanlagen zwischen Angertor und Einlaß mit Wasser. Hierfür hatte man den Glockenbach angezapft. Kurz nach der Reichenbachstraße mündete das Krankenhausbächl in den Roßschwemmbach. Zur Wasserversorgung des Allgemeinen Krankenhauses regulierte und beschlächtete man den Bach 1812 neu. Das Krankenhausbächl wurde 1896 eingefüllt.

Kupferhammerbach

Benannt nach dem um 1522 errichteten Kupferhammer (Isartal-/Auenstraße), zweigte er vom Großen Stadtbach in Höhe der Ehrengutstraße ab und mündete in den Pesenbach. Mit dem Bau des Isarkraftwerks III ließ man den Kupferhammerbach 1922 auf.

Lazarettbach

Das Militärlazarett, ab 1777 an der Müllerstraße, gab dem Bach seinen Namen. Der Lazarettbach entstand durch den Zusammenfluss von Westermühl- und Mahlmühlbach in Höhe der Fraunhoferstraße und endete in der Aufspaltung in Roßschwemm- und Katzenbach nahe der Rumfordstraße. Er versorgte das Hospital ungewöhnlicherweise mit Trinkwasser und entsorgte das Abwasser inkl. der Fäkalien. Um 1875 bezog ihn die Stadt in die Kanalisation mit ein, danach versorgte er noch das Heizkraftwerk Müllerstraße mit Kühlwasser, bis er 1968 aufgelassen wurde.

Mahlmühlbach

Wo heute der Kinderspielplatz Am Glockenbach zum Toben einlädt, befand sich einst die **Obere Lände** für die Flößer, an deren nördlichem Ende der Mahlmühlbach vom Westermühlbach abzweigte. Er floss in etwa dem Verlauf der heutigen Jahnstraße entlang, bog an der Kolosseumstraße nach Norden ab und vereinigte sich an der Fraunhoferstraße wieder mit dem Westermühlbach zum Lazarettbach. Den Namen hat er von der ab 1369 nachgewiesenen **Mollmühle** (Mahlmühle). Der Mahlmühlbach hieß im 15. Jh. nach einer Müllerfamilie auch Pötschnerbach und später – nachdem die Armee 1817 die Mühle kaufte – Militärmahlmühlbach. 1961 floss sein letztes Wasser.

❻ Mahlmühle

An der *Kolosseumstraße 1* (damals noch Mühlgasse) befindet sich ab 1369 die *Mühle des Müllers Marquart zu Säldenau*. Säldenau ist ein alter Flurname und bedeutet »Seligkeit bringende Au«. 1436 erhält der junge Patrizierspross Peter Pötschner die *Säldenaumühle* als herzogliches Lehen. Mit dem Müller Hanns Moll, der ab 1523 die *Pötschnermühle* bewirtschaftet, endet der Namenshickhack: Fortan heißt sie *Mollmühle*. Erst eine Lautverschiebung macht daraus die *Mahlmühle*. 1817 kauft die Armee die Mühle mit ihren acht Rädern, um dort eine Proviantbäckerei einzurichten. Nach 1871 wird eine Marmorschleiferei aus der Mühle. Ein Jahr später folgt der Abbruch.

Pesenbach und Westermühlbach fließen im Jahr 1925 noch dicht an dicht neben der Zimmerei Ebner & Reicheneder in der Kapuzinerstraße 47. Heute stehen hier eine Tankstelle und ein Wohnquartier.

❻ Neumühle

Ganze 20 Jahre lang existiert die Neumühle des Georg Benno Schobinger: von 1678 bis 1698. Schobinger lässt direkt neben der **Mahlmühle** eine Mühle mit drei Gängen errichten und stirbt ein Jahr nach Baubeginn. Kurfürst Max Emanuel befiehlt ihren Abbruch, da sie der Mahlmühle das Wasser entzog.

Pesenbach

Während der Westermühlbach die Inneren Stadtbäche speiste, war der Pesenbach nach seinem Ausfluss aus dem Großen Stadtbach in Höhe Dreimühlen-/Isartalstraße für alle Äußeren Stadtbäche zuständig. In Höhe des Karl-Heinrich-Ulrichs-Platz floss er ein Stück Richtung Isar über die Baumstraße bis zum Beginn der Baaderstraße, wo er sich in Heiliggeist- und Kaiblmühlbach aufteilte. Der Bach verfügte sogar bis zum Ende des 19. Jh. an dieser Stelle über einen Abfluss in die Isar. Dem Namen nach war es der »böse« Bach, wohl weil er bei Hochwasser gefährlich war. Gelegentlich ist er als *Garnsiederbach* erwähnt. Am Pesenbach befanden sich die **Mittlere Pulvermühle** und ab 1844 große Militärwerkstätten. Später ließen sich die Schreiner Reifenstuel und Pössenbacher sowie die Firma Zettler hier nieder. Unterhalb der Ickstattstraße zweigte kurzzeitig der Pesenbach-Gipsmühlkanal ab, der in den Kaiblmühlbach floss und die **Kalkmühle** an der Fraunhoferstraße versorgte. Der Kanal wurde 1952 stillgelegt, 1965 ließ man den gesamten Pesenbach auf.

Pettenkofer-Brunnhauskanal

Der Kanal wurde 1866 extra für das Brunnhaus an der Isartalstraße 56 erbaut. Er erhielt sein Wasser aus dem Dreimühlenbach und floss in diesen zurück. Mit der Auflassung des Dreimühlenbachs 1921 verschwand auch der Pettenkofer-Brunnhauskanal.

Pulvermühl-Ausläufer

Um die **Untere** (Königliche) **Pulvermühle** an der Baaderstraße gegenüber der Maximilianskirche mit mehr Energie zu versorgen, ließ man 1833 den Kanal zwischen Klenze- und Westermühlstraße vom Pesenbach ableiten. Der Ausläufer endete nach der Mühle zwischen Westermühl- und Ickstattstraße wieder im Pesenbach. 1885 wurde er aufgelassen.

7 8 9 Pulvermühlen

Gleich drei Mühlen zermahlten die zur Schwarzpulverherstellung nötigen Zutaten Holzkohle, Schwefel und Salpeter zu einer explosiven Mischung. Alle drei lagen am Pesenbach. Die **Obere Pulvermühle** befand sich bei der Firma Rodenstock am *Roecklplatz*, die **Mittlere Pulvermühle** an der Stelle, an der der *Karl-Heinrich-Ulrichs-Platz* auf *Am Glockenbach* stößt, in unmittelbarer Nachbarschaft zu den Artilleriewerkstätten. Die **Untere** (auch Neue oder Königliche) **Pulvermühle** stand am Beginn der *Baaderstraße* gegenüber St. Maximilian.

Am Westermühlbach

Roecklkanal

Den Namen der Handschuhfirma, die er mit Energie versorgte, trug er erst ab 1872, davor war es der Stadtbach-Fabrikkanal. Er kam bei der Braunauer Brücke aus dem Großen Stadtbach und mündete in Höhe der Ehrengutstraße in den Rodenstockkanal (Unterer Gipsmühlkanal). Seit 1921 ist er nicht mehr existent.

Rodenstockkanal

Offiziell hieß er Unterer Gipsmühlkanal, der den Roecklkanal fortsetzte. Ihn trennte nur eine Bretterwand vom Westermühlbach. Als die Firma Rodenstock an der Isartalstraße 1907 größere Umbaumaßnahmen vornahm, wurde der Kanal aufgelassen.

Roßschwemmbach

Wie der Katzenbach speiste er sich aus dem Lazarettbach. Der Roßschwemmbach verband die Isarvorstadt mit der Altstadt in Höhe der Frauenstraße, floss über den Viktualienmarkt und hieß ab der Sparkassenstraße Pfisterbach. Vermutlich zählte er zu den Bächen, die die älteste Stadtbefestigung Münchens umspülten. Im 14. Jh. entsorgte er vor allem die Fleischabfälle der hier ansässigen Metzger. Um 1392 hieß er Veistbach, seinen neuen Namen bekam er 1416 nach der dort eingerichteten Roßschwemme, weil der Bach breit und tief genug war, um hier die Pferde schwimmen zu lassen. Das besorgten Burschen, die mit den Pferden in den Bach ritten. Da der Bach mitten in der Stadt eine große Wasserfläche bildete, wurde er Mitte des 19. Jh. überbaut, um den Viktualienmarkt zu schaffen. Seit 1968 fließt kein Wasser mehr durch ihn.

Sägemühlkanal a. d. Oberen Kaiblmühle

Vom Dreimühlenbach ab- und wieder zu ihm zugeleitet versorgte der Kanal die Sägemühle der **Oberen Kaiblmühle** in der Dreimühlenstraße 30. Mit dem Abriss der Mühle kam 1890 das Aus für den Kanal.

Schiffhüttenkanal

Dieser Nebenkanal des Pesenbachs lässt sich heute nicht mehr lokalisieren, er muss bereits vor 1869 aufgelassen worden sein.

Stadtbach, Großer

Er belieferte und beliefert bis heute alle Stadtbäche links der Isar mit Wasser. Früher verlief er von Thalkirchen bis zur Zweigung Westermühl- und Pesenbach. Bis Ende des 19. Jh. mussten Flößer, die die **Obere Lände** an der Geyerstraße ansteuerten, die Isar verlassen und in den Großen Stadtbach einfahren, daher durften an ihm auch keine Wasserräder angebracht werden. Seit 1976 ist der Große Stadtbach, massiv verschmälert und verkürzt, nur noch Wasserlieferant für das **Isarwerk III** und den Westermühlbach.

Stadtbach-Gipsmühlkanal, Oberer

Ihn trennte nur eine Bretterwand vom Großen Stadtbach, aus dem er sich speiste. Den Namen verdankt er der **Gipsmühle** am Thomassteg. 1890 kam sein Ende.

Stadtgrabenbach, Östlicher

Er wurde im 15. Jh. neu angelegt, um die Stadtbefestigung zu umspülen. Sein Wasser kam aus dem Glockenbach. Den Verlauf des Östlichen Stadtgrabenbachs kann man heute noch gut nachvollziehen: praktisch die Blumenstraße ab Sendlinger Tor über die Frauenstraße bis Isartor. Er wurde nach der Entfestigung Münchens schon früh überbaut und 1966 endgültig aufgelassen.

Stadtgrabenbach, Westlicher

Wie der Östliche Stadtgrabenbach

Eines der letzten Fotos der Westermühle, die von 1345 bis ca. 1910 an der Holzstraße stand.

wurde er aus dem Glockenbach gespeist und gehörte seit dem 15. Jh. zur Stadtbefestigung. Sein Verlauf entspricht ab Sendlinger Tor beinahe dem Altstadtring in nördlicher/östlicher Richtung bis zum Odeonsplatz (von wo er unter dem Hofgarten bis zur Staatskanzlei fließt und dort als Köglmühlbach ans Tageslicht kommt). Auch er wurde nach der Entfestigung beinahe komplett überbaut, fließt aber bis heute.

Stadthammerschmiedbach

Er entstand aus dem Zusammenfluss von Heiliggeist- und Kaiblmühlbach in der Rumfordstraße, von wo aus er über den Isartorplatz ins Lehel floss und dort einen der wichtigsten Energielieferanten für das dortige Gewerbegebiet darstellte. Mit der großen Auflassungswelle kam sein Ende 1966.

Utzschneiderkanal

Der Geheime Rat Joseph von Utzschneider ließ ihn 1830 für die Glasschleifmühle des Optischen Instituts ausheben. Der Kanal zweigte aus dem Lazarettbach in Höhe der Reichenbachstraße ab und endete im Roßschwemmbach, kurz nach dessen Abspaltung vom Katzenbach. 1876 floss das letzte Mal Wasser.

Westermühlbach

Obwohl er heute der einzige sichtbare Bach im Glockenbachviertel ist und den Glockenbach selbst speist, trägt das Viertel ungerechterweise nicht seinen Namen. Der Westermühlbach ist eine Fortführung des Großen Stadtbachs, von dem er sich in Höhe Isartal-/Dreimühlenstraße abteilt. Er versorgte früher alle Inneren Stadtbäche (alle Bäche, die durch die Stadtbefestigung in die Altstadt hineinflossen) mit Wasser. Seinen Namen verdankt er der **Westermühle** an der Holzstraße 28. Der Westermühlbach versorgte die **Obere Pulvermühle** nahe dem späteren Roeckl-Gelände sowie im 19. Jh. zwei **Glasurmühlen** in der Holzstraße, eine **Gewürzmühle** und die Bäder (z. B. Wöstermaiersches Bad) in der Müllerstraße. Bis 1896 befuhren Flöße den Westermühlbach bis zur **Oberen Lände**. 1967 legte man das Teilstück zwischen Holz- und Fraunhoferstraße trocken. Heute mündet der Westermühlbach unterirdisch in den Glockenbach.

⑩ Westermühle

An der ***Holzstraße 28*** stand eine der bekanntesten Münchner Mühlen: die Westermühle. 1345 darf das Heiliggeistspital mit Genehmigung des Kaisers Ludwig der Bayer hier eine Mühle errichten, die fortan den Namen des ersten Müllers trägt: *Peckstainmühle*. Sie besitzt drei Mühlräder, ein Sägerad und ein Stampfrad zur Futtermittelgewinnung. Zwischenzeitlich ändern sich die Namen kurz in *Spital-* oder *Schrafnagelmühle* (1383 bzw. 1460). Doch Peckstain bleibt immer gegenwärtig und verwandelt sich: Erst wird 1523 daraus die *Pechstain Mull*, die verkürzt man 1606 zur *Pestermill*, nennt sie 1670 *Pöstermill*, macht schließlich 1697 die *Westamill* daraus und dann die *Westermühle*. Der Name hat also nichts mit der Himmelsrichtung zu tun. An Stelle der zuletzt achträdrigen Westermühle entsteht ab 1904 die Fabrik der Firma Zettler.

Die Isarvorstadt in Zahlen

37.869 Einwohner, davon 19.150 Männer und 18.719 Frauen

23.265 Haushalte, davon 15.167 Singlehaushalte

4.126 Einwohner sind 65 Jahre und älter

616 Alleinerziehende

487 Geburten gegenüber 311 Sterbefällen

38,9 Jahre alt ist der Durchschnittsisarvorstädter

[Vergleich: Durchschnittsmünchner 41,5 Jahre; Durchschnittsdeutscher 43,5 Jahre]

869 Arbeitslose

6 Grundschulen (davon 2 priv.), 2 Gymnasien (priv.), 2 Realschulen (priv.), 1 Grundschule zur sonderpädagogischen Förderung (priv.)

46 Kindertageseinrichtungen mit 1.646 Betreuungsplätzen

2 Krankenhäuser mit 1.139 Betten

2 Altenheime mit 237 Plätzen

2 Museen, 4 öffentliche Bibliotheken, 4 Theater und 2 Kinos

130 Ärzte = 179 Einwohner je Kassenarzt

37 Zahnärzte = 629 Einwohner je Kassenzahnarzt

18 Apotheken = 1.292,5 Einwohner pro Apotheke

237,6 ha Gesamtfläche, davon 17,84 ha Wasser- und 126,66 ha Wohngebäudeflächen

14.492 Kraftfahrzeuge, davon 553 Lkw und 1.357 Krafträder

Ergebnisse Bezirksausschusswahl 2008*:

SPD	31,0 %
Grüne	29,4 %
CSU	19,5 %
Rosa Liste	12,9 %
FDP	7,2 %

Bezirksausschussvorsitzender:
Alexander Miklosy, Rosa Liste

*Ergebnisse für gesamten Stadtbezirk 2 Ludwigsvorstadt-Isarvorstadt

8.734 Menschen mit ausländischem Pass leben in der Isarvorstadt, die Top-5 der Nationalitäten:

1. Griechen	970
2. Österreicher	760
3. Italiener	692
4. Kroaten	674
5. Türken	559

Quelle: Statistisches Amt München für die Stadtbezirksteile 2.1 – 2.6 (= Isarvorstadt ohne Ludwigsvorstadt); Datenstand Dezember 2011

Stichwortverzeichnis

Viele der folgenden Stichworte finden sich im Buch auch an anderer Stelle; wir weisen in diesem Verzeichnis nur auf die Hauptartikel zum jeweiligen Stichwort hin.

Literatur

75 Jahre Deutsches Museum, München 1978, Bayerland Jubiläumsausgabe, Jahrgang 80/Nummer 3

Arz, Martin: Die Isarvorstadt – Gärtnerplatz-, Glockenbach- & Schlachthofviertel, München 2008

Arz, Martin/**Schäfer,** Marc: Unser München – Das Stadt-TeilBuch, München 2011

Baer, Harry: Das Mutterhaus – Erinnerungen an die Deutsche Eiche, München 2001

Bauer, Georg: Aus'm Pechwinkl – Alt-Münchner Vorstadtler-Humor, München 1921

Berchem, Egon von: Die adeligen Begräbnis-Stätten auf dem Südlichen Friedhof zu München, München 1913

Bezirksauschuss 2 (Hrsg.): Ludwigsvorstadt-Isarvorstadt – Stadtteilinfo Kultur und Soziales, München 2012

Biller, Josef H./**Rasp,** Hans-Peter: München Kunst & Kultur, München 2003

Bokovoy, Douglas: Versagte Heimat – Jüdisches Leben in Münchens Isarvorstadt 1914–1945, München 1994

Burgmair, Wolfgang/**Locher,** Wolfgang: Medizinhistorischer Stadtführer München, München 2008

Deutsches Museum (Hrsg.): Deutsches Museum im Bilde, München 1937

Deutsches Museum (Hrsg.): 75 Jahre Deutsches Museum, München 1978, Kultur und Technik, Zeitschrift des Deutschen Museums, Jahrgang 2/Heft 2

Deutsches Museum: Circa 1903 – Artefakte in der Gründungszeit des Deutschen Museums, München 2003

Deutsches Museum: Geniale Erfindungen und Meisterwerke aus Naturwissenschaft und Technik, München 2003

Dienel, Hans-Luidger: Das Deutsche Museum und seine Geschichte, München 1998

Dollinger, Hans: Die Straßennamen der Münchner Innenstadt, München, 2005

Farin, Michael (Hrsg.): Polizeireport München 1799–1999, München 1999

Füßl, Wilhelm/**Trischerl,** Helmuth (Hrsg.): Geschichte des Deutschen Museums. Akteure, Artefakte, Ausstellungen, München 2003

Georgi, Matthias/**Kamp,** Michael: 125 Jahre Rischarts Backhaus (Vorabdruck), München 2007

Haeutle, Christian (Städtische Veterinärdirektion München): 75 Jahre Schlacht- und Viehhof München 1878–1953, München 1953

Heydenreuter, Reinhard: Kleine Münchner Stadtgeschichte, Regensburg 2007

Hilble, Fritz: Die alten Münchner Mühlen und ihre Namen, München 1968, in: Oberbayrisches Archiv, 90. Band

Hufnagl, Max Josef: Berühmte Tote im Südlichen Friedhof zu München – 500 Zeugen des Münchner kulturellen, geistigen und politischen Lebens im 19. Jahrhundert, München 1984

Ide-Schweikart, Marcella/**Hofer,** Veronika: Das Glockenbachviertel – Gründerzeit im Fluß, München 2000

Kerschensteiner, Hermann: Geschichte der Münchner Krankenanstalten, München 1913

Kohl, Werner: Recht und Geschichte der alten Münchner Mühlen, Stadtarchiv München, Heft 15, 1969

Krafft, Sybille: Zucht und Unzucht – Prostitution und Sittenpolizei im München der Jahrhundertwende, München 1996

Kraus, Friedrich: Geschichte aus dem Schlachthofviertel, Viehhofstraße 03, August 1876 – Ruppertstraße ab 1897, München 1994

Kuisle, Anita: Kraftwerk, Schule, Lazarett – Eine Geschichte des Gärtnerplatzviertels, München 2010

Langheiter, Alexander: Der Alte Südfriedhof in München, München 2008

Landeshauptstadt München/Münchner Stadtmuseum (Hrsg.): München wie geplant – Die Entwicklung der Stadt von 1158 bis 2008, München 2007

Lankes, Christian: München als Garnison im 19. Jahrhundert, Herfeld 1993

Lauterbach, Helga: Flößerei und Holzdrift in München, München 2010

Leistl, Christof: Fraunhofer, München 1997

Mayr, Otto (Hrsg.): Deutsches Museum von Meisterwerken der Naturwissenschaft und Technik, München 1990

Mayr, Otto: Wiederaufbau – Das Deutsche Museum 1945–1970, München 2003

Maxstadt, Erni: Münchner Volkstheater im 19. Jahrhundert und ihre Direktoren, München 2002

Neumiller, Josef: Zur Orts- und Rechtsgeschichte des südlichen alten Friedhofs, München 1926/27, In: Altbayerische Monatsschrift, Band 15/Heft 3

Oberröder, Wolfgang: Die Kongregation der Kreszentia-Schwestern in München – Geschichte und Gegenwart, München 2005

Opel, Ferdinand: Der Städtische Schlacht- und Viehhof in München – Festschrift zum fünfzigjährigen Bestand, München 1928

Poschenrieder, Christoph: Deutsches Museum München – Das Jahrhundert der Technik, München 1998

Rädlinger, Christine: Geschichte der Münchner Stadtbäche, München 2004

Rattelmüller, Paul Ernst: Ein Friedhof erzählt, München 1971, In: Bayerland, Jahrgang 73/Heft 11

ders.: Vor unserer Tür – Der Südliche Friedhof, München 1957

Reder, Dirk & **Roeseling,** Severin: AugenBlicke – Die Geschichte der Optischen Werke G. Rodenstock, München 2003

Röttgen, Steffi: Der Südliche Friedhof in München – Vom Leichenacker zum Campo Santo, München 1984, In: Metken, Sigrid (Münchner Stadtmuseum): Die letzte Reise. Sterben, Tod und Trauersitten in Oberbayern

Schäder, Christian: Münchner Brauindustrie 1871–1945, Marburg 1999

Scheiber, Christoph: Aus der Vergangenheit der Isarvorstadt, München 1940

Schiermeier, Franz: Münchner Stadtbäche – Reiseführer zu den Lebensadern einer Stadt, München 2010

Schlagintweit, Elisabeth: Der Alte Südliche Friedhof, München 1984, In: Club Bavaricum, Jahresband der Führungen 1982/83

Schwandner, Josef: Aus der Vergangenheit des Glockenbachviertels, München 1959, In: Katholisches Stadtpfarramt St. Maximilian (Hrsg.): Pfarrführer der Gemeinde Sankt Maximilian

Sprengwerk/Münchner Forum (Hrsg.): Das Glockenbachviertel. Hurth weg – und dann? Gedanken, Ideen, Vorschläge, München 1983 (Ausstellungskatalog)

Stankiewitz, Karl: Münchner Sittenbuch, München 2007

Walser, Rupert/**Wittenbrink,** Bernhard (Hrsg.): Ohne Auftrag – zur Geschichte des Kunsthandels, Band I München, München 1989

Weiss, Anton: Denkschrift über den Umbau beziehungsweise Ausbau des Städtischen Schlacht- und Viehhofs der Landeshauptstadt München, München 1963

FESTSCHRIFTEN:

100 Jahre Gas in München, München 1950

100 Jahre Fa. Wallner Lohnhärterei GmbH und 75 Jahre Fa. Toni Neuber Stahlgroßhandel, München 1995

100 Jahre Schulhaus an der Tumblinger Straße, München 1990

100 Jahre Schlacht- und Viehhof München 1878–1978, München 1978

125 Jahre Gärtnerplatztheater, München 1990

125 Jahre Klenzeschule, München 2001

20 Jahre Glockenbachwerkstatt e. V., München, 1999

60 Jahre Kolosseum, München 1935

»Carl Hurth« aus Anlass der Gründung vor 100 Jahren, München 3.4.1996

Das neue Arbeitsamt, Fest- und Informationsschrift zur feierlichen Einweihung, München 1987

100 Jahre Hauptschule an der Wittelsbacherstraße (Auszug), München 1988

Zettler: Mitteilungen 40 – 100 Jahre Zettler, München April 1977

Anschrift Bezirksausschuss Ludwigsvorstadt-Isarvorstadt:

Bezirksausschuss 2
Tal 13
80333 München

Fon 22802673
Fax 22802674

bag-mitte.dir@muenchen.de

Bildnachweis | Impressum

Martin Arz Cover (innen + außen), 3, 5, 13 u., 18, 19 l., 27, 28, 29 o. + r., 32 o., 36 o., 37 u. + r., 47 r., 48, 49 r., 50 u.l., 51, 53, 54, 55, 57, 59 o., 60 o., 61 o., 62, 67, 68, 70, 71 u. + r., 72 r., 73, 76 o., 77 u., 78, 79 u., 80, 81, 82, 84 l., 85 o., 86, 92 u.r., 94, 95 u.r., 96 o., 97 o.l. + r., 98, 101 u., 102 r., 103 u., 105, 106, 107, 108 o., 111 o. + u., 113 l., 114, 115 r., 118, 119, 120 r.u., 121 u., 122, 123, 125, 128, 131, 132, 136, 138, 143

Harry Baer 89 u., 91

BR/Foto Sessner 113 r.

Baureferat München 20

Bayrisches Wirtschaftsarchiv 120 o. + r.m.

Deutsche Eiche 25

Deutsches Museum, Bildstelle 15, 16/17 o., 16 u., 23 o.

Forum für Homosexualität München 87 o., 90 o.

Fraunhofer 49 l.

Glockenbachwerkstatt e. V. 37 m.

Halle 7 95 o.r.

Al Herb 74

Hirschkäfer Verlag Archiv 6, 11, 12, 13 r., 16 m., 32 m., 35 u., 47 l., 50 u.m., 58, 59 u., 60 u., 64 o., 66, 77 o., 79 o., 84 r., 102 l., 110, 116 u., 129, 133

Interfoto/Reichert 26

Horst Middelhoff 71 o., 87 u., 88 u., 89 o., 90 2.v.o. + u., 92 o. + u.l.

Privatsammlung 34

Rischart 21

Staatstheater am Gärtnerplatz 33

Stadtarchiv München 9, 13 o., 14, 19 r., 20, 23 u., 24 u., 31, 35 o., 38, 39, 40, 41, 42, 44, 45, 46 r., 50 o.l. + 2 x r., 61 u., 64 u., 65, 69, 72 l., 75, 76 r., 85 u., 88 o., 95 l., 96 u., 97 u., 99, 100, 101 o., 103 o. + m., 109 u., 112 r., 115 l., 116 o., 117, 121 o., 126, 127, 130, 135, 137, 139

Münchner Stadtmuseum, Sammlung Graphik / Plakat / Gemälde 7, 8, 22, 24 o., 30, 63

Sub e. V. 46 l.

Substanz 112 l.

Teamtheater 36 l.

Wikimedia Commons 29 u., 111 u.r.

alle aktuellen Karten © Hirschkäfer Verlag 2012

Impressum

1. Auflage, November 2012

Text und Gestaltung: Martin Arz

Grundlayout: Franz Schiermeier Verlag

Druck: Druckservice Brucker, Mainburg

ISBN978-3-940839-28-2

Besuchen Sie uns im weltweiten Netz :

www.hirschkaefer-verlag.de

Mit Liebe gemacht.